本书获深圳大学教材出版基金资助

当代传媒系列丛书

播音技艺：理论与实践

Announcing: Theory and Practice

陈昕瑜　编著

清华大学出版社

北　京

内 容 简 介

　　本书是一部较为完善的、可操作性强的播音与主持艺术专业"播音语言表达"(或"播音创作基础")课程的教材。它由理论阐述、例稿分析、单元实训等几个环节组成，在吸纳、继承播音学研究领域的理论基础上，结合语言表达基础理论与时代语境对播音创作的新要求，保留经典例稿的同时，增加富有时代气息、新鲜感以及与当下媒体播出风格更为贴近的作品，为每篇实训材料撰写"播读提示"，为每章节增加"拓展与延伸"教学内容，通过"课上"与"课下"的结合，"精读"与"泛读"的结合，延伸了课堂，开阔了视野，使学生深入理解融媒体时代的播音观念及语言表达技巧，提高播音业务实战能力。

　　本书既可作为专业教材，亦可为在岗播音员、主持人及有声语言艺术爱好者提供有益的借鉴。本书电子教案可以通过 http://www.tupwk.com.cn/downpage 网站免费下载。

图书在版编目(CIP)数据

播音技艺：理论与实践/陈昕瑜　编著. —北京：清华大学出版社，2017（2025.1重印）
(当代传媒系列丛书)
ISBN 978-7-302-47086-1

I. ①播…　II. ①陈…　III. ①播音—语言艺术—教材　IV. G222.2

中国版本图书馆 CIP 数据核字(2017)第 109653 号

责任编辑： 王　定　程　琪
封面设计： 周晓亮
版式设计： 思创景点
责任校对： 曹　阳
责任印制： 刘海龙

出版发行： 清华大学出版社

　　　　　网　　　址：https://www.tup.com.cn，https://www.wqxuetang.com
　　　　　地　　　址：北京清华大学学研大厦 A 座　　　　　邮　　编：100084
　　　　　社 总 机：010-83470000　　　　　　　　　　　邮　　购：010-62786544
　　　　　投稿与读者服务：010-62776969，c-service@tup.tsinghua.edu.cn
　　　　　质 量 反 馈：010-62772015，zhiliang@tup.tsinghua.edu.cn
　　　　　课 件 下 载：https://www.tup.com.cn，010-62794504
印 装 者： 天津鑫丰华印务有限公司
经　　销： 全国新华书店
开　　本： 170mm×240mm　　　　　　印　　张：20.5　　字　　数：286 千字
版　　次： 2017 年 5 月第 1 版　　　　印　　次：2025 年 1 月第 4 次印刷
定　　价： 79.80 元

产品编号：071991-02

前　　言

融媒体时代，传统媒体纷纷与以互联网为载体的 "第四代媒体"和以手机为载体的"第五代媒体"进行融合发展，使播音的创作语境发生了变化，给播者带来了前所未有的挑战与机遇。一方面，播者要转变播音观念，丰富语言表达样态，创作出更多具有时代特色、个性鲜明的作品来吸引和影响受众，满足受众更高层次的审美需求；另一方面，融媒体时代需要播者真正参与到节目制作与传播的各个环节，由单纯以播音为目的向全能型播者转变，把受众作为"交流互动者"，而不是"被动接受者"，这对播者的专业知识、专业素质、职业水准均提出了更高的要求。

因此，播者在打好语言表达基本功的同时，需要不断完善现有知识结构，提高专业素养，增强竞争力。为使读者更好地理解、掌握播音技能，潜移默化地提升播音素养、文化素养、媒介素养，这本教材的撰写遵循以下原则：

第一，课堂精读，课外导读。各章节内容由理论阐述、文稿分析、实训材料与播读提示、拓展与延伸、复习与思考等几个教学模块组成，旨在通过多维度、立体化的教学模式，延伸课堂教学内容，开阔学生视野，培养学生自主探究能力，全面提升学生专业素养。

第二，术理结合，逐步深化。先将播音技艺分解为单项技能的定向训练与指导，再将各项基本技能有机组合，在循环渐进的教与学过程中，全面渗透语言表达的基础理论与技能训练。备稿、内部技巧(情景再现、内在语、对象感)、外部技巧(停连、重音、语气、节奏)、话筒前的状态等各章节内容既独立成章，又相互关联，不可分割。

第三，精选例稿，以例引路。每章节在保留经典稿件的基础上，新增富有时代气息的新鲜稿件作为实训材料，为每篇稿件撰写播读提示，激发学生的学习兴趣、播讲愿望，使学生真正做到"有感而发""锦上添花"。

本书撰写过程中参阅了前辈专家、学者的论著，由于体例问题未能一一注明，在此表示真挚的感谢。本书获得了深圳大学教材出版基金的资助，衷心感谢深圳大学教务处、深圳大学传播学院的领导和同事们给予的大力支持与帮助！感谢陈俊陶、彭玉萍、饶兆伟、陈安琪、王艺静、胡邦睿、张涵潇、陈业荣为本书录播音频！感谢清华大学出版社编辑们的辛苦付出！感谢陪伴了我 13 载的亲爱的同学们，你们的信任惕厉我不断前行！

由于时间和能力局限，书中难免存在疏漏和不足之处，恳请读者不吝赐教。

陈昕瑜

2017 年 2 月

目　录

第一章

有的放矢，有感而发——
播音前的准备

 导　读

　　播音创作必然伴随时代的发展、社会的变迁及受众心理需求的变化，这就要求播者把每篇稿件放在时代的语境中去考察，在准确、深入理解的基础上，生动、贴切地把稿件的信息和意旨传达给受众，以适应融媒体时代的审美与创新需求。播好一篇稿件、主持好一档节目，尤其要注重平时的文化积累，掌握具体稿件准备过程中的方法与要领。本章的学习与训练，旨在明确播音前准备工作的重要性，而树立备稿意识是播音创作至关重要的一步。

第一节　融媒体时代的播音观念

　　伴随工业化与信息化的不断深入融合，融媒体时代已经来临。以广电网络、电信网络、互联网络为依托的各类媒体迅猛发展，不断创造出更具特色、更吸引人的融媒体形式，使媒体呈现出蓬勃发

展的态势，突破了传统媒体与新兴媒体的界限障碍，对播音创作提出更高的要求。鉴于此，在新的媒介生态环境下，播者的播音观念也应随形势的变化而不断创新，探索适应融媒体时代的播音样态，形成特色化播音，以提升播音作品的感染力、说服力和影响力。

一、播音的性质

播音创作活动集言语传播、新闻性、艺术性于一身，是一个复杂的系统工程。

从语言学角度看，播音是一项特殊的言语活动。首先，一般生活中的言语活动，交流对象都在场，即言语活动过程是一个相对完整、封闭的系统，信息发送者可及时获得交流对象的信息反馈，并根据这种反馈随时调整自己的交流状态；而播音时(现场主持节目及演播文学作品除外)，播音员只能面对话筒或摄像机镜头，凭自己的经验和感觉去寻求"对象感"，与想象中的听(观)众交流，所以它是一个相对不完整、不开放的系统。其次，日常生活中的言语活动，是言语者自己要说的话；而播音创作活动是依据稿件，把文字内容转化为自己要说的话，播音语言表达是二度创作。

从新闻学角度看，播音是一项新闻实践活动，是视听媒体传播的"门面"。所以，播音创作要遵循新闻学的基本规律和原则，新闻三要素——新鲜感、真实性、时效性，同样体现在播音创作中，即播音要具有时代感、真实感、分寸感。

从艺术的角度看，播音创作从感受到表达，从情感引发到表现，具有某些艺术属性，也是一项艺术创造活动。

综上所述，播音即通过视听传播媒介进行话筒前的有声语言创作。播者是语言艺术工作者，也是新闻传播工作者。从有声语言这一角度考察，它区别于生活语言、戏剧语言，具有明显的自身特点。

二、融媒体时代的播音语言特征

互联网的兴起及多种新兴媒体技术的发展，使播音的创作依据、创作内容、创作对象、创作环境和传播方式等因素也发生了变化，融媒体时代的播音语言特征体现在以下几方面。

(一) 时代感

播音是极富时代气息的一门艺术，随着时代的发展，各个时期的播音话语呈现出不同的样式。新中国成立初期，著名播音艺术家夏青主播《新闻和报纸摘要》《新闻联播》等节目时，呈现出严谨庄重、稳健大度的播音风格，成就了那个时代播音艺术的高峰，同时也深深地打上了时代的烙印。和谐社会时期，播音话语方式则要符合欣欣向荣的时代特色，呈现出亲切、自然、明快的特点。播音语言的时代感包括两方面的内容：一是使用较新颖的语言表达方式，具体包括当下流行词汇的应用、流行语言方式的表达等，紧追时代的步伐进行播报，使播音作品更具前沿性，吸引更多受众的关注，如"秀""达人""卖萌""二次元"等新语新词在《新闻直播间》等节目中的广泛运用；二是伴随社会的快速发展，生活节奏的日益加快，受众均希望在更短的时间内获取更多的信息，即相比于传统播音，融媒体语境对播音的语速要求更高，因此，新时代播音要在色彩明快的基础上，适度提升语速，并有新鲜感和推进感。

(二) 生活化

无论从传播内容还是受众需求出发，那种端着架子、生硬刻板、灌输式的播音话语已不适应现代人收听、收视的需求。播者首先应在继承播音创作精髓的基础上，立足实际，创新播音话语方式，以"说""聊"的方式向口语化、生活化转变。例如，陈鲁豫在《凤凰早班车》中采用轻松自然的语气娓娓而谈，拉近与观众的距离；在央视节目《本周》中，主播贺红梅采用"漫谈新闻"的方式，以贴近生活的口吻讨论最近七天内发生的社会热点和天下大事，满足受众的需求。其次，社会转型期间出现的浮躁心态和心理压力，使人们在紧张、快节奏工作之余，更愿意在一种平和轻松的气氛中获取新闻、了解信息。这就要求播者充分考虑到受众的心理，以一种生活化的、亲切自然的语态把信息传送给受众。最后，媒体竞争日益激烈，在当今这样一个报纸、广播、电视、网络等信息传播平台非常丰富的年代，人们获取信息的渠道更为多样。为了吸引受众，播者要静下心来，深深扎根于生活之中，汲取生活中的新鲜营养，以受众满意度为根本出发点和落脚点，努力将声音处理得更加自然，更趋生活化，以显得亲切、真实。

（三）多元性

在知识爆炸、信息共享、媒体密集的融媒体时代，新闻资源海量化，获取新闻畅通化，新闻形式多样化，这使受众的选择余地更加宽泛，而播音样态与风格左右着受众的"选择权"。因此，播者既要遵循播音创作准则，又要加强对不同类型稿件的分析和研究，使自己在保持个性鲜明、独具魅力的基础上，展现出播音样态的多元性。例如播报"民生类"新闻时，要突出自然、亲民、无距离的播音风格；在播出"文体类"新闻的过程中，则要突出富于激情和动感的特色。同时，语言的艺术性也很重要，如以灵活多变的话语样式进行配音时，可根据不同场景和语境，转换语言表达的方式和情绪，甚至可以考虑加入多种语言甚至方言，以增加趣味性，给受众留下更直观深刻的印象。全球传播环境的变化产生了多元化的传播语境，现代性与后现代性、高雅与低俗、精英与大众的多元化既相互矛盾又共同依托。面对这种新的文化传播语境，播者要坚持传播的核心价值观，适应融媒体环境的播音语言变化，赋予作品特殊的魅力，提升播音语言水平。

三、播音创作的探索

(一) 转变观念，提升专业素养

播者首先要转变观念，实现与受众、媒介之间的互动交流。随着融媒体时代的到来，播音不仅要承担传递新闻信息的功能，还要改变原来独立工作的状态，将受众作为节目的交流互动者，而不是被动的接受信息者。播者要能够参与到节目制作与传播的各个环节，实现与受众的及时互动，保障受众的话语权，即播者要带有互动的态度，以融媒体的理念进行节目制作，聆听受众的心声，实现情感的共鸣。这就要求播者不断提升专业素养，一方面通过学习，改变现有知识结构，充实文化修养和内涵；另一方面从公共利益出发，站在受众的层面，对所报道的新闻信息进行解读，拉进与受众间的距离。播音是联系受众与媒体的重要纽带，播音的水平直接关系到节目的收视质量与受众的关注程度。

(二) 由"播"到"说"，创新表达样式

"播"与"说"，是两种截然不同的言语传播样式。"播"是传统播音的常态样式，在新闻播音中使用频率较高。"规整自如"是这类样式的基本特色，即用语规范，语态固定，对语境没有太强的依赖性，比较独立。"说"不同于"播"，在言辞、语气、发声等方面，"说"超越了传统播报新闻的方式，是一种凭借主观意识进行交流的言语传播方式，在题材与内容上，既符合新闻特性，又符合受众的主观认知与语言表达规律，给人以耳目一新的感觉。"播"与"说"的关系可表述为："说"之至美为"播"，"播"之高境即"说"。正

如央视著名主播崔志刚、贺红梅在《好好说话：新闻主播的陈述式播音》一书中提到的，"媒体的发展与传播渠道的拓宽，决定着声音来源的多元化。在这样一个信息爆炸且人人都能自主获取信息的时代，作为新闻主播，应当把更多的精力放在对稿件的理解和与观众的交流上，真诚而平实的表述才是符合这个时代大众需要的。平实表达，好好说话，这是我们的专业态度，也是我们的职业追求"。可见，"说"是融媒体语境下言语传播样式的基本趋向；未来优秀的播者都须具备驾驭"好好说话"的本领。

(三) 整合资源，打造优秀品牌

融媒体语境下，播音作品要与时俱进，需要播者在不断提升专业水准的同时，整合多方面的优势资源，将过去传统的单向交流的模式，改为全新的互动式传播模式。如在新的媒介生态环境下，受众须对海量新闻信息进行筛选。新闻主播如能深入一线进行现场报道，与新闻当事人即时交流，并能对新闻报道进行深度解读，则受众可获取更大的信息量，节目可引领舆论，产生一定的社会影响。因此，播者要有积极塑造优势品牌节目的意识，提高在融媒体中的话语权，打造具有独特风格的视听节目。

总之，融媒体时代的到来，是播音创作的一大发展契机。播者要能够清晰地把握融媒体时代的特征和发展趋势，抢抓机遇，借鉴融媒体的传播理念，找到与融媒体最为融洽的结合点，在节目定位与播出技巧中，实现优劣互补，表现出与众不同的播音风格，以推进播音水平不断向前发展。

第二节 准备稿件的方法

备稿是播音创作过程中的第一个环节，是播音创作活动的开始。

每篇稿件都有它的播讲目的，稿件中的观点、材料、人物，播音中的态度、感情、语言、技巧等，都为播讲目的服务。因此，为更好地把握播讲目的，播者需要认真备稿。

一、备稿的意义

(一) 播音创作：戴着镣铐的舞蹈

播音作为话筒前有声语言的创作活动，是"戴着镣铐的舞蹈"，不是个人随意的言语活动。

从传播学的角度看，播者是稿件和受众的中介，既是稿件文字语言的接受者，也是将稿件转化为有声语言的发出者。稿件是作者对于生活的认识和提炼，是作者的"一度"创作；而播音作品，是播者基于对生活的理解，把文字符号转化为直接可感的声音符号的"二度"创作。所以说，话筒前的播音受到文字稿件的制约，播者必须要深入、细致地分析理解稿件，才能准确地体现作者的创作意图，真实地反映客观实际，准确、鲜明、生动地传达稿件内容，良好地完成播音任务，实现播讲目的。

(二) 文字解码：不是简单的对应过程

播音的创造性集中体现在将文字稿件转化为有声语言符号的解码过程中。稿件的文字语言和由此转化而来的播音语言，是稿件内容的两种不同存在形式，各有不同的物质形态。前者诉诸播者的视觉，后者诉诸受众的听觉，是作者思维活动的成果。播者要将这一思维成果转化为清晰、准确、生动感人的有声语言，就需要深入理解稿件，把握作者的思维过程，领悟、体味作者的认识成果，即语音只是有声语言的形式，意义才是语言的核心。

稿件转化为有声语言传播出去，如果没有积极认真的前期备稿，只做浅层次的"字形—语音"这样一种简单对应的符号转换，就无法渗进播者的创造力，产生好的播音作品。此外，伴随融媒体时代的到来，受众对播音创作提出了越来越高的要求。要想播得又快又好，播者平日里就要养成良好的备稿习惯，使习惯成为自然，才能在不断总结经验的基础上达到快速理解稿件、快速播稿的要求。

二、备稿的要求

(一) 准确、迅速、深刻、精细

播者日常以新闻播音为主，这样的工作性质和业务范畴，决定了播者要具有高效率的意识。具体到备稿环节，从质量来说，要把握稿件的深刻、精细；从效率上说，要求备稿迅速、熟练。可以说，备稿是播者应掌握的基本功之一。

播音的备稿时间，一般应是三倍于稿件播出的时间。有些专题节目的稿件往往能较早地送到播者手中，播者有较充裕的时间准备；而新闻稿件则来得较急，播者一般略作准备就要播出。有时碰上刚刚收到的消息，甚至可能连预览一遍的时间都没有。面对这些情况，在播音创作过程中，备稿速度首先要快，并做到事实准确，即稿件中的时间、地点、人名、单位、术语、数据及具体事实都要判断清楚，并能准确传达。同时，还要在事实准确的基础上，深刻把握稿件的实质与内涵，不仅要弄清楚稿件说的是什么，还要进一步理解为什么，体味出稿件的深层含义，为播读稿件提供驱动力。总之，备稿的快速和精细是辩证统一的，唯有准确、迅速、深刻、精细，才能适应一线播音的实战要求。

(二) 把稿件变成自己要说的话

备稿的直接目的是播出，不是播者对稿件进行评析或者欣赏，否则即使把稿件分析得鞭辟入里，也不能对文字稿件转化生成的有声语言创作起到任何实质性帮助。因此，"吃透稿件"的目的在于，把稿件内容变成自己要说的话。如做不到这一点，播音时就会留有很强的念的味道。

把稿件变成自己说的话，主要包含两层意思：第一层是激发播讲的愿望，产生积极的言语传播心态；第二层是指稿件的终结，即在头脑中形成与稿件相一致的思想感情运动线，以及与之对应的声音变化的大致轮廓。

以上阐述可帮助播者端正话筒前的工作心态，但在实际工作中，应把更多的时间和精力放在备稿的方法上。

三、备稿的方法

备稿包括两方面的含义：狭义备稿和广义备稿。播出前具体稿件的准备过程称为狭义备稿。每一次的具体备稿，都需要调动播者的全部知识储备、政治素养、媒介素养、艺术修养等，播者各个方面的修养是具体备稿的基础。一个人的修养不是一朝一夕、一蹴而就的，需要在实践中不断地学习和积累，这就是人们常说的广义备稿。

广义备稿要求播者具备较高的政治素养、广博的文化知识、深厚的专业基本功和艺术修养，这就需要播者时时积累、处处留意，即播出前要准备的不仅仅是播音与主持专业知识、某篇稿件的具体内容，更主要的是培养良好的职业习惯、专业的价值判断能力。如白岩松做客搜狐总编在线，回答主持人需要具备的条件时所说："做好长跑的准备，不能以短跑姿态参加到长跑的比赛中，甚至根本不是一个比赛，而是一个人的赛跑，必须按照长跑节奏……最重要的是两点：第一，必须有足够的知识储备；第二，必须有强烈的社会责任感。"

总之，广义备稿是狭义备稿的坚实基础，平时的学习和积累越丰厚，狭义备稿的质量就越高，速度就越快；而每一次的狭义备稿，体现着广义备稿的成果，同时也在为广义备稿提供新的知识和体验。具体来说，认真备稿，是提高播音质量的重要环节。事实上，每一篇稿件的准备过程，不仅属于这一篇稿件，对这一篇稿件的播音质量有好处，而且对同类别、同样式的另外一些稿件的准备和播音也有不小的帮助。

如何准备一篇稿件，不同的播者、不同的稿件，会有细微的差别。但从播音创作的本质来看，主要的备稿方法大同小异。在多年播音一线实践和播音教学经验的基础上，我们的前辈总结了符合视听语言传播规律、实用性较强的"备稿六步"：划分层次，概括主题，联系背景，明确目的，找出重点(分清主次)，确定基调。下面分别谈谈"备稿六步"的具体方法与作用。

(一) 划分层次

播音让受众听得清楚明白，这是最基本的要求，但真正做到这一点却并不容易。层次是指稿件的布局、结构。划分层次，就是要求播者在弄清稿件内容的基础上，进一步了解稿件的布局结构，掌握稿件的铺陈线索和语言序列，以便更加清楚明白地传达稿件。

拿到一篇稿件后，首先要着眼于全篇，对稿件的句、段进行整理，将内在联系比较紧密的段落归并为一个层次。稿件的自然段，是从写作角度形成的，层次是为了播音的需要形成的，层次是对自然段的进一步整理。

每一个自然段都要概括大意，同样，层次或部分也应概括出大意。大意可以是一句话，或者一个短语，也可用一两个词概括。总之，要简单明了，要反映出主要内容及思路总的推进，要反映出文章的发展脉络，起到播音提纲的作用。下面以茅以升的《中国石拱桥》[1]为例进行说明。

石拱桥的桥洞成弧形，就像虹。古代神话里说，雨后彩虹是"人间天上的桥"，通过彩虹就能上天。我国的诗人爱把拱桥比作虹，说拱桥是"卧虹""飞虹"，把水上拱桥形容为"长虹卧波"。

石拱桥在世界桥梁史上出现得比较早。这种桥不但形式优美，而且结构坚固，能几十年、几百年甚至上千年雄跨在江河之上，在交通方面发挥作用。

我国的石拱桥有悠久的历史。《水经注》里提到的"旅人桥"，大约建成于公元 282 年，可能是有记载的最早的石拱桥了。我国的石拱桥几乎到处都有。这些桥大小不一，形式多样，有许多是惊人的杰作。其中最著名的当推河北省赵县的赵州桥，还有北京丰台区的卢沟桥。

赵州桥横跨在洨河上，是世界著名的古代石拱桥，也是造成后一直使用到现在的最古的石桥。这座桥修建于公元 605 年左右，到现在已经一千三百多年了，还保持着原来的雄姿。到解放的时候，桥身有些残损了，在人民政府的领导下，经过彻底整修，这座古桥又恢复了青春。

赵州桥非常雄伟，全长 50.82 米，两端宽 9.6 米，中部略窄，宽 9 米。桥的设计完全合乎科学原理，施工技术更是巧妙绝伦。唐朝的张嘉贞说它"制造奇特，人不知其所以为"。这座桥的特点是：(一)全桥只有一个大拱，长达 374 米，在当时可算是世界上最长的石拱。桥洞不是普通半圆形，而是像一张弓，因而大拱上面的道路没有陡坡，便于车马上下。(二)大拱的两肩上，各有两个小拱。这个创造性的设计，不但节约了石料，减轻了桥身的重量，而且在河水暴涨的时候，还可以增加桥洞的过水量，减轻洪水对桥身的冲击。同时，拱上加拱，桥身也更美观。(三)大拱由 28 道拱圈拼成，就像这么多同样形

[1] 课程教材研究所，等. 语文(八年级上册). 北京：人民教育出版社，2007.

状的弓合拢在一起，做成一个弧形的桥洞。每道拱圈都能独立支撑上面的重量，一道坏了，其他各道不致受到影响。(四)全桥结构匀称，和四周景色配合得十分和谐；桥上的石栏石板也雕刻得古朴美观。唐朝的张鷟说，远望这座桥就像"初月出云，长虹饮涧"。赵州桥高度的技术水平和不朽的艺术价值，充分显示了我国劳动人民的智慧和力量。桥的主要设计者李春就是一位杰出的工匠，在桥头的碑文里刻着他的名字。

永定河上的卢沟桥，修建于公元 1189 到 1192 年间。桥长 265 米，由 11 个半圆形的石拱组成，每个石拱长度不一，自 16 米到 21.6 米。桥宽约 8 米，路面平坦，几乎与河面平行。每两个石拱之间有石砌桥墩，把 11 个石拱联成一个整体。由于各拱相联，所以这种桥叫做联拱石桥。永定河发水时，来势很猛，以前两岸河堤常被冲毁，但是这座桥却从没出过事，足见它的坚固。桥面用石板铺砌，两旁有石栏石柱。每个柱头上都雕刻着不同姿态的狮子。这些石刻狮子，有的母子相抱，有的交头接耳，有的像倾听水声，有的像注视行人，千态万状，惟妙惟肖。

早在 13 世纪，卢沟桥就闻名世界。那时候有个意大利人马可·波罗来过中国，他的游记里，十分推崇这座桥，说它"是世界上独一无二的"，并且特别欣赏桥栏柱上刻的狮子，说它们"共同构成美丽的奇观"。在国内，这座桥也是历来为人们所称赞的。它地处入都要道，而且建筑优美，"卢沟晓月"很早就成为北京的胜景之一。

卢沟桥在我国人民反抗帝国主义侵略战争的历史上，也是值得纪念的。1937 年 7 月 7 日中国军队在此抗击日本帝国主义的侵略，揭开了抗日战争的序幕。

为什么我国的石拱桥会有这样光辉的成就呢？首先，在于我国劳动人民的勤劳和智慧。他们制作石料的工艺极其精巧，能把石料切成整块大石碑，又能把石块雕刻成各种形象。在建筑技术上有很多创造，在起重吊装方面更有意想不到的办法。如福建漳州的江东桥，修建于八百年前，有的石梁一块就有二百来吨重，究竟是怎样安装上去的，至今还不完全知道。其次，我国石拱桥的设计施工有优良传统，建成的桥，用料省，结构巧，强度高。再其次，我国富有建筑用的各种石料，便于就地取材，这也为修造石桥提供了有利条件。

两千年来，我国修建了无数的石拱桥。解放后，全国大规模兴建起各种形式的公路桥与铁路桥，其中就有不少石拱桥。1961年，云南省建成了一座世界最长的独拱石桥，名叫"长虹大桥"，石拱长达112.5米。在传统的石拱桥的基础上，我们还造了大量的钢筋混凝土拱桥，其中"双曲拱桥"是我国劳动人民的新创造，是世界上所仅有的。近几年来，全国造了总长二十余万米的这种拱桥，其中最大的一孔，长达150米。我国桥梁事业的飞跃发展，表明了我国社会主义制度的无比优越。

全文10个自然段，可以归并为三个层次。

第一层：第1～2自然段，概述石拱桥的特点——历史悠久，形式美，结构坚固。

第二层：第3～9自然段，介绍我国历史上著名的石拱桥。这个大层次中包含两个小层次。

第一个小层次：第3～8自然段，介绍赵州桥、卢沟桥的特点。

第二个小层次：第9自然段，介绍我国石拱桥成就辉煌的原因。

第三层：第10自然段，解放后我国人民创造出了更多、更好的石拱桥。

(二) 概括主题

主题是稿件所表现的中心思想，是内容的核心，或是作者通过具体人物及事件所反映出来的看法。主题有利于揭示出深刻思想含义和调动播者的思想感情。通过对主题的认识、概括，使播者产生"我要播""我要说"的行动、意向，激发播讲愿望。

概括主题要切中主旨、言简意赅。因个体感受存在差异，每个人对主题的概括也不尽相同。如例稿《中国石拱桥》的主题可概括为：通过介绍我国石拱桥的悠久历史和特点，歌颂我国桥梁建筑的成就以及劳动人民的伟大智慧和创造精神。

要概括好主题，必须提高自己的分析能力和概括能力，以达到上述相关要求。

(三) 联系背景

这里所说的背景，主要指播音时的背景。任何一篇供播出的稿件都有几种不同层面的背景：稿件内容所反映的时代，是历史背景，理解稿件内容时必须要搞清楚；作者写作的时代，是写作背景，通过它了解作者的创作意图；播音时的具体背景，是播音背景，在实际工作中，新闻、评论稿件的比重最大，因新闻消息、时评作品等都有时效性，这些稿件所谓的历史背景、写作背景与播出背景基本是一致的，一般情况下，只提播音背景就可以了。但如果播出的稿件是古代、现代的文学作品或历史文献，就一定要认真分析这三个不同层面的背景，方能全面、深刻、准确地理解稿件和丰富自己的感受。

播音背景，包括两方面内容：一是与稿件内容有关的党和政府的方针、政策等，称为"上情"；二是指当时的国内外形势及社会的现实情况，称为"下情"。"下情"又包括主流和支流两个方面。联系背景是为了进一步深入理解稿件，因此要善于从实物发展的纵向及其相关事务的横向上考虑背景。是否能够准确地把握稿件反映的事物在社会坐标系上的位置，直接关系到播音的基调是否恰当，体现出来的政策分寸是否合适。此外，联系背景时还应注意以下几点：具体可感，不能抽象；针对问题，由小见大；不可漫无边际、牵强附会。

(四) 明确目的

语言活动总是与具体目的相联系。播讲目的是播者把稿件播出后要能达到一定的社会效果，它解决的是为什么要播这篇稿件的问题。

播讲目的是播者从稿件内容及主题中引申并在联系背景的过程中要准确把握的，其产生于对稿件的正确认识、生动体验，对播音创作有巨大的能动作用。这里要注意播讲目的与稿件主题的区别。主题囊括不了播讲目的的含义，也不可能取代它的作用。主题是指稿件反映了什么思想，基本还是就稿论稿，"就事论事"，很少顾及播音背景，或考虑到受众的心理。播讲目的，则要说明稿件的认识价值和社会意义，要从背景中的"上情"着眼，考虑其现实意义。稿件主题具有稳定性和不变性，但播讲目的在不同时期有不同的侧重和表现。此外，在表述播讲目的时，还要注意目的集中，不可面面俱到，更不可主次颠倒，要体现出准确性。如例稿《中国石拱桥》的播讲目的，意在引导受众热爱我国悠久、先进的文明，继续发扬勤劳、智慧的美德，为祖国的发展贡献一分力量。

(五) 分清主次

分清稿件的主次，突出重点，是落实播讲目的的重要保证。实际上，稿件的各个部分、层次、段落、语句在表达作者意图时起着不同的作用。分清主次，首先要抓住重点。重点是最直接表现主题、体现目的、抒发感情、感染受众的地方。由于稿件写法不同，重点一般有两种存在形式，一种是集中(重点集中在某一个或几个段落中)，一种是分散(重点分散在全篇稿件中)。重点集中的形式较为多见。

播讲时要在重点上下功夫，次要的部分为重点部分的表达服务。一般来说，消息在主体内部找重点，评论从分析、论证的逻辑结构中找重点，专题片解说的重点不太固定，要根据情节发展的变化来找。总之，如果没有重点，播者就会"平""空"，不生动也不感人。分清主次，突出重点，必须从备稿开始就给予足够的重视。

(六) 确定基调

基调，指稿件总的感情色彩和分量。播音时总的态度倾向，不是指某一句或某一段的感情色彩和分量，不是声音的高低。基调体现的是播者对稿件认识、感受的整体结果，如有的昂扬，有的凝重，有的明快，有的深情，有的风趣等。要注意，基调是理解和表达的统一，是稿件基调和播音基调的统一。随着思想感情的运动，感情的色彩和分量也在不断变化中。因此，在把握播讲基调上有两点要求：一是基调的概括要贴切，态度要鲜明，要注意整体感；二是基调的统一中有变化，即有一个总基调，但从头到尾，个别地方有小变化。

总体来看，层次、主题、背景、目的、重点和基调这六个方面，层次、主题，集中解决"是什么"的问题；背景、目的，回答"对谁播"和"为什么播"的问题；重点、基调，则包含着"怎么播"的设想。无论是按部就班分"备稿六步走"，还是"六步并作一步"，理解越深，感受越具体，认识越全面，对稿件的把握就越准确，有了"把稿件变成自己要说的话"的坚实基础和丰富的内心依据，才能更好地驾驭有声语言的创作和表达。

第三节　单元实训及提示

背　影

朱自清

我与父亲不相见已二年余了，我最不能忘记的是他的背影。

那年冬天，祖母死了，父亲的差使也交卸了，正是祸不单行的日子，我从北京到徐州，打算跟着父亲奔丧回家。到徐州见着父亲，看见满院狼藉的东西，又想起祖母，不禁簌簌地流下眼泪。父亲说，"事已如此，不必难过，好在天无绝人之路！"

回家变卖典质，父亲还了亏空；又借钱办了丧事。这些日子，家中光景很是惨淡，一半为了丧事，一半为了父亲赋闲。丧事完毕，父亲要到南京谋事，我也要回北京念书，我们便同行。

到南京时，有朋友约去游逛，勾留了一日；第二日上午便须渡江到浦口，下午上车北去。父亲因为事忙，本已说定不送我，叫旅馆里一个熟识的茶房陪我同去。他再三嘱咐茶房，甚是仔细。但他终于不放心，怕茶房不妥帖；颇踌躇了一会。其实我那年已二十岁，北京已来往过两三次，是没有甚么要紧的了。他踌躇了一会，终于决定还是自己送我去。我两三回劝他不必去；他只说，"不要紧，他们去不好！"

我们过了江，进了车站。我买票，他忙着照看行李。行李太多了，得向脚夫行些小费，才可过去。他便又忙着和他们讲价钱。我那时真是聪明过分，总觉他说话不大漂亮，非自己插嘴不可。但他终于讲定了价钱；就送我上车。他给我拣定了靠车门的一张椅子；我将他给我做的紫毛大衣铺好坐位。他嘱我路上小心，夜里警醒些，不要受凉。又嘱托茶房好好照应我。我心里暗笑他的迂；他们只认得钱，托他们直是白托！而且我这样大年纪的人，难道还不能料理自己么？唉，我现在想想，那时真是太聪明了！

我说道，"爸爸，你走吧。"他往车外看了看，说，"我买几个橘子去。你就在此地，不要走动。"我看那边月台的栅栏外有几个卖东西的等着顾客。走到那边月台，须穿过铁道，须跳下去又爬上去。父亲是一个胖子，走过去自然要费事些。我本来要去的，他不肯，只好让他去。我看见他戴着黑布小帽，穿着黑布大马褂，深青布棉袍，蹒跚地走到铁道边，慢慢探身下去，尚不大难。可是他穿过铁道，要爬上那边月台，就不容易了。他用两手攀着上面，两脚再向上缩；他肥胖的身子向左微倾，显出努力的样子。这时我看见他的背影，我的泪很快地流下来了。我赶紧拭干了泪，怕他看见，也怕别人看见。我再向外看时，他已抱了朱红的橘子往回走了。过铁道时，他先将橘子散放在地上，自己慢慢爬下，再抱起橘子走。到这边时，我赶紧去搀他。他和我走到车上，将橘子一股脑儿放在我的皮大衣上。于是扑扑衣上的泥土，心里很轻松似的，过一会说，"我走了；到那边来信！"我望着他走出去。他走了几步，回过头看见我，说，"进去吧，里边没人。"等他的背影混入来来往往的人里，再找不着了，我便进来坐下，我的眼泪又来了。

近几年来，父亲和我都是东奔西走，家中光景是一日不如一日。他少年出外谋生，独力支持，做了许多大事。那知老境却如此颓唐！他触目伤怀，自然情不能自己。情郁于中，自然要发之于外；家庭琐屑便往往触他之怒。他待我渐渐不同往日。但最近两年的不见，他终于忘却我的不好，只是惦记着我，惦记着我的儿子。我北来后，他写了一信给我，信中说道，"我身体平安，惟膀子疼痛利害，举箸提笔，诸多不便，大约大去之期不远矣。"我读到此处，在晶莹的泪光中，又看见那肥胖的，青布棉袍，黑布马褂的背影。唉！我不知何时再能与他相见！

(朱自清. 朱自清散文经典全集. 北京：北京出版社，2014)

((•)) 播读提示

《背影》是朱自清先生的一篇经典散文。结合"备稿六步"，我们做如下分析和准备：

第一步：划分层次

全篇共有七个自然段，分成三大部分。

第一部分(第一段)：思念父亲，最不能忘怀的是他的"背影"，开篇点题。

第二部分(第二段到第六段)：回忆往事，追述在车站与父亲离别的情景，表现父亲爱子的真挚感情。

第一层(从"那年冬天"到"我们便同行")：

交代这次父子分别时的家庭情况，为写"背影"渲染悲凉的气氛。

第二层(从"到南京时"到"……太聪明了")：写父亲送行前的细心关照，为写"背影"做铺垫。

第三层(从"我说道"到"……又来了")：描写父亲爬过铁道去买橘子的"背影"，抒发真挚的感情.

第三部分(最后一段)：写别后对父亲的思念，以在泪光中再现"背影"作结，抒发深切怀念之情。

第二步：概括主题

通过对父亲在车站给儿子送行情景的描述，表现了父亲对儿子无微不至的爱和儿子对父亲的百般怀念。

第三步：联系背景

本文为思亲之作，虽围于身边琐事，但因或多或少跳动着时代的脉搏，从而取得不朽的艺术生命力。换句话说，《背影》揭示了父爱的社会性，也映射出黑暗时代生活的某些侧影。作者当时在北京大学哲学系念书，得知祖母去世，从北京赶到徐州与父亲一道回扬州奔丧。丧事完毕，父亲到南京找工作，作者回北京念书，父子在浦口惜别。这一时期中国社会的状况是：军阀割据，帝国主义势力明争暗斗，知识分子朝不保夕，民众处在水深火热之中。作为一名正直、善良、敦厚的知识分子，作者感到社会的压抑，产生一种落寞凄凉的情绪；而作者的家庭，因社会的黑暗而日趋窘迫，"光景很是惨淡""一日不如一日"；作者的父亲，先是"赋闲"，后为了找差事而"东奔西走"，乃至老境"颓唐"。这些都从一个侧面反映了当时知识分子奔波劳碌、前途渺茫、谋事艰难、境遇凄惨的现实，在他们心头笼罩着一层不散的愁云。

第四步：明确目的

在此背景上，作者写出真挚、深沉、感人至深的父子之爱，特别是融汇了辛酸与悲凉情绪的父子之爱，由背影的直观描写，我们看到了一个仁慈的父爱形象；从背影的透视中，我们又看到了一个感叹着人世艰辛的作者形象。爱，拨动着我们心中的琴弦，使人产生感情上的共鸣。

第五步：找出重点

把握重点，须明确《背影》一文的线索。首先"背影"是本文的明线，"背影"共出现四次，开头设疑——点出背影，望父买橘——刻画背影，父子分手——惜别背影，结尾思念——照应背影。此外，"我"对父爱感受、理解的过程是本文的另一条线索，一条暗线。首段是倒叙部分，写的是理解父爱后的结果，因为"最不能忘记"父亲的"背影"是以理解父爱为前提的。第二、三段写"我"家当时的家境，渲染出悲凉的气氛，为下文感悟、理解父爱设置了背景，可谓"患难之中见真情"。第四、五段写父亲送行时对"我"的悉心关照。父亲细致入微的照顾为下文写"我"被父亲的"背影"感动、理解父爱作铺垫。第六段写父亲过铁道、爬月台替"我"买橘子的经过，写"我"怎样理解了父爱。第七段回忆父亲的人生及对"我"态度的变化。这一部分是理解父爱后的自然延伸与深化，由于感悟、理解了父爱，"我"从而能正确理解父亲的人生，甚至能宽容父亲的缺点，充分体现了"我"对父亲的理解、同情与爱怜。可见，《背影》的意象不只是"父亲"，主题也不止是"父爱"。《背影》还有一个意象，那就是作品中的"我"。"我"既是作者本人，也是事件的叙述者，同时还是作品中重要的"意象"。"爱子之情"，乃人之常情，一般父母都能有；而儿子的歉疚之意，却比较罕见，这个"意"要比单纯的"父爱"主题高明、深刻。

第六步：确定基调

文章蕴含着"淡淡的哀愁"，这种情绪有时世给作者心境带来的影响，也有儿子对父亲的怀念、怜惜和感伤之情。表达时要注意描述与心理活动的交融，感情深沉含蓄、诚挚细腻并带有回忆的感受。

乡村的傍晚

杨胜桃

夕阳染红了西边的天空。一片片晚霞，倒映在清澈如镜的小河里，像盛开的一大朵一大朵鸡冠花。不知谁往河里丢进一粒小石子，激起的浪追逐着夕阳的余辉。河两岸的柳条像一丝丝的绿绸，在春风的吹动下轻轻摇曳，好像怕惊动了静静的河水似的。柳树下洗衣姑娘的影子倒映在水里……

河两岸是炊烟袅袅的农舍，不时飘来诱人的饭菜香味。

四周都是田野，长着密密的庄稼。挨近农舍的地里，还有人影在晃动。勤劳的庄稼人哪，劳累了一天，这会儿也该歇歇了吧。

南山上那湛蓝的天空中，翱翔着几只"雄鹰"，飞舞着几只"蝴蝶"，还有大眼睛的"蜻蜓"……啊！那是孩子们在放风筝哩！听吧，从山上传来了孩子们的欢笑声：

"哟，我的蜻蜓一下子蹿得老高！"

"你看，我的蝴蝶多好看哪，像仙女起舞一样。"

"哎呀，哎呀，小牛的'老鹰'栽下来了！"

他们站在南山顶上，手儿灵活地拉着风筝线，头仰着，眼紧盯着飘曳在蓝天上的风筝……

在半山腰，有个少年骑在牛背上吹响了悠悠的柳笛。还有个胖小子，趴在牛背上，愣愣地看着心爱的牛儿吃草，你瞧他那个样子，好像也想跳下来吃几口那鲜嫩的青草呢！

你再听听，那边传来"叽哩哇啦"的声音，干什么来着？哦，原来是位十三四岁的姑娘，把牛拴在不远的树旁，正坐在树荫底下认真地读着英语呢……

这时，夕阳还舍不得将最后一丝余辉收回去，继续从西山顶上探出半个脸儿，伴随着这美丽、沉静而又活跃的山村。

这时，从农舍里传来喊声："小豆子，把牛牵回来吧，吃饭了！""三娃子，快回家喽，饭都凉了！"

叫喊声此起彼伏。

于是，孩子们有的收拾起书本，有的牵着牛，有的收起风筝，互相招呼着向山下的村子走来。悠悠的柳笛声和孩子们的嬉笑声以及牛儿的哞哞声渐渐地近了，近了……

乡村的傍晚多么使人陶醉呀！

这时，最后一缕晚霞已经隐去，河水平静了，河里的鱼儿也好像睡觉了似的。整个乡村沉浸在一片恬静的气氛中。

（上海、浙江、北京、天津四省市小学语文教材联合编写组. 小学语文第九册. 杭州浙江教育出版社，1984）

播读提示

这篇稿件篇幅较长，自然段多，分析、表达有一定难度。分析时应注意从逻辑角度划分层次，层次划分不准确，表达时易散。同时，还要考虑语气转换、衔接自然，逻辑划分和表达要统一起来。表达时要注意内容抱团儿，思想感情有运动，体现第三者叙述与人物语言的不同。

教孩子心存善念

——一个震撼心灵的故事

马志国

我越来越醒悟到这世界是个残酷的角斗场，我指望儿子将来做个硬汉铁人，于是从小灌输给他"恨"和"斗"的哲学。邻居家的儿子阿包显然也是接受这种教育的产物，不过更"杰出"很多。阿包比我儿子大 1 岁，继承了他爸粗壮的体魄和他妈火爆的性子。他是这里的孩子王，真有点儿无法无天、生死不怕的劲头。扯小姑娘的辫子，掐小男孩的雀雀，踩死人家的鸭子，淹死人家的兔子等恶作剧数也数不清。还敢犯上作乱，跟大人对骂，吐大人口水。我儿子虽然知道跟他针锋相对，但总恨自己不如人，几乎每仗必输，有两次被打得头破血流，额上还被划过一刀，留下了永久的纪录。

"你儿子会不得好死！"这里几乎所有的婆娘在跟阿包他妈骂街时都这样诅咒过，却不幸真被言中。那年初夏，阿包第一个跑到潭里游泳，被淹死了。

"哼，这下阿包真的死定了！"我 6 岁的儿子胜利似地宣言。我猛然一惊！一下子，我便全盘否定了我对他一贯施行的那种所谓硬汉教育。

薄暮时分，我悄悄把儿子领到阿包被淹死的深潭边。"阿包就淹死在这儿。"我对儿子说，"你知道淹死吗？""不知道。""好，闭上嘴，捂住鼻子，不准透气，看能顶多久。"儿子照做，很快就憋不住了，放手张嘴，劫后余生似地喘息。"你获救了。"我说，"可阿包没有，他就这样憋下去，水还直往他肚里灌。他不想死，他害怕，他求饶，可是不行……"儿子大睁着眼望着阴森的水潭。

我把儿子带到阿包家门口。阿包他妈嗓子早哭哑了，可还在哭。"她是世界上最伤心的妈妈。阿包回不来了。"我摩挲着儿子额上那块疤，"他甚至不能再跟你打架，也来不及跟你好了，这是阿包留给你唯一的纪念。"

我们走进阿包的灵堂。微暗的烛光下，阿包在骨灰盒上的相框里憨赖地笑望着我们。我神态俨然，有板有眼地给阿包上了一柱香。我要儿子照做。他也有板有眼地做了。"想跟阿包说几句话吗？"我悄声说，"他能听到的。""阿包……"儿子讷讷地说，"我不恼你了，我跟你好……当时我要是在潭边，一定会拉你上来，我不会水，我就喊人，大声喊……"

儿子的泪珠滚落下来，在烛光下晶莹发亮。

(健康. 1999 年第 1 期)

((•)) 播读提示

第一段"我越来越醒悟到这世界是个残酷的角斗场，我指望儿子将来做个硬汉铁人，于是从小灌输给他'狠'和'斗'的哲学"，代表了一种流行的教育观或者世界观。但邻居儿子阿包的悲剧，使作者醒悟到，这种教育观和世界观出了很大问题。为培养儿子心存善念，作者不是讲一番大道理，不是进行灌输式教育，而是先将儿子带到悲剧现场进行生命教育体验，再将儿子带到阿包家，让儿子体会到阿包妈妈的悲伤。这种体验与体会，唤醒了儿子内心深处被"狠"与"斗"哲学所淹没的善念，唤醒了宽恕与仁慈、善良与爱心。这篇稿件层次划分较容易，但人物对话的加入，提高了表达难度。课程进展到这里，语言表达要求清楚流畅、自然讲述，同时应有思想感情的运动。

桓台县建成长江以北第一个"双千县"

【本台消息】11月22号，在省政府召开的新闻发布会上，副省长王建功向到会的86家新闻单位及中央农业、科研等机构的代表宣布：桓台县全县三十九万四千亩粮田今年耕亩单产达到1048.46公斤，亩均收入达到1020元，实现了由"吨粮"到"双千"的跨越，在我国长江以北建成第一个"双千县"。

1990年，我县建成江北第一个"吨粮县"后，县府、县委认真总结经验，找准薄弱环节，果断作出决策，以市场为导向，发展优质高产高效农业，确定了"粮田平均亩产千公斤，亩均收入超千元"的"双千"奋斗目标。李鹏总理去年11月来桓台视察时，曾高兴地说："祝你们早日实现双千县。"建设"双千县"的决策确立后，我县加大措施。一是改多年一贯制注重吨粮作物为积极调整，优化种植结构，发展适销对路、附加值高、经济效益好的农产品，将农业全面推向市场，让农民瞅着市场想品种，盯着市场种庄稼。二是用高新技术嫁接传统农业，在玉米地大面积间作木耳、银耳、香菇等经济作物，按科学规律搞立体种植，土地单位时间内利用率和产出率大大提高，复种指数达203%。科技在全面增产、增效中的比例，据中科院农业专家测算高达42%，在全国属高科技型农业。三是围绕市场搞农副产品的深加工。全县形成了食品加工、畜禽加工等六大龙头企业，使农产品通过深加工身价倍增。

副省长王建功在发布会上说，桓台县实现"双千"很振奋人心，并希望我县在发展高效农业上再上一个新台阶，把种植业有计划、有步骤地推向国内、国际两个市场。国家计委、农业部的负责人在会上宣布，将我县在长江以北实现"双千县"列为重大科研成果。据在省政府采访的记者报道，县委书记赵奎将于明天赶往北京接受李鹏总理的接见，向李鹏总理汇报我县实现"双千县"的具体做法。本台记者将随同进京继续为你报道。

(全国优秀广播电视节目获奖稿，转引自：付程. 实用播音教程. 3册. 北京：北京广播学院出版社，2002)

📡 播读提示

这则消息主题重大，新闻价值极高。它包括导语、主体、结尾三部分。导语部分精选的重音和体现态度的得当语气都直接影响着开篇对此事件新闻价值的"醒目"程度。主体部分分三个层次："双千"目标是怎样确立的，为实现"双千"目标所采取的措施，省部委对此的高度肯定。主体部分的表达难点是三个层次的相互承接和清晰转换，尤其是第二层"措施"内部的三小层要层层点透，说到点儿上，重音稍有偏移便不能真实反映出其措施的普遍示范性。结尾部分对事情的发展动态报道，对听众很有吸引力而且很巧妙地再次提示了实现"双千"的重大意义，增强了这条消息的新闻价值。

拓展与延伸

这则消息采用了"倒金字塔"结构的写作方式，即先把最重要的写在前面，然后将各个事实按其重要性程度依次写下去。通常消息写作包括导语、背景、主体、结尾四个部分。尽管有的消息欠缺某一部分，如无背景、无结尾，有的短新闻只有起导语或结尾等作用的短句而未能构成完整段落，但新闻消息的基础结构程式还是明显存在。了解这个特点，播报时心中便有了对整体脉络的发展控制，如同摸清、感受到文章起承转合的文脉一样，语气的调整转换便能更主动、更鲜明。

播读时导语部分拎起重点，揭示价值，确定基调；主体部分承接导语的总括，转入"从头说来"，语气自然平缓了许多，在流畅简洁的叙述中将事件的发展层次依次展现，其中的背景情况的交代更使事件的意义显现突出；结尾部分在主体交代事件始末之后顺势给以概括性评价和展望，语气明朗舒展，自然收尾结束。

无法执行的法院禁令只会消解司法权威

朱达志

广州一位章姓男子醉酒后,不仅追打路人,还不配合警察执法,造成警察受伤、执法记录仪及个人手机等物品损坏。近日,广州市从化区法院认定章某犯妨碍公务罪,依法判处有期徒刑十个月,缓刑一年,并禁止章某在缓刑期内饮酒。这是广州从化法院首次发出"禁酒令"。

法院向被告人下达禁止令,是有法律依据的。刑法及相关法规规定:宣告缓刑,可以根据犯罪情况,同时禁止犯罪分子在缓刑考验期限内从事特定活动,进入特定区域、场所,接触特定的人。被宣告缓刑的犯罪分子违反禁止令情节严重的,撤销缓刑,执行原判刑罚;而"情节严重"主要是指三次以上违反禁止令。因此原则上说,广州从化区法院的上述判决于法有据。

但是,这一判决仍然引发了网民的大面积吐槽。大多数质疑意见的主要理由是,禁止饮酒无法监督,咋执行?总不能派警察 24 小时跟着那个章某吧?这禁令简直堪比罚酒三杯,可以上娱乐版了。至于对某一个特定的人禁酒是否合法,一年后他是不是就可以"合法"酗酒了,倒没人深究。

不过,网民担心该禁令难执行倒是颇有其理。禁止令是一种配合刑罚起辅助预防作用的强制性约束措施,强制性显然是其最大特点。一个没法执行,或者说执行难度太大的法庭禁止令,它的正面效果肯定低于负面影响,因为没法执行的判决必将沦为废纸一张,后果之一是削弱司法的权威。

法院向当事人下达禁止实施某种行为的指令,这是一种国际惯例。在国外,禁止令一般针对家庭暴力和邻里纠纷等轻微刑事和民事案件,比如禁止当事人与另一方当事人联系,禁止其出入家庭住所，禁止其将子女带离某地等，主要用来确保受害人的人身安全，制止邻居间的恶性纠纷。这些禁止令都有一个共性，即可执行性，一旦违反很容易受处罚。

从化区法院禁止章某在缓刑考验期内饮酒，却很难执行到位。饮酒在通常情况下是一种私密活动。他在家里喝，既无人监督，又没法取证。即便是在餐馆那样的公共场合喝酒，也同样没辙，毕竟法庭不可能给他戴个紧箍，还要在上面大字书写判决内容，留下举报电话。这样的禁止令，真还不如不发出。

或许有人会说，国外也有不少奇葩判决。比如 2012 年 2 月，美国佛罗里达州 47 岁的乔瑟夫·布雷因轻微家庭暴力被控，法官约翰·赫尔利一心想让夫妻俩和解，于是裁决"布雷必须到某个地方买一些花，然后必须回家接他的妻子，打扮好，然后带她去红龙虾餐厅，之后他们必须去打保龄球"。这裁决很明显是可以执行的，而且执行过程还相当温馨；再说，该案也够不上刑事处罚，法官与其说是在判决，不如说是在调解。

英美国家法官的自由裁量权较大，那是由其特有的法律文化和宗教文化传统所决定的，因此他们偶尔来点"奇葩判决"并不违规逾矩。但中国是个制定法国家，法庭的一切判决(裁决)都要实质上于法有据。这个法，不但指具体的法条，也包括法理。一切判决都要可操作，这是最基本的法理之一。否则，法律文书必然会变成"一张轻飘飘的纸"。

(中国青年报. 2016-11-17)

((( )))

🔻 播读提示

这是一篇涉及法律常识的评论，观点层次非常清晰。第一段是评论由头，谈到了广州从化法院的一份判决。第二段对判决的逻辑进行分析，承认"于法有据"。第三段拉开了张力，这份"于法有据"

的判决引发网友大面积吐槽。第四段开始，是作者自己想表达的观点，分析网友对该判决吐槽的原因，是因为判决中的禁止令虽然"于法有据"，却缺乏执行力，是对司法禁止令中强制力的一种消解。第五段谈到国际惯例，国外禁止令的共性是可执行性，这种对比同样展开思维的张力。第六段再回到从化法院的判决，解释判决如何缺少可执行性。第七段更进一步回应从化判决与国外"奇葩判决"的不同之处。第八段也是最后一段，对观点进行了总结：英美两国是判例法，法官有很大自由裁量权；我国是制定法国家，不仅要求法条于法有据，而且要求法条具有可操作性。

拓展与延伸

　　播者自我评价表，列出了想要成为一个成功的播者所需要考虑的因素。请按表格要求完成一份自我评价表，看自己是否具备作为一个播者的各种资质。

播者自我评价表

序号	考虑因素	5 总是	4 经常	3 有时	2 很少	1 从不
1	我说话时的声音悦耳动听					
2	我抽烟					
3	我对很多事物感兴趣					
4	我说话时气息不足					
5	我说话时使用正确的语法					
6	我说话有地方口音					
7	我是一个有责任心的人					
8	我能正确拼写单词					
9	我感觉我用声时要很用力					
10	我有能力处理压力					

(续表)

序号	考虑因素	5 总是	4 经常	3 有时	2 很少	1 从不
11	我在夜晚有足够的休息					
12	我说话时抑扬顿挫(听起来不是单调的)					
13	我可以使用低音或高音					
14	我的声音听起来发颤或干涩					
15	我有一个完美主义者的态度					
16	我的声音比较弱或者很难听清楚					
17	我有健康良好的身体状况					
18	我能在有限期内完成工作任务					
19	我说话时有口语,例如"嗯""啊""就像"等					
20	我说话时有明显的问题(例如口齿不清、口吃等)					
21	我有把握使用播音设备					
22	我的声音是刺耳和嘶哑的					
23	我有一个保守的外表(头发长度、衣着等)					
24	我说话听起来像聊天					
25	我的声音是"干净"和"有共鸣"的					
26	我有好的坐姿和站姿					
27	我的声音是尖锐的和刺耳的					
28	我愿意花很长的时间去完成一个工作计划					
29	我有一个吸引人的外表(衣着整洁,没有明显的生理缺陷等)					
30	我说起话来充满热情					

分数：2、4、6、9、14、16、19、20、22和27题的分数按照倒序给分，即"从不"为5分，"很少"为4分；如此类推。其他题目，按照顺序依次加分。你的分数越高，你就越可能成为一名好的播者。

根据你的评定结果，写一份自我评价报告。你表现出播者所具备的素质了吗？你的优点和缺点是什么？报告中要含有你的目标陈述，指出打算如何提高你的播音主持资质。

（[美]艾伦·R. 斯蒂芬森，大卫·E. 里斯，玛丽·E. 比德尔. 美国播音主持实用教程：媒体演播指南. 林小榆，陈一鸣，译. 北京：清华大学出版社，2014）

复习与思考

1. 简述融媒体时代下的播音语言特点。
2. 如何理解广义备稿和狭义备稿？
3. 什么是"备稿六步"？它们之间的关系是怎样的？
4. 为什么要明确目的？
5. 怎样确定稿件的基调？
6. 不同类型的稿件有什么不同的分析特点？

第二章

展开联想，身临其境——
情景再现

 导　读

　　运用想象和联想，艺术地再现某个场景或者某种意境的表现手法和表达方式称为情景再现。这个定义强调了稿件中的内容在脑海中浮现并形成画面，用斯坦尼斯拉夫斯基的话来讲就是产生一种内心的视像，"动之于衷"再"形之于声"，进而"及之于众"，使听众、观众感同身受，获得情感上的共鸣。情景再现的技巧应用在播音创作中时，展开想象、联想要以稿件提供的材料为原型，服务于视听的需要。情景再现产生于具体感受中，感受是关键，是由理解到表达的桥梁。

第一节　感受的理解与运用

　　感受是言语传播过程中产生的影响，是理解言语意思的重要途径。播者的感受是否细腻、准确、独到，决定了二度创作的成败。

一、播音感受的内涵

感受是言语传播中的核心内容，也是语言表达的基本规律之一。感受不等同于感觉。感觉是指客观事物的个别特性在人脑中的直接反应，是感性认识的一种形式。它包括视觉、听觉、味觉、嗅觉等，是认识的起点，但是只能反映事物表面的个别特性，是最简单、最低级的反应形式。感受是指非现实的由语言信号系统呼唤产生的内心和身体相关部位的反应。感受为五蕴之一，属于心的一种作用。感受是个体的主观判断，同样的外在刺激，对不同个体很可能会产生不同的感受。所以，感受是一种可以通过训练产生的能力，是复杂的、可变的、个性的、艺术的。我们常说言由心生，在播音创作中，这也是最根本的一条原则。艺术语言首先要满足"语言"的根本目的——传达信息，然后才是满足"艺术"的要求——美的享受，也就是说，先有真感受，才能真表达。

张颂教授认为，感受是"播音员因语言符号达于客观事物从而接受其刺激产生内心反应的过程。它是语言符号的生成物"[1]。付程教授于 1995 年在《现代传播》期刊首次从"艺术感觉"理论新视角阐释"播音感受"，他认为播音感受的特点体现在："间接性与敏感性的统一；目的性与传导性的统一；单一性与多样性的统一；序列性与扩展性的统一；新闻性与艺术性的统一；理解性与感受性的统一。""播音感受主体(播音员、主持人)是以一种主动的应激性去接受来自稿件文字和客观现实的感觉，使'感觉'和'悟性'构成一种协同关系，从而产生出一个新的参照系。"[2]

播音感受不是"感知觉"，而是一种感受，它具备感受的一般特点：情感性、综合性、创造性、不稳定性等。同时，播音感受还是一

[1] 张颂. 播音创作基础. 北京：北京广播学院出版社，1990.
[2] 付程. 论播音感受的特征与结构——兼论播音创作主体的价值取向. 现代传播，1995(3).

种独特的语言审美感受。在有声语言表达创作中，播音感受不可或缺。它的作用体现在如下几方面。

(1) 稿件认知的需要。播音准备阶段首先要对文字稿件进行认知理解。先理解，再感受。感受是基于认知心理学基础之上的，所有的感知、表征、情感都产生于播读者自身的认知与理解。播者对稿件的认知过程就是感受过程的产生，通过对稿件文字的认知，才能理解文稿的内涵，把握恰切的思想感情。

(2) 言语传播的需要。播音是一项有声语言传播活动，需要将文稿中的信息准确传递给受众。根据心理学中"认知—情绪—行为"的行为心理学模式，播音的过程即播者在对稿件进行认知之后，伴随产生的情绪，通过有声语言表达出来。创作主体在强烈的传播、播讲意愿下，才能激发出恰当的情感表达，使传者与受众间的沟通更紧密，交流更顺利。

播音感受的过程，关系到播音创作的成败。张颂教授将其描述为"感之于外，受之于心"[1]。感之于外，即通过视觉、听觉感受器官不只感到文字、声音的存在，而且透过文字、声音的符号，感觉到这符号所代表的具体的客观事物的存在。同时由于文字、声音符号打开了现实的大门，播者才可以接受外界的各种刺激，从而受之于心。受之于心，是指客观事物对播者间接刺激所产生的内心反应。可见，感受是内心感受，为有声语言的表达和传递做基础准备，其最终目的是"由内而外，由己达人"。

二、形象感受

播音创作主体的感受首先是从对稿件、话题、节目内容的"表层感触"开始的，而语词形象的感知是播音感受的起点。形象感受是播

---

[1] 张颂. 播音创作基础. 北京：北京广播学院出版社，1990.

音感受中最基本的要素。形象感受即人们运用视觉、听觉、心理感应、嗅觉等来感受作品中的形象。

(一) 视觉感受

从稿件的文字语言中能"看到"所描述的具体的人、事、物。这是一种非直观的视觉想象，也叫内心视像。视觉感受的目的在于透过文字"目击其物"，用视觉来诱发内心更深层次的感受。例如：

瞧去，园子里，田野里，一大片一大片满是的。山，朗润起来了，水，涨起来了，太阳的脸，红起来了。

朱自清的散文《春》中的这段话就需要调动视觉感受，充分运用声音的虚实、轻重、色彩等还原文字的情景，给听(观)众以身临其境的感觉。

(二) 听觉感受

从语言文字的形象描述中仿佛听到某些声音，展开听觉想象，获得听觉感受。如朱自清的散文《春》中的一句话"花下成千成百的蜜蜂嗡嗡地闹着"，象声词"嗡嗡"让人如闻其声，获得听觉感受。

下面以小说《红岩》[1]中的片段为例，体悟听觉感受。播出时，尤其要体现出由"哗哗哗"的声音引起的一系列听觉判断：从揣测"暴雨"到"冰雹"再到"雷声"，最后判断出"听，炮声，解放军的炮声！"。要播出听辨感受，播出揣测心理感受，播出激动和狂喜。

一阵狂风卷过，寒气阵阵袭来，伫立在签子门边的余新江浑身发冷，禁不住颤抖了一下。屋瓦上响起了哗哗哗的声音，击打在人的心上。是暴雨？这声音比暴雨更响，更加嘈杂，更加猛烈。"冰雹！"余新江听见有人悄声喊着。他也侧耳细听那屋瓦上的响声，在沉静的寒气里，在劈打屋顶的冰雹急响中，忽然听出一种隆隆的

---

[1] 付程. 实用播音教程：第 2 册. 北京：中国传媒大学出版社，2002.

轰鸣。这声音夹杂在冰雹之中，时大时小。余新江渐渐想起，刚才在冰雹之前的狂风呼啸中，似乎也曾听到这种响声，只是不如现在这样清晰，这样接近；因为他专注地观察敌人，所以未曾引起注意。这隆隆的轰鸣，是风雪中的雷声么？余新江暗自猜想着：在这隆冬季节，不该出现雷鸣啊！难道是敌人在爆破工厂，毁灭山城了么？忽然，余新江冰冷的脸上，露出狂喜，他的手心激动得冒出了汗水。他突然一转身，面对着全室的人，眼里不可抑制地涌出滚烫的泪水。"听！炮声，解放军的炮声！"

(三) 嗅觉感受

调动生活积累，通过想象，对稿件中关于嗅觉的文字描写内容加以感悟，就是嗅觉感受。嗅觉感受是多种多样的，要在想象中辨别各种各样的气味。例如：

风里带来些新翻的泥土的气息，混着青草味儿，还有各种花的香，都在微微湿润的空气里酝酿。

"闻到"泥土、青草味儿和花香，让我们情不自禁地调整呼吸，尽情获取这样的气味，进而产生欢快、愉悦的感觉。

(四) 味觉感受

稿件中经常会出现对食物滋味的描写，酸、甜、苦、辣、咸……播者应该主动接受这些刺激，产生味觉感受。例如：

他大着胆子把一颗未熟透的青杏放到嘴里，咬了一口，顿时像被扎痛了似的扭歪了脸，紧紧闭上眼睛，老半天也不敢再嚼下去。

放进嘴里"尝到"青杏，酸味儿就会使人立刻产生一种强烈的刺激感。

(五) 触觉感受

我们在日常生活中有接触体验，稿件中文字表达的冷暖、软硬、轻重等感觉，会引起我们的触觉想象，产生相应的感觉。如朱自清的《春》中"不错的，像母亲的手抚摸着你"，"母亲的手"让人联想到母亲的温暖、慈爱，"抚摸"是轻柔、亲切的感受，每个人都能体会到，播读时一定要把它表达出来。又如莫泊桑的《一生》[1]片段：

什么也不能叫她暖过来；她的脚冷得发木，从小腿直到臀部都发着抖，使她不停地翻来覆去安不下心，神经焦躁到极点了。

不久，牙齿咯咯作响；两手发抖；胸口紧压得难受；心怦怦地跳得很慢，有时简直像停止跳动了；嗓子仿佛就要喘不上气来。

难以抵挡的寒冷一直透入她的骨髓，同时她精神上也产生了一种极度的恐怖。她从来没有过这种感觉，从来没有这样地受到过生命的威胁，简直就只剩下最后一口气了。

这里，需要调动记忆中对寒冷的感觉印象，注意呼吸和肌肉的压抑与紧张的感觉唤起，气息低沉。

(六) 动觉感受

播者可从稿件描绘的运动中展开想象，并主动接受它们的刺激，产生切身感受。例如：

小草偷偷地从土里钻出来，嫩嫩的，绿绿的。园子里、田野里，瞧去，一大片一大片满是的。坐着，躺着，打两个滚，踢几脚球，赛几趟跑，捉几回迷藏……风，轻悄悄的，草，软绵绵的。

播读时可想象钻、坐着、躺着、打滚、踢球……产生的欢快和运动感。

(七) 时间、空间感受

时间感是一种对客观事物发展运动的延续和顺序排列，及其在具体语言环境中的新的组合；空间感是对于方位和区域的想象，如100

---

[1] 付程. 实用播音教程：第 2 册. 北京：中国传媒大学出版社，2002.

米、一座山、一条河等。在空间想象中，播者的眼界开阔程度直接影响对稿件描绘的空间认识程度和对空间的感受程度。

苏轼的《念奴娇·赤壁怀古》中"千古风流人物""一时多少豪杰"等语句中都体现出悠远辽阔的时空感，特别是下阕的领字"遥想"，引领我们亲临赤壁大战的战火硝烟中，目睹周瑜的儒将风姿，感喟其出色的军事才华。播读这类语句要体现出时空感，"思接千载，视通万里"，声音是虚幻的，语言是拖长的，有助于体现特别遥远的感觉。再来看赵忠祥在解说《动物世界》时的把握和处理：他把"在"拐着弯读，"在"是四声，读得音短、干脆，但赵忠祥的声音是虚幻、悠长的：

在很久很久以前，在西伯利亚的草原上……

一个"在"字的独特处理，就有了时空感受，仿佛把我们带入遥远的国度和悠长的岁月。又如余光中先生的《乡愁》：

乡愁，是一弯浅浅的海峡，我在这头，大陆在那头。

我们在处理这个空间时，应感受到遥远的距离感，因为这篇作品写于 1971 年，当时的时代背景下，两岸虽是一道浅浅的海峡，但几乎是无法逾越的鸿沟，这种距离不仅是现实中的，更是在人心中的"生离别"，所以播读时要有一个重音处理，"那头"之远，是通过感受外化来的，不可草草收尾。

需要说明的是，以上各种感受不是孤立的，而是互相联系、互相渗透、互相促进。在形象感受中，一切感知觉都处于整装待发的状态。

三、逻辑感受

好的稿件逻辑严密，如行云流水。稿件中的逻辑关系，主要指文章的层次、段落、语句之间的内在联系，它们共同形成了稿件的逻辑链条。播者的逻辑感受体现在语言的准确和语言链条的清晰等方面，包括主次、并列、递进、转折、对比、总括等多种感受。

(一) 主次感受

播讲目的落实要抓住重点。重点与非重点的关系就是主次关系，播者对稿件主次关系的感受，就是主次感受。重点是稿件中最能体现主题思想的段落、语句。在具体稿件中，只要有两个词，就存在主次关系。绝大多数稿件的重点，表现在文字语言上，往往是浓墨重彩、细致入微。在稿件中常常体现出重点集中和重点分散两种情况。主次感受给表达技巧以依据，是语流形成的根基。例如《我们该怎样重视人才》[1]中的一段话：

一个国家的竞争力不仅在于培养人才的能力，更在于吸引和使用人才的能力。在国际舞台上，一些国家出台优惠政策，在人才争夺战中暗暗较劲：美国的硅谷吸引着世界各国青年，毕业后去美国深造；日本政府制订的接收 10 万名留学生计划中，把相当比例的名额给了勤奋好学的学生。

相比之下，我国有人才流失之忧，自己辛辛苦苦培养出的人才，有不少"另攀高枝"。在 1978—2002 年，我国共有 58 万人出国留学，而学成回国工作的却只有 15 万人。

在国际竞争中，人才短缺已经让我们感到不少压力：我们的产品多"制造"，少"创造"；我们的商品有市场却没有自己的品牌；我们也能生产一些高端产品，但未能掌握核心技术……人才资源大国而非人才强国的现实告诉我们，落实人才强国战略，我们已经付出了艰辛的努力，但还要做更多的工作。

上面这段的第一句"不仅在于""更在于"，就已经将文内容的"主次"区分出来了。为了进一步强调"主"的部分，作者对国际形势、国内现状以及由"人才短缺"引发的困境等问题逐一阐述，以论证"一个国家的竞争力在于吸引和使用人才的能力"的论点。

---

[1] 唐宋. 我们该怎样重视人才. 人民日报，2006-07-17(4).

(二) 并列感受

稿件中，层次、段落、语句、词组等经常呈并列状态。并列状态只有前后之分而无主次之分。只有感受到了，才能在有声语言中表现出来。

年少的时候，我们差不多都在为别人而活，为苦口婆心的父母活，为循循善诱的师长活，为许多观念、许多传统的约束力而活。

几个"为……而活"是并列句，无主次之分。

嗬！好大的雪啊！山川、河流、树木、房屋，全都罩上了一层厚厚的雪，万里江山，变成了粉妆玉砌的世界。

万里江山由山川、河流……种种不同的景物构成，所有的景物都是同样的美好，这组词语是并列关系。

(三) 递进感受

递进关系在语言链条中大量存在，它可使内容及情感更进一层。递进感的核心是"进"，体现在情绪及外在形式中，它是具体的，不是笼统的，只有细化到了具体的语句，播者才可能产生递进感受。

夜色在笑语中渐渐沉落，朋友起身告辞，没有挽留，没有送别，甚至也没有问归期。

从"挽留"到"送别"，情感中已经有些遗憾了，再到"甚至没有问归期"，情感上又平添几分感慨。

这时候，光亮的不仅是太阳、云和海水，连我自己也成了光亮的了。

对"太阳、云……"景物的描写，进一步描写到"我自己"，由衷赞美之情步步升华。

(四) 转折感受

转折感受是对稿件文气跌宕的感受。稿件中出现事件、人物或观点的转向时，播者也应在思维和表达中有转折感。

在周围人的眼中，二十多岁的她性格温和、善良乖巧，像一朵含苞待放的花蕾；而现在，她却终日躺在病床上，用胃管进食延续着她的生命。

这是一种由美好到痛苦的感觉转换。

她讲话的声音虽然很轻，但却字字清晰，让他感到一股彻骨的冷！

声音的"轻"本应与"温柔"连成一体，但却与"入骨"的冰冷联系在一起。

(五) 对比感受

稿件中常出现内容上的对比，播者同样要表达出对比感。

我摔倒之后，妈跑过来扶我，爹却挥手要她走开。

通过"妈"和"爹"对待"我"不同态度的对比，使人感受到"我"对"爹"的责备和怨气。

别人在这儿找不到金子后便远远地离开，而我的"金子"是在这块土地里，只有诚实的人用勤劳才能采集到。

人们来到同一个地方，遇到困难，别人知难而退，"我"却与别人不同，有了不同的结果。

(六) 总括感受

总括感受是逻辑关系体现在稿件中起到领起作用和综合作用的段落、语句。播者为了在有声语言的链条中体现出来，就要努力获取领起、综合的感受。总括感受在语言链条中承上启下的作用很明显，只有加强总括感受，才可以造成有分有合、以一当十的严密布局，形成珠联璧合的感受。以王恬的《"风暴"中的"两个美国"》[1]为例：

近年来，美国社会一直有"两个美国"之说，意即美国"以种

---

[1] 王恬. "风暴"中的"两个美国". 人民日报，2005-10-07.

族和阶级分裂为两个美国"。"卡特里娜"飓风彻底撕裂了新奥尔良的种族和阶级分野，使"两个美国"暴露无遗：一边是逃之天天的富足的美国人，一边是困守愁城的贫穷的美国人。新奥尔良一位黑人领袖悲愤地说："我们无法允许历史这样记录：区分飓风幸存者和死者只需凭靠财产和肤色！"越来越多的社会调查研究表明，种族与阶级仍然是美国社会生活中的重要因素，一个人所属的种族与阶级同他能否成功密切相关。

种族歧视是美国社会的老问题。尽管近几十年来美国在种族融合方面做出了不少努力，但种族歧视仍然以各种微妙的形式无处不在。根据美国广播公司和《华盛顿邮报》最近的一项民意调查，64％的黑人表示曾遭受过种族歧视，20％的黑人说经常受到歧视。另有一项调查显示，在找工作时，那些有着"白人名字"的人比起"黑人名字"的人更容易获得面试机会，甚至有犯罪记录的白人也比没有犯罪记录的黑人更容易找到工作。可见，虽然主流社会以"非洲裔美国人"来尊称黑人，虽然有众多"政治正确"的清规戒律，但这都不能掩盖一个事实：在美国身为黑人即意味着要付出比别人更多的努力，要克服种种偏见和障碍，否则，就会比别人更容易沦为穷人。

这是从《"风暴"中的"两个美国"》一文中选取的两段，第一段中开头的两句话，"卡特里娜"飓风再次证实了有"两个美国"的说法，并暴露无遗。这开头的两句话给人以具有领起作用的总括感，后面的意思是请看事实。第二段开头又是一个领起的总括感的句子，没有飓风来、没有灾难来的情况又是怎样呢？文章用了一个转折的逻辑关系的语句来证实同样如此，即"尽管近几十年来美国在种族融合方面做出了不少努力，但种族歧视仍然以各种微妙的形式无处不在"用以证实刚才的说法。总括句可以帮助理解段落、篇章的主题，在表达时应注意予以突出。

从感受的过程来看，逻辑感受是播者把物化形态的稿件文字串成起承转合、环环相扣的有声语言的逻辑链条，是构成全篇稿件整体感受的结构性要素。形象感受和逻辑感受是从稿件的具体内容中产生的，是一个有机整体，属于具体感受。只有具体感受不行，还要把它综合为整体感受，才能将稿件表达得更为生动。例如：

这些石刻狮子，有的母子相抱，有的交头接耳，有的像倾听水声，千态万状，惟妙惟肖！

播者不仅要"看"到这些石刻狮子的不同形象，体会其不同神态，还要对"这些石刻狮子"和"千态万状，惟妙惟肖"这首尾两个分句有"领起"和"总括"的逻辑感受，对"有的……"三个分句有"并列"的逻辑感受，最终形成"总—分—总"的逻辑感受。可见，没有形象感受，就不会赋予稿件内容以具体、丰富的色彩，不会有真切、生动的形象产生；而只有形象感受没有逻辑感受，播音创作就会有句无章、有点无线。只有形象感受和逻辑感受的结合，才能整合出完整的义音形象，使有声语言充满活力。

四、独特感受

播音感受中的独特感受，即审美感受，是播音感受的最高层次和形式。它既是播音创作成败的关键，也是播音之所以称为艺术创作的一个重要标志。"具体感受与整体感受中，都以稿件为依据，但不可避免地掺和着播音员个人的感知、认识、修养，那完全符合稿件要求(的)，便可以称为播音员的独特感受"[1]。独特感受是播者对稿件内容深层意蕴的一种独到的审美认识和感悟能力，同时，独特感受又是独特的有声语言表达的内在依据，每一个具有鲜明创作个性的播者，对稿件内容以及稿件所反映的现实世界都有一种不同于其他播者的

---

[1] 张颂. 播音创作基础. 北京：北京广播学院出版社，1990.

独特感受力。

　　播音创作中，播者可创造性地去探索、发挥自己的独特感受。第一是作品本身。通过备稿六步来理解作品，了解时代背景、作者生平，挖掘文字背后的弦外之音。第二是创作主体。因文字有无穷的留白之处，如苏东坡的《水调歌头·明月几时有》，虽然已了解作者生平、时代背景，翻阅了大量资料，浏览了苏东坡的所有作品，但诚如林语堂先生所言：苏东坡是一个无可救药的乐天派，一个伟大的人道主义者，一个大文豪、大书法家、创新的画家、造酒试验家、工程师、巨儒政治家，一个皇帝的秘书、酒仙、厚道的法官，一位在政治上专唱反调的人，但这些还不足以道出苏东坡的全部……所以就无法确定创作这首词时的他是微醺，还是酩酊大醉，是"把盏凄然北望"，还是"一樽还酹江月"，每个人的主观感受都会有所不同，但只要是真实感受，播者就有很大的创作空间。第三是受众。受众指信息传播的接收者，并不是消极地"接受"信息，而是积极地寻求信息为自己所用。受众不同，需求不同。如剧场的诗歌朗诵会，是朗诵现场的直接交流，播者可大胆地创造发挥，一气呵成，酣畅淋漓，力求获得受众最大的共鸣；而在央视的新年诗歌朗诵会上，由于播者没有直接交流的受众，电视机前的观众相对理性和冷静，虚拟观众的假定性也不可能让播者太过于夸张地表现。所以面对不一样的受众，有不同的"度"的分寸感。感受理解稿件过程中，由于人与人之间生活阅历的不同、知识面的制约、环境感知能力等方面的差异，创作主体的感受不同，如古诗所云："横看成岭侧成峰，远近高低各不同。"播者在有声语言创作中所站的高度、角度不同，对同一事物、同一作品的把握和感受就有差异性，这种差异来自于播者自身潜在素质的综合反应，并使其拥有独特的感受。

　　综上所述，播音感受是播音创作主体接受客观事物和稿件文字的刺激产生内心反应、体会、体验的过程。它既诉诸感官又超越感官，既来自于普通感知觉又超越感知觉，它是播音创作主体对客观世界的一种"感应"方式。这种"感应"方式首先必须是一种"感"的形式。这种"感"的形式是形成播音感受的发生过程的一个重要的逻辑起点。从这个起点出发，播音感受将走通三级台阶：表层感触的物理场——中层感入的心理场——深层感悟的审美场；而跨向它的"觉"的形式——"悟性"形式。至此，播音感受的"感应"方式才得以完整实现。

第二节　情　景　再　现

情景再现，是播者在播音创作中调动思想感情使之处于运动状态的重要手段。正确运用情景再现，对于播者更好地驾驭作品，具有十分重要的意义。

一、情景再现的含义

如果没有纪实的画面，受众在收听、收看节目时就只能透过播者的声音了解人、事、景物等了。于是，联想和想象就成了一座驾在交流上的桥梁。普通心理学告诉我们，联想是回忆的一种常见的形式，它反映了事物的相互联系；想象是在头脑中改造记忆中的表象而创造新形象的过程，也是过去经验中已经形成的那些暂时联系进行新的结合的过程。这就是说，联想是回忆性的，想象是创造性的。想象有如下两种。

(1) 创造想象：是不依据现成的描述而独立地创造出新的形象。文学家的作品，即创造想象的产物。

(2) 再造想象：是根据词的表述和条件的描绘(图样、图解、说明书等)，在头脑中形成这一事物的形象。人们通过语言获得的作品中的形象，只能是再造想象的产物。

　　播音中的想象是怎样的情形呢？

　　播者通过联想和想象将文字的记述具体化为"实景""实情"。稿件的确定性使播者的想象不能任意驰骋，而是要以符合稿件的需要为前提，紧密联系稿件的内容，突出这篇稿件独有的景和情。这里，稿件规定了想象的目的、性质、范围、任务，尽管具体上不会与稿件完全吻合，但再造想象的特点是明确的。

　　播者依据语言内容想象出来的画面应是连续的、活动的，像一部完整的电影，通过内在情绪和逻辑线索把一个个场景串联在一起，流畅跌宕，活灵活现；而不是幻灯片一样，一个片段一个片断是跳断的。稿件中，情与景、人与情、事与情有着内在的联系，相互关联。

　　播者进行联想、想象的最终目的是引发相应的态度、感情，通过有声语言把结果真切地传达给受众。作为读者，联想和想象到的稿件中感人肺腑的场景、画面，可能是微笑颔首，可能是潸然泪下，可能是捧腹大笑，可能是痛哭流涕，无论有多少种"可能"，都仅是自我的回馈；而播者自己的回馈是表达工作中的阶段性成果，最终任务是以这样的回馈唤起受众的共鸣与感动。因此，播者想象的结果不是个体化、私人化的，而是要符合稿件的实际情况和大众媒介的传播要求。

　　结合以上分析，情景再现属于一种联想、想象活动，是对播者再造想象特点的概括。在符合稿件需要的前提下，以稿件提供的材料为原型，使稿件中的人物、事件、情节、场面、景物、情绪……在播者脑海里不断浮现，形成连续运动的画面，并不断地引发相应的态度、感情，这个过程就是情景再现。

　　情景再现不仅在稿件的表达中使用频率高，而且直接影响到表达的效果。

二、情景再现的过程

　　播者在情景再现过程中应始终处于自觉和主动的地位，这个过程大略分四步走：理清头绪、设身处地、触景生情、现身说法。

(一) 理清头绪

我们脑海里连续的活动的画面开头是什么？接下去是怎么变化的？以后怎么发展？结果是怎样的？哪里是横向扩展的？怎样扩展？哪些是"特写镜头"？哪些是"远景、全景"？是由近及远，还是由远及近？必须胸有成竹，主次得当，走向明确。下面具体说明。

如果是写景的文章，要从写作角度、写作顺序入手，看作者以怎样的视角切入：是先描写景物的整体轮廓，再写部分细节？还是先写景物的位置，然后写历史渊源？还是先写景物特点，然后例证？

如果是写人的文章，要分析作者是怎样通过对人物的外貌、心理、语言、行为等的描写突出性格特点的，在哪些方面有所侧重。

如果是写事的文章，要看怎样开头、承接、起高潮、结尾的？作者是以什么顺序叙述的？时空顺序？逻辑顺序？倒叙？还是插叙？

如果是表现情绪，则要分析作者采取怎样的写作手法：意识流？借景抒情？还是以情寄物？

等等。

理清头绪的关键是：过程清楚，条理清楚，细节清楚，落点清楚。

(二) 设身处地

和演员"我就是"不同，播者设身处地的理念是"我就在"，即播者对稿件中所记述、描写的一切如同亲身经历，而且是体会到正在经历时的心情和感受。这里要注意两点：第一，不能忘乎所以陶醉在稿件的情景当中，而应本着将想象到的景、体味到的情传播给受众的要求，有些许距离感，即"感而不入"；第二，个人的时间、精力有限，不可能全知全能，这就要求播者平时要有意识地增加自己的阅历，在广义备稿上多下功夫；也可以借助传播媒介，开阔视野、增加体验，比如观看电影、纪实专题片等，其中的画面可以激发我们身临其境的感受。

总之，在头脑中形成真实、鲜明的画面，置身于其中，得到现场感，时时刻刻感觉到"我就在"现场，感受到现场的环境、气氛、变化，是设身处地的直接目的。

(三) 触景生情

稿件通常要借景抒情或以情寄托于人和事。触景生情是指播者联想和想象出真切的画面，并做出相应的情感和情绪的反应。

触景生情是情景再现的核心，由此而生发出来的情是否能够触摸到人们心头最柔软的部分而使人怦然心动，直接关系到情景再现的效果和作用。泛泛的、落俗套的、大而化之的情感或情愫感染不了受众。同时，因"触"到特定的"景"而生出具体的"情"，绝不是一时的"心血来潮"，而是平时积累了大量的情感体验，体悟到他人情愫中富有冲击力的内涵，在与自己所"触"的"景"对位时，迅速地"顿悟"。这种极高的要求需要经历时间的检验和艰苦自觉的训练才能达到。

(四) 现身说法

现身说法是播者特有的、最重要的一步工作，即把自己前面三步所经历的心理过程经过加工设计，找到一个恰当的表达方法传递给受众，使他们头脑里浮现出稿件中所记述的情景，并受到感染，这时播者才真正完成了任务。

下面以里克特的散文名《两条路》[1]为例，详细分析在处理稿件情景再现的过程中，如何利用"四步"进行定位和分析。

《两条路》

---

[1] 罗务恒. 外国散文选读. 成都：四川教育出版社，2000.

① 新年的夜晚，一位老人伫立在窗前。他悲戚地举目遥望苍天，繁星宛若玉色的百合漂浮在澄静的湖面上。老人又低头看看地面，几个比他自己更加无望的生命正走向它们的归宿——坟墓。老人在通往那块地方的路上，也已经消磨掉六十六个寒暑了。在那旅途中，他除了有过失和懊悔之外，再也没有得到任何别的东西。他老态龙钟，头脑空虚，心绪忧郁，一把年纪折磨着老人。

② 年轻时代的情景浮现在老人眼前，他回想起那庄严的时刻，父亲将他置于两条道路的入口——一条路通往阳光灿烂的升平世界，田野里丰收在望，柔和悦耳的歌声四方回荡；另一条路却将行人引入漆黑的无底深渊，从那里涌流出来的是毒液而不是泉水，蛇蟒满处蠕动，吐着舌箭。

③ 老人仰望昊天，苦恼地失声喊道："青春啊，回来！父亲哟，把我重新放回人生的入口吧，我会选择一条正路的！"可是，父亲以及他自己的黄金时代却一去不复返了。

④ 他看见阴暗的沼泽地上空闪烁着幽光，那光亮游移明灭，瞬息即逝了。那是他轻抛浪掷的年华。他看见天空中一颗流星陨落下来，消失在黑暗之中。那就是他自身的象征。徒然的懊丧像一支利箭射穿了老人的心脏。他记起了早年和自己一同踏入生活的伙伴们，他们走的是高尚、勤奋的道路，在这新年的夜晚，载誉而归，无比快乐。

⑤ 高耸的教堂钟楼鸣钟了，钟声使他回忆起儿时双亲对他这浪子的疼爱。他想起了发蒙时父母的教诲，想起了父母为他的幸福所作的祈祷。强烈的羞愧和悲伤使他不敢再多看一眼父亲居留的天堂。老人的眼睛黯然失神，泪珠儿泫然坠下，他绝望地大声呼唤："回来，我的青春！回来呀！"

⑥ 老人的青春真的回来了。原来，刚才那些只不过是他在新年夜晚打盹儿时做的一个梦。尽管他确实犯过一些错误，眼下却还年

轻。他虔诚地感谢上天，时光仍然是属于他自己的，他还没有堕入漆黑的深渊，尽可以自由地踏上那条正路，进入福地洞天，丰硕的庄稼在那里的阳光下起伏翻浪。

⑦ 依然在人生的大门口徘徊逡巡，踌躇着不知该走哪条路的人们，记住吧，等到岁月流逝，你们在魈黑的山路上步履踉跄时，再来痛苦地叫喊，"青春啊，回来！还我韶华！"那只能是徒劳的了。

《两条路》是一篇带有强烈启示性质的散文，以梦境的形式表现了一个人对往事的忏悔。在新年的夜晚，他回忆往事，追悔自己的所作所为。细致的内心刻画，恰到好处的环境描写，使人有身临其境之感。播读时注意环境描写与内心描写的协调统一。

第一步：理清头绪。

拿到一篇稿件，经过"备稿六步"的理解、感受之后，还要从情景再现的角度理清头绪，把握稿件原型中的情景是怎样开头、发展和结束的。

这篇散文通过梦境生动地表现了一位垂暮之年的老人因荒废光阴而产生的悔恨之情，从而唤起人们对时光的珍爱、对生命真谛的追求。文章按"梦中""梦后"的顺序可以分为两部分：第一部分(第①到⑤自然段)用时光倒流法表现了一位老人的追悔；第二部分(第⑥到⑦自然段)告诫人们要珍惜青春，否则悔之晚矣。其中，第一部分是整篇文章的核心。播读时要注意感情的变化：梦境前部分路途险恶，表述要生动，突出虚度年华、荒废青春的可怕后果；梦境后部分突出"青春一去不复返"的绝望和悔恨，两处呼告感情酝酿要到位；梦后部分表达出庆幸和悔悟，以及"浪子回头金不换"的现实警戒意义。

第二步：设身处地。

这个警示性的故事告诫人们要珍惜青春年华，所以立意很好掌握。处理稿件时，不妨将这个年轻人想象成自己，因为每个人都有过类似的经历，这样就可以轻松地一步一步分解事情发展的过程，真切体验到现场的环境以及气氛转换变化的节奏。

以第一部分梦中的回忆为例，在这部分中，我们能真切地体会出老人发自内心的忏悔，从"仰望昊天，绝望地失声叫喊"到"回忆自己如何轻抛浪掷青春年华"，再到"羞愧面对父亲居留的天堂"，可以看出这是主人公心理活动逐层推进的过程，处理时不妨加入一些个人感受，进而感受到主人公的内心世界。另外，在播读第⑤自然段时，要注意到主人公梦醒前后的角色变化，抓住人物的心理活动，充分表现出从绝望到欣喜的不同状态。

第三步：触景生情。

置身于文章所描写的情景中时，那景象、人物、事件、情节不断浮现在我们的脑海里，我们要主动接受画面的刺激，时时做出积极的内心反应，获得具体感受，做出判断，给予评价，引起情感体验，产生饱满、细腻的感情。

就《两条路》这篇散文来说，我们会在脑海里勾勒出这个年轻人以及他在梦中的形象。这是一个犯过错却还没堕入深渊的年轻人，他在梦中的形象则是一位悲痛绝望、深深忏悔光阴似箭的老人。可以通过文字来了解他："老态龙钟，头脑空虚，心绪忧郁，一把年纪折磨着老人。"另外，在处理"一条路通往阳光灿烂的升平世界，田野里丰收在望，柔和悦耳的歌声四方回荡；另一条路却将行人引入漆黑的无底深渊，从那里涌流出来的是毒液而不是泉水，蛇蟒满处蠕动，吐着舌箭"这一段时，要注意这两条道路的区别，即鲜明的对比一定要显现出来；还有播到"老人仰望昊天，苦恼地失声喊道：'青春啊，回来！父亲哟，把我重新放回人生的入口吧，我会选择一条正路的！'"这段话时，要充分体现出老人的绝望之感和忏悔之情；又如"老人的青春真的回来了。原来，刚才那些只不过是他在新年夜晚打盹儿时做的一个梦。尽管他确实犯过一些错误，眼下却还年轻。他虔诚地感谢上天，时光仍然是属于他自己的，他还没有堕入漆黑的深渊，尽可以自由地踏上那条正路，进入福地洞天，丰硕的庄稼在那里的阳光下起伏翻浪"，这里的有声语言表达要有一种欣喜明快的感觉，并充分带入主人公的情绪。

第四步：现身说法。

把理清头绪、设身处地、触景生情这几个工作完成之后，稿件中的情节、情景就会有条不紊地、反复不断地出现在我们的脑海中，所激发的感受在不断酝酿、生成激化后，播讲愿望油然而生，似火山爆发前的能量积蓄，直至爆发，形成"溢于言表"。稿件中的情景在心中连续地、不断地再现，然后表露在有声语言当中，就是情景再现的"动之于衷""形之于声"的过程。播者情景交融、绘声绘色的语言同时会在受众的心中形成想象或联想，使听(观)众觉得通过播者的讲述，这个故事变得更加形象、更加生动，似乎是播者在讲述自己的切身体会，这就是现身说法的真正含义。

综上所述，"情景再现"以情为主，情是核心。在情景再现的过程中，不怕景的模糊，就怕情的淡漠。因此，情景再现的四步是不能截然分开的，要明确它们的内在联系，以更好地调动思想感情，使之始终处于运动状态。

此外，把握情景再现，还需要注意以下两点。

第一，情景再现一定要以稿件为依据，在分析、理解稿件的基础上进行。播者脑海里浮现的画面，只能受稿件的制约，为稿件主题、播出目的服务，而不能随意运用稿件材料，从主观愿望出发给予取舍，特别是不能为了生动，把稿件播"活"，只要稿件有一句半句的提示，就极力渲染，这种貌似"活"的播音会导致对稿件精神实质的背离。

第二，情景再现一定要产生于具体感受中，感受是把文字稿变成自己要说的话的关键环节。有了感受，才得以把文字稿件化为播者的内心视像；而轻视感受，往往使情景再现过程有景无情；缺乏感受，不可能产生饱满的感情，情景再现过程会景细情粗。

正如陆游有诗云："汝果欲学诗，工夫在诗外。"要做到恰切的情景再现，播者应注重平时积累，扩大知识面，加强感受和理解能力的培养，不断提高自己的观察力和分析力。

第三节　单元实训及提示

春

朱自清

盼望着，盼望着，东风来了，春天的脚步近了。

一切都像刚睡醒的样子，欣欣然张开了眼。山朗润起来了，水长起来了，太阳的脸红起来了。小草偷偷地从土里钻出来，嫩嫩的，绿绿的。园子里，田野里，瞧去，一大片一大片满是的。坐着，躺着，打两个滚，踢几脚球，赛几趟跑，捉几回迷藏。风轻悄悄的，草软绵绵的。

桃树、杏树、梨树，你不让我，我不让你，都开满了花赶趟儿。红的像火，粉的像霞，白的像雪。花里带着甜味，闭了眼，树上仿佛已经满是桃儿、杏儿、梨儿！花下成千成百的蜜蜂嗡嗡地闹着，大小的蝴蝶飞来飞去。野花遍地是：杂样儿，有名字的，没名字的，散在草丛里，像眼睛，像星星，还眨呀眨的。

"吹面不寒杨柳风"，不错的，像母亲的手抚摸着你。风里带来些新翻的泥土的气息，混着青草味，还有各种花的香，都在微微润湿的空气里酝酿。鸟儿将巢安在繁花嫩叶当中，高兴起来了，呼朋引伴地卖弄清脆的喉咙，唱出宛转的曲子，与轻风流水应和着。牛背上牧童的短笛，这时候也成天嘹亮地响着。

雨是最寻常的，一下就是三两天。可别恼，看，像牛毛，像花针，像细丝，密密地斜织着，人家屋顶上全笼着一层薄烟。树叶子却绿得发亮，小草也青得逼你的眼。傍晚时候，上灯了，一点点黄晕的光，烘托出一片安静而和平的夜。在乡下，小路上，石桥边，有撑起伞慢慢走着的人；还有地里工作的农民，披着蓑，戴着笠。他们的草屋，稀稀疏疏的，在雨里静默着。天上风筝渐渐多了，地上孩子也多了。城里乡下，家家户户，老老小小，也赶趟儿似的，一个个都出来了。舒活舒活筋骨，抖擞抖擞精神，各做各的一份事去。"一年之计在于春"；刚起头儿，有的是工夫，有的是希望。

春天像刚落地的娃娃，从头到脚都是新的，它生长着。

春天像小姑娘，花枝招展的，笑着，走着。

春天像健壮的青年，有铁一般的胳膊和腰脚，领着我们上前去。

(朱自清. 朱自清散文经典全集. 北京：北京出版社，2014)

((( ))) 播读提示

散文贵在构思新巧，意境和谐，韵味隽永。而朱自清的《春》就具有这样的特色。作者落墨，不是就春景写春，而是独具一格，从孩子的心灵出发，借孩子的眼睛对春做了缜密的观察，把自然界的春天与人类生命的春天融汇一起，使文章充溢着浓郁的诗情画意，呈现出盎然的早春生机，散发着醉人的生活芳香。表达时要用心体会文中描绘的春草、春花、春风、春雨、春天的人等几幅画面，调动视、听、嗅、触、空间等感知觉，把各幅春之图的不同特点表现出来，在统一的基调中有一定区别变化。

白石山上观云海

登上河北涞源县城南20公里的白石山峰顶"鬼见愁"，我们一个个已是汗流浃背，气喘吁吁了。可当我们放眼周围奇特景色，疲劳立即被惊喜所取代。"这山望着那山高"，只见对面一道陡峭险峻的山脊，依次排列着若干参差不齐的山峰，恰像一把把利剑，直指苍天，唯有毛泽东的著名诗句"刺破青天锷未残"方可形容它们的雄伟和气势。再看那山体，悬崖壁立，一色青灰的岩石，在阳光下发着威严的光，千万年的风吹日晒雨淋，它们依然保持着尖锐的棱角，由此可见它们的坚强。俯身下看，则是万丈深渊，渊底是迷茫的树木。我虽远离崖边，仍感惊心动魄，头晕目眩，尤其不敢仰望，一仰望，即两腿发软，身有悬空之感，随时都会失去平衡，我曾经登过黄山，在始信峰见到的景象，又在这里重见，难怪当地人称这里为"小黄山"呢，确实名不虚传。

突然，有谁叫道："看云！"顺着他手指的方向，只见团团云雾从身下的深渊中蒸蒸升起，似海浪翻滚，似万马奔腾，转眼就弥漫了山谷。绿色的树木在云雾中时隐时现，忽明忽暗。对面刚才还历历在目的座座山峰，此刻都笼罩在云雾之中。忽儿变得那样遥远、飘渺，只能"偶尔露"了。云雾升腾飘逸得极快，势若奔马，忽前忽后，忽东忽西。有一团白云，升腾到一道山梁时，迅速向山梁那边飘逸而去，颇似神话电影中的特技镜头：化作一道白烟，无踪无影。远处更是云海茫茫，有一圆锥形的峰头，突露在云海之中，恰似大海中的一座孤岛。

陪同我们游览的当地的一位朋友说，这面的山谷向南，下过雨后太阳一晒，水气蒸腾起来，便形成满山满谷的云海。越是雨后晴天，云海越大，这同样可以同黄山的云海相媲比。

我们在惊叹和赞赏这云海之余，都抓紧时机，从各个角度拍照，留下这"美好的一瞬"。

(付程. 实用播音教程：第 3 册. 北京：北京广播学院出版社，2002)

播读提示

这篇文章通过对白石山的山和云的描绘，让听众足不出户就好似身临其境般领略山野风光，呼吸到大自然的气息，在紧张繁忙的工作之余，让心灵亲近自然，开阔视野，陶冶情操，调节心境。表达时要把白石山的山与云的不同之处充分反映出来，给听众留下独特的印象。

播出时还要找到第一人称——"我"的感觉，调动自己直接或间接的全部生活经验，身临其境般进入稿件规定情境中去，去听、去看、去触摸，去细致地感觉身在其中的快乐，要像作者一样"汗流浃背""气喘吁吁"地"爬"上山顶，沐着山野的清风，嗅着原野的芳香，去看山、看云，向上看、向下看、远处看、近处看……享受山之威严，云之飘逸、浩渺的美。这样才能由内心升腾出白石山景观的独特而具体的爱恋之情。

此外，全篇顺着作者观察的视点，按空间移动顺序叙述内容。播读稿件时要注意抓住叙述脉络，做到条理清楚，层次分明，形散神不散。

狮王的"十九里红"

凡夫

《狮王的"十九里红"》

狮王有一群追随者，他们都声称对狮王忠诚不二。

狮王举行了一个宴会，他亲自抱出一坛酒来，一一为正襟危坐的男女宾客斟满，然后高举酒杯说："各位女士，各位先生，这是本王根据祖传秘方酿制的美酒，名叫'十九里红'，请各位开怀畅饮，品评赐教。如果谁能提出改进意见，本王将重重有赏！"

狼先生张开大嘴丫子，一饮而尽，用舌头舔了舔嘴唇说："你最忠实的仆人从来不说谎话，这'十九里红'味道好极了！除开大王您，谁能酿制出这么好的酒？大王真是天才，真是举世无双的天才呀！"

狈小姐端起酒杯一连喝了三口，津津有味地咂了咂嘴，连声赞叹说："香，香，这酒真香！封在坛里隔坛香，打开坛盖满屋香，斟在杯里扑鼻香，喝在肚里浑身香！常言道，美酒飘香。'十九里红'香飘十里。狮王，您忠实的奴婢向您发誓：这么好的酒，世间再也找不到第二家了！"

狐狸太太翘起兰花指，虔诚地举起酒杯来，极响地呷了一口，又极认真地品了品，甜甜地说："大王，请您听忠实的朋友一句话，赶快去申报专利！'十九里红'拿到市场上去，不气死茅台才怪哩！您办一个酒厂，保险能成为亿万富翁！"

狐狸太太的话刚落音，熊瞎子、狗獾子们便敲着桌子高唱起来："好酒哇好酒！好酒哇好酒！"

狮王不由哈哈大笑。追随者们看见狮王笑，也一起跟着笑。

"女士们，先生们，"狮王收起笑容，正色地说，"刚才大家喝的根本不是什么酒，只不过是在凉开水里加了一点儿苋汁而已。"

追随者们的笑声一下子停了，笑容僵在脸上，就像枯萎了的花。

从此，狮王身边再也看不到这群"忠诚"的追随者了。

(凡夫. 100 个动物寓言故事. 武汉：湖北少年儿童出版社，1995)

播读提示

《狮王的"十九里红"》是对趋炎附势、溜须拍马之辈的嘲弄，劝导人们要脚踏实地、行为端正，不能靠依附权贵来达到自己的某种目的。这篇寓言故事有曲折的故事情节，有几个主要人物，还有很多的对话，表现起来略有些难度。但难点不在于如何把情节和对话、动作用有声语言表达出来，而是在寻求变化上难，因为这么多人物，这么多的语言和动作，都需要展开合理联想和想象，经过细致的分析和设计，才能把故事播得形象生动。表达时要注意体会和把握不同角色说话的语气，并注意感情色彩的变化。

·拓展与延伸

　　凡夫本名段明贵，是当代寓言苑中的高产作家。凡夫的寓言作品数量多、质量上乘，深受读者、播者的关注和喜爱。中国寓言文学研究会召开过凡夫寓言专题研讨会，播音名家夏青曾在中央人民广播电台《阅读与欣赏》栏目中演播过凡夫的作品——《蝉的歌声》。有兴趣的同学可选读《凡夫寓言》，或尝试选播部分寓言，以深入体味寓言演播的艺术性、表演性、多变性，增强声音的表现力。

雨 伞

川端康成

《雨伞》

　　春雨霏霏，很像淡淡的雾，虽然淋不湿物体，但落在皮肤上仍然感到潮润润的。姑娘跑到门外，看小伙子打着伞。"哎哟，下雨了！"

　　小伙子来到商店门前才打开了雨伞——与其说是为了挡雨，不如说是为了遮羞。

　　即使如此，小伙子仍然把雨伞伸向姑娘的头顶上。姑娘只把一边的肩膀靠进去。小伙子现在淋湿了，但他不敢靠近姑娘，问她是否愿意与自己一块打伞；姑娘很想伸出手与小伙子一起握着伞把，但偏偏做出了要逃出伞外的样子。

　　两人来到一家照相馆，小伙子那当官的父亲要升迁，他们是来拍分别照的。

　　"请你们二位坐到这边来，好吗？"摄影师指着沙发说。但，小伙子不好意思坐在姑娘的身边。他站在姑娘的身后。为了感觉到他俩的身体某一部分联系在了一起，小伙子用扶着沙发靠背的手轻轻挨着姑娘的大衣。这是他第一次碰着她，通过手指感觉到的体温使他仿佛体验到了紧紧拥抱姑娘裸体时的温暖。

从此，他的一生中每当看到这张照片，他就会回味起她的体温来。

"再来一张怎么样？我可以给二位拍一张肩并肩的合影。"

小伙子简单地点了点头。

"你的头发？"小伙子悄悄地对姑娘说。她抬头看了一眼小伙子，顿时两颊绯红，明眸里闪烁着快乐的光辉。她温顺地赶快到化妆室去了。

瞧见小伙子来到商店门口时，姑娘连头发都没有顾上理就跑了出来。此刻她的头发乱蓬蓬的，像刚刚脱下游泳帽似的，因此她感到不安。姑娘很害羞，在男人面前，甚至理理头发她都不好意思；而小伙子想，再让她理理头发会使她更加难堪。

姑娘跑向化妆室的快乐劲也使小伙子感到轻松。姑娘回来后，两个人紧挨着坐在了沙发上，好像世界上最自然的事情。

临走时，小伙子四处寻找他的伞。不久他发现，伞已经被先走出门口的姑娘拿在手里了。当姑娘看到小伙子瞧着伞时，才突然意识到自己拿走了他的伞。这使她大吃一惊。这无意的行为不是已经向小伙子表明她属于他了吗？

小伙子无意要回伞，姑娘也不愿意把伞给他。不知什么原因，这条路现在与他们来时已大大不同。两人似乎突然变成了大人，像一对夫妻似的回家了。

(川端康成. 掌小说：藤花与草莓. 张来民，译. 海口：南海出版公司，2015)

📡 播读提示

小说写景往往为了衬托情，应在语气中实现情景交融。日本作家川端康成的这篇微型小说《雨伞》就是一部充满诗情画意、虚灵如梦的佳作。作者对事物细腻的感觉妙笔生花："春雨霏霏，很像淡淡的雾，虽然淋不湿物体，但落在皮肤上仍然感到潮润润的。"作者开篇将故事设在了下雨的天气，是因为天气的描写更能衬托出故事的意境，如雾般的绵绵细雨中，让人不觉像大雨一样匆匆忙忙，也多了几分雨中看不清楚的朦胧，正适合绵绵的初恋的感觉。又如"姑娘只把一边的肩膀靠进去。小伙子现在淋湿了，但他不敢靠近姑娘，问她是否愿意与自己一块打伞；姑娘很想伸出手与小伙子一起握着伞把，但偏偏做出了要逃出伞外的样子"，在这一段里，雨伞成了重要工具。伞下是两个人的世界，藏着两颗看似平静实则悸动不安的心，想靠近彼此却不愿打破那份静默。表达时要注意人物和内心的刻画，形神兼备，产生清晰的视像图景。

拓展与延伸

日本作家川端康成的《雨伞》与中国作家张爱玲的《爱》都是以初恋为题材，故事短小精悍、余味悠长，且两位作家都善于运用"小处着墨，大处着眼"的艺术手法，这两篇文章均注重细部勾勒，试把《雨伞》与《爱》这两篇小说做比较阅读，分析它们各自如何借细节来表现人物心理或主题的。

"幸福"二字让我温暖

白岩松

这可能是我接下来要讲的内容中很少会提及的字眼，但是它可能无处不在。在 2008 年 1 月 1 号的人民日报上，有一篇社论叫《伟大的一年》。当这一年过去的时候，你回头看这篇社论的题目，的确非常准确。然而定性为伟大的时候，那是因为一切我们在那一年可以想得到的很多的事情：改革三十年、北京奥运会、神舟七号等。当时想不到会有雨雪冰冻灾情，尤其想不到会有汶川大地震，也想不到金融危机。然而正是这样一系列的事件混杂在一起，印证了伟大的一年。这样一个标题的正确，正是因为有一系列的事件，震撼了我们的心灵，这一年才可以写进历史。

从哪儿说起呢？讲一个故事吧。一个13岁的四川女孩，名字叫黄思雨，她是映秀小学的一个学生。大地震发生那一瞬间她被砸在了废墟的下面，后来她被送到了华西医院截肢了，再后来送到了北京要装假肢。当我看到这个孩子的时候，她一直在笑。小姑娘漂亮得让人心疼，陪着她的是她的妈妈，一直在北京进行治疗。她们家只有四口人，但是一场大地震让这个家庭在三个地方生活，几个月他们都没有见面。2008年的11月底，因为集善嘉年华这样一个公益的活动，组织方把他们一家人给团聚了，一家四口人抱在一起哭。现场几百人都在哭，同情、心疼、不忍……然而当我们流着泪水的时候，突然在我的心里，又生出了一种羡慕。为什么？因为这个家庭几乎什么都没有了，但是你知道：他们有爱、有亲情、有思念，尤其重要的是有希望。一场特别大的灾难，让我们付出了非常大的代价。但是这样非常大的代价，有的时候也是一种提醒：提醒我们在日常生活中总有那些被你司空见惯的、你都不觉得是什么的幸福，其实一直都守护在你的身边。只是平常甚至显得平淡的日子里头，你都不太在乎它了而已……在平常的日子里头，在回家变得非常容易的时候，你不觉得它怎样，但是2008年的年初一场雨雪冰冻灾情，突然阻隔了很多人回家的路。于是你发现那一瞬间，你什么都不想要，只想在冬夜敲开父母还在的房门，进去吃一顿非常温暖的饭，什么都可以放弃。其实回家往往是一个最终的目的，不是吗？就像今年神舟七号升空的时候。我们所有人都非常欣喜。但是作为一个新闻工作者我知道，只有当回家的那一瞬间，我们才可以一起鼓掌。我们共同在那样的一个傍晚，去见证了神舟七号所有的成员安然回家。他跟我们没有直接的血缘关系。但是当他着陆了，当他回家了，我们就像一个家人一样心里的石头落地了。

奇怪，2008年几乎所有的事情好像最后都容易让我这个刚刚进入40岁的人去想到家。年底金融危机了，当金融危机到来的时候，有人说是次贷危机。我跟他们开玩笑说，其实不就是所有的老百姓想买房，想有个自己的家，最后这种愿望太强烈了，产生了次贷危机吗？但它金融危机毕竟是一个非常重要的提醒，在提醒着我们：很快这一年就要过去了。对于中国人来说，春节的那顿饭没吃，鞭炮没有响起，饺子没吃，这一年就算没过去。那总得记住一点什么是吧？我想起了几年前看过的一本书，梁漱溟老爷子说过这样的一段话。他说人这一生啊，总要解决三个关系：首先顺序是不能错的，先要解决人和物之间的关系，然后要解决人和人之间的关系，最后一定要解决人和内心之间的关系。是啊，我在想，我们年轻的时候、奔三十而立的时候，总要解决人和物之间的关系——争取有房子、有钱、有名等等等等。后来你要解决人和人之间的关系——为人夫、为人父、为人子、为人上级、为人下级、为人朋友、为人对手等等等等。但是走着走着你又突然发现离起点越来越远了，好像人生的终点，似乎看得见某些迹象，就像我觉得什么叫40岁——40岁就是敲开了一个年老的大门，而还守护着青春的尾巴一样。这个时候你要问自己：我为什么活着？幸福是什么？你如果不能回答自己内心所提出这样的一种问题的话，你会每天过得非常难。其实一个社会、一个民族不同样如此吗？我们的精神家园在哪里？我们的核心价值观是什么？就像在纪念改革三十年的时候，胡锦涛说的那句话一样：物质贫乏不是社会主义，精神贫乏也不是。那么我们会不会问一下自己，我们有没有出发了太久，已经忘了当初为什么要出发了。

改革刚开始的时候我10岁，今年40。我在想我10岁的时候想的幸福是什么？太简单了，甚至简单到我都有点忘了。但是当到了40岁的时候，我已经拥有了很多。在我10岁的时候想过和不敢想过的很多很多很多。但是我比 10 岁更幸福了吗？我的眼睛还会像 10 岁那样清亮吗？我还会被一种梦想激动得彻夜难眠吗？我的回答并不肯定。就像年少的时候跟同学喝多了酒，总会有一句话说："总有一天我要找到幸福。"那么也许今天就是年少时候说的那个总有一天幸福还会离我们有多远呢？我不知道答案，您知道吗？

(中央电视台《艺术人生·温暖 2008》. 2009 年 1 月 7 日播出)

📡 播读提示

《艺术人生》年度大戏《温暖 2008》采用发表演讲的电视形态，特别邀请白岩松、于丹、濮存昕等文化艺术界代表人物以"2008 是什么温暖了我们的心灵"为主题，在暖意洋溢的舞台上"现场说法"，探寻中国人在和平发展历程中喷薄而出的当代精神。白岩松选择的关键词是幸福，但在简短而精彩的演讲中，表达出来的却是"家"和"回家"，对荣誉和灾难、家和事业更多的一份思考。他将生动自然的口语与富有哲思的书面语结合得非常独到，形成了自己的语言风格。练习此文时要特别注意口语表达的简洁凝练、语气的鲜明、重音的明确以及语段的流畅。

复习与思考

1. 播音感受的内涵是什么？
2. 结合一篇例稿，谈谈播音创作中具体感受的把控。
3. 什么是情景再现？播音创作中如何调动"情景再现"？
4. 播音中的情景交融是如何实现的？
5. 为什么说"情景再现，以情为主"？

第三章

弦外之音，言外之意——
内在语

 导　　读

在播音创作中常常有这样的情况，一篇稿件初看很是平常，深入揣摩却发现文章背后具有深长意味，即表面上看起来浅显平凡的文字，其实是"话中带话，话里有话"。"弦外之音，言外之意"是对播音内在语的最好描述。在表演中，也称之为"潜台词"。挖掘内在语(或潜台词)是帮助播者把稿件变成自己要说的话，把思维成果变成有声语言，使思想感情处于运动状态的重要方法，对播音语言表达有直接引发和深化含义的作用。

第一节　内在语的含义

播音的内在语，就是指那些在播音语言中所不便表露、不能表露或没有完全表露出来和没有直接表露出来的语句关系和语言本质。它提示播者转化文字稿件时的思想感情和恰当语气。稿件往往

是"言有尽而意无穷"，作者没必要也不可能把稿件所包含的全部内容和思想情感一字不落地转换成文字，这就要求播者在二度创作时由表及里，从平凡中窥立意，于浅显中见深意。

戏剧大师斯坦尼斯拉夫斯基曾说："只有当人们借自己的经验从内部赋予所要表现的作品的潜台词以生命的时候，在这部作品里，同时也在演员自己心里，才显露出作品所要表达的精神实质，创作的意义就在潜台词上。"

在播音创作中，内在语有着极为重要的意义。

一、承接语言链条的结节点

语言链条是语句间的逻辑关系，文字语句间的逻辑通过关联词或关联短语表示出来。有的稿件段落、层次间常常没有明显的承上启下的词语，就是句子、小层次之间也省略了衔接转换的关联词，语言链条的逻辑关系不明显；有的则没有明显的文字标志，找不到语句间的关系词，这时句子间的"因为""所以""不但""而且""如果""那么""一方面""另一方面"等潜在语言就要在播者的心里说出来，否则就可能播得不够清楚，缺乏应有的说服力。可见，通过补设隐含性关联词或关联词短语，可把文字语句间的逻辑关系提示出来，帮助播者理清语句之间的关系，使表达语气更准确。联系新闻资讯类的播音来说，播完导语，继续讲述新闻主体时，可在心里加个转换语句"欲知详情，请听我往下说"，在这样的内心提示下，语句的表达就会从具有醒目色彩的导语转换成主体部分。如没有这样的内在语，这个转换之处要么没有语气变化，要么就会生硬降调得不自然。正是有了这种结节点，才能突显文章的平仄、语句的优美，播者处理作品时，就是用语气把它再现出来。所以说，内在语是承接语言链条的结节点。

二、语句目的的集中体现

每篇稿件、每个话题所包含的具体思想感情总比写出来的文字深广得多，内在语是语句目的的集中体现。内在语运用最直接的体现是播者对重音的运用，有时在相同的一句话中，字、词重音的变换，可导致词义、语意的截然不同，严重时还会曲解文章本来的意思。例如"今天我请你吃饭"，如把重音放在"今天"上，语句目的就是强调吃饭的时间是今天，内在语是"你千万别忘了"；如把重音放在"我"上，所强调的意思是请你吃饭的人是我，内在语是"是我请你吃饭而不是别人请你"；如把重音放在"你"上，语句的意思则是强调今天吃饭，内在语是"我主要请的是你"。可见不同的语言目的，即使是同一句话，也会表达出不同的含义；而确定一句话的本质意义，就是要从具体的语言环境中了解语句目的，找准重音，挖掘出更深一层的意思。一篇文章中有重点段落，一个段落里有重音，一个句子里有重点词，重音在哪里，变化就在哪里。所以说，内在语集中体现了语句目的。

三、表达语气的确定依据

播音创作以语句为基本表意单位，即通过语气把句子的思想感情准确地表达出来。语气包括(内在的)具体思想感情和(外在的)具体声音形式两方面，这两方面都由内在语决定。比如"你是我生命的精灵"，把之设定在深情的、冷漠的、无奈的、悲痛的语境来表达这句话，会收到不同的效果。可见，同一句话，语境不同，内在语不同，表达的语气就不一样。有什么样的内在语，就有什么样的表达语气。播者通过对语句本质的深入挖掘和把握，建立鲜明的语句关系，找到恰当、贴切的语气，体现出"这一句"的独有色彩和分量。

四、个性播音的重要标志

内在语本身具有丰富多样的表现形式，它能使播者充分发挥主观能动性、创造性，赋予稿件生命力，使表达更灵活多样。特别是语句间那些文气不太好衔接的地方，设计一个恰当的提示性内在语，就可以找到与下句较为贴切的语气，使语气自然过渡。例如"长而空不好，短而空就好吗？"，作者在这里运用了反语句，播者就要用反语式内在语在第一时间理解作者本意，挖掘这句话的潜台词，即"长而空不好，(难道)短而空就好吗？(其实，也不好)"。

播音，是一种创造性的语言艺术活动。它的创造性来自于播者对稿件的深刻理解和独特的具体感受，使播音的内在语带有较为明显的个性色彩。因此，即使对同一篇稿件、同一个话题，不同的播者，其感受、表达也会相互区别。能否准确、鲜明、独到地把握内在语，往往是衡量播者专业水平高低、语言功力强弱的一个重要标志。

第二节　内在语的作用

内在语的作用概括起来有两大方面：揭示语句本质和揭示语言链条。

一、揭示语句本质

语句，无论是文字语言还是有声语言，都是划分出来的最小的表情达意的单位。语句的语义结构，也就是句子所需要表达和能够表达的全部思想内容，是由客观事理、语言目的、具体态度和感情评价这四个要素构成的。客观事理，指句子所要表达的现实中的事实或道理；语言目的，指说话的人说这句话的意图、目的；具体态度，指说话者对所说话中事理的认可倾向，即是真实的，或是虚拟的，还是希望发生的；感情评价，指的是说话者对句子所述事理的褒贬倾向。

然而，句子的语义结构，即上述各意义要素的总和，就等于句子所要表达的思想吗？不一定，因语句的语义结构是句子所要表达思想的基础，而说话者最终通过句子语义所要表达的思想却取决于语言环境，即言语的整个片断，主要是指"这一句"的上下文。例如"快走！"，在不同语言环境中，内在语不同，表达方式也就不同。押解杀人犯时，"快走"的内在语：不走就打死你。集体爬长城，有人掉队了，"快走"的内在语：跟上了。赶车，同伴太磨蹭，"快走"的内在语：再不快点就来不及了，怎么这么慢！

因此，对语句的语义要做两个方面的分析：一是脱离语境和上下文，来确定语句的基本意义，即句子的表层意义；二是结合语言环境和上下文来确定句子本来所要表达的思想含义，即句子深层的内在含义。语句本质是指句子在具体的语言环境中深层的内在含义和态度、情感。揭示了语句的本质，可以引发出贴切的语气，使有声语言深刻、丰富、耐人寻味。例如，热恋中的姑娘向男友嗔怪地说"你真坏""你真傻"，其实是说"你真好""你真可爱"。语句本质与文字表面截然对立，把握、判断起来并不难，难于把握和判断的是意向色彩或程度、分寸上的细微差别。

下面以小故事《中计》[1]为例做具体分析。

① 七月初的一天，在辽宁省海城县一个小山村里，住在张大伯家的某部侦察排的战士们刚刚起床，就看见房东张大爷气冲冲地走进屋来。张大爷绷着脸问道："昨天，你们谁进了我家东菜园，把菜地弄得乱七八糟？"一句话把全排战士给问怔了，互相看了看，谁也没吭声。

---

[1] 王璐. 播音员主持人训练手册(语音发声). 北京：北京广播学院出版社，1998.

②　这时候，有一个小战士脸一下子红到了耳根。他叫洪松彪，是今年才入伍的新战士，原来，昨晚上是他悄悄地跑到菜地里，帮张大爷干活的。小洪心里直打鼓，他想，是不是我铲地的时候伤了苗？是不是水浇多了淹了菜？小洪越想越不安。这时候，张大娘又跑进来火上浇油地说：“老头子，别跟他们说了，咱们去找指导员说个清楚。”话音未落，就拉着张大爷的袖子往外走。

③　刚刚十八岁的洪松彪，哪见过这个场面呀，小伙子沉不住气了，马上开口说：“大爷、大娘别发火，昨天是我跑到菜地里去的。我看你们二老年纪大，大爷成天忙着队上的事儿，顾不了家，就抽空帮你们干了点活。谁知道我不会干，给你们添了麻烦，真对不起你们，有多大的损失我一定赔。”说着就伸手掏钱包。

④　张大爷看到这个情景，倒哈哈大笑起来，大娘也跟着笑起来。她疼爱地拉着小洪的手说：“孩子你受委屈了。”小洪纳闷地抬起头来看着两位老人，张大爷得意地说：“孩子，你中计了，从打你们到我们村来搞训练，给大家伙干了那么多的好事。可我们就是不知道是谁干的，昨晚上我和你大娘一合计呀，就想出这个小计策来。果不出所料，你们还真中计了。”

⑤　全排战士这才恍然大悟，和张大爷、张大娘一块笑了起来，洪松彪，这个虎头虎脑的小伙子却像大姑娘似的，羞涩地低下了头……

在这篇广播稿中，第④自然段写到小战士洪松彪中计，承认了是他到菜地帮张大爷干活的，并要掏钱赔偿“损失”后，有这样的一段话：

“张大爷看到这个情景，倒哈哈大笑起来，大娘也跟着笑起来。他疼爱地拉着小洪的手说：‘孩子，你受委屈了’。”

从“孩子，你受委屈了”这句话的表面看，其语义结构是认定洪松彪受委屈这一事实，表达的语气应是同情大于喜爱，甚至有点难受的色彩，气息和口腔状态是“气沉声缓”，语流迟滞感强。但结合上下语境，这样的表达显然不够准确，因为大娘为计谋成功而感到高兴，同时看到小战士纯朴、认真、着急的样子，既喜爱又感动。因此，"孩子，你受委屈了"这句话说出来虽有安慰、道歉的意思，但更主要的还是喜爱和高兴的色彩，而绝不应有难受的色彩。其内在语是"孩子，看你还真当真了！"，这样以爱为主的色彩，声音形式是"气缓声柔"的，以造成一种温和感。

可见，把握明晰、准确、态度鲜明的内在语，可对有声语言表达起到深化含意的作用。揭示语句本质，是指结合语言环境和上下文来确定语句深层的内在含义。在稿件的深入理解和具体感受上下功夫，是准确揭示语句本质的保证。

二、揭示语言链条

语言链条是一种形象的说法，实际就是指语句间的逻辑关系。揭示语言链条，就是搞清句与句、段与段、层次与层次是怎样衔接成一个有机整体的。搞清楚它们之间的内在联系，获得或并列、或递进、或因果、或转折、或分合、或假设等情况的逻辑感受，从而明了文章上下衔接、前后照应的承续关系，并把理解、感受到的逻辑关系以内在语的形式显示和引发出来。特别是在稿件文气不太贯通的地方，在段落、层次需要做明显转换而又不好衔接的地方，在需要赋予语言以动作感、形象感的地方，在需要唤起受众注意、引发他们思考的地方等，都可以运用内在语来衔接、过渡、铺垫和转换，以找到自然、贴切的语气，得到一气呵成、浑然一体的效果，增强有声语言的表现力。例如《管住自己，天下无敌》[1]：

（虽然）管住自己说起来简单，（但是）做起来确实很难。（比如说）有的人在大是大非面前头脑清醒，但在平常尤其是涉及一些所谓的

---

[1] 南林. 光明日报，1999-5-6.

"小节"问题上(却)管不住自己，(更有甚者)认为"小节无伤大雅"；有的人在职位较低的时候(尚且)能管住自己，(可是)一旦升迁便春风得意，飘飘然而管不住自己；(另外)还有一种人，一辈子都管得住自己，但到了晚年却经不住各种各样的诱惑，思想上大滑坡而管不住自己，最终滑入堕落的泥潭不能自拔，导致了所谓的"五十九岁现象"，一失足成千古恨。

此外，以前面提到的小故事《中计》的第③自然段为例，"刚刚十八岁的洪松彪，哪见过这场面啊……说着就伸手掏腰包"，这段话语气变化非常丰富：从沉不住气急于表白，到愧疚地安慰劝说；从急切说明、解释、诚恳道歉到实心实意地要赔偿。句子之间的关系也复杂，既有因果关系，又有转折关系，又有递进关系。基于这样的感受和认识，可以这样来设计这一段语言链条承续的内在语：

(要知道)刚刚满十八岁的洪松彪，哪见过这个场面啊，小伙子沉不住气了，马上开口说："大爷，大娘(请你们)别发火，昨天是我跑到菜地里去的。(因为)我看你们二老年纪大，大爷成天忙着队上的事儿，顾不了家，(所以)就抽空帮你们干了点活。(可是)谁知道我不会干，(反而)给你们添了麻烦，真对不起你们，(您别着急)有多大损失我一定赔。"说着就伸手掏钱包。

上面的内在语为语言的衔接、转换都找到了准确的心理依据，逻辑脉络清晰，语气衔接转换自然，人物的言情神态就能较好地表现出来。

运用内在语揭示语言链条，既可以用关联词，也可以用简洁的短语使上下文自然衔接起来，过渡好上下句、前后段，进而清晰准确、连贯完整地播好每篇稿件。特别是在评论播音中，内在语揭示语言链条的作用尤其不可忽视。因为这类稿件论说性强，说服受众靠的就是观点鲜明和逻辑严密，而内在语是展示语句逻辑关系最重要、最有效的手段。

在直播新闻性节目时，揭示语言链条的内在语更显重要。"直播"的节目形态要求播者状态积极、专注，思维敏捷、缜密，因为稍有不慎便会出差错，同时，高度紧张的氛围也会给播者带来巨大心理压力，对其大脑相应部位的优势兴奋中心产生抑制。这种抑制的结果，常常冲淡播者对稿件内容的印象，影响其注意力的集中和情绪的稳定，降低其自信心，最终削弱传播效果，而内在语则是解决这一问题的有效手段。备稿时，播者可用文字将相应的关联词标在句段起承转合的关键之处。直播时，利用视觉的提前量从这"逻辑的路标"得到前置提示，以找到准确衔接、转换自然的语气。这样，播者的思维逻辑走向与稿件逻辑走向始终保持一致，其思想感情也会依据稿件内容而运动起来，越播越顺畅。

第三节 内在语的分类

内在语的运用比较灵活，它既可以用在语句、段落、层次之前、之间，又可以用在语句、段落、层次之后。具体说来，它既可以起到发语作用、寓意作用、承接转换作用，又可以起到提示作用、回味作用和反语作用。内在语按其性质和作用的不同，大体上可分为六种基本类型。

一、发语性内在语

发语性内在语就是在呼号、语句、段落、层次、稿件、节目起始处前加上适当的词语，播者把这些词语在心里播出来，并与稿件原来开头的词语自然衔接，把其"带发"出来。发语性内在语的作用是帮助播者把开头播好。

例①：

(各位听众，这里是)中央人民广播电台。

例②：

(司机朋友们)车祸往往出现在一个瞬间，但它给个人留下的痛苦却是深远的。

例③：

(那是)1999 年的夏天……

例④：

(有一天啊)东东不小心打碎了一个花瓶，他急得团团转。

二、寓意性内在语

寓意性内在语是稿件文字的"弦外之音"，是隐含在语句深层的内在含义，是结合上下文语言环境挖掘出来的语句本质和语句目的，特别是那些在意向、色彩和程度、分寸上与文字表面非截然对立而差别细微的语句本质。寓意性内在语的把握，除了参照上下文语言环境之外，还应注意结合作者的写作风格、语言习惯，文章的主题、目的、背景，人物的性格、身份、心理、语言特点及所处环境和人物之间的关系去分析，有时甚至还需要从全篇整体去把握。

例如，鲁迅的小说《孔乙己》中有这样一句话："孔乙己是站着喝酒而穿长衫的唯一的人。"到咸亨酒店喝酒的人，大体上有两种：穿短衣的站喝是做工的穷苦人；穿长衫的坐喝是有钱人或阔绰的读书人。这些在小说一开始就做了交代。那么，孔乙己属于哪种人呢？"孔乙己是站着喝酒而穿长衫的唯一的人。"这句话的语句本质是在指明了孔乙己身份的同时又多了一层含义，即揭示了他的性格特征：穷困潦倒而又死要面子。这一内在语与文字表面在方向上大体一致，只不过又多了一层寓意。由此可看出，寓意性内在语的挖掘和把握对上下文语言环境依赖性更强。

三、关联性内在语

关联性内在语是那些没有用文字表示出来的语句关系。具体说来，就是那些体现语句逻辑关系和语法意义的隐含性关联词和关联词短语。关联性内在语一般用在语句、段落、层次之前、之间，它既可以用隐含的"因为""所以""虽然""但是""如果""而且""结果""那么"之类的关联词，也可以用简洁的短语使上下文自然衔接起来，过渡好上下句、前后段。运用关联性内在语，可以使前后句、上下文语言链条的衔接更加自然、顺畅和符合逻辑，使语言目的和语意表达更加准确。可以说，关联性内在语是有声语言所表达的文字、语句富于内在逻辑力量的关键所在。例如：

她打了个寒颤，(虽然)风又掀起她的衣襟，(但是)这次她没有去拉。

四、提示性内在语

提示性内在语用于语句、段落、层次之间，也是为了解决上下句语气衔接的问题，但又与关联性内在语有所不同。它是播者发挥主观能动性和创造性所赋予稿件的，内容上更加灵活多样、丰富多彩。在语句间，特别是那些语气不太贯通、前后句转换突兀、语气不好衔接的地方，设计恰当的提示性内在语，就可以找到下句较为贴切的语气，使语句自然地衔接、过渡。如果说，关联性内在语重在使语句逻辑关系更加严密，那么，提示性内在语则使表达更显灵动。播者可通过设问呼应、提醒关注、表现情态、展示过程、感叹强调等提示性内在语的设定，使表达更加丰富多彩，使自己的创作思维和创作个性得以更好地发挥和施展。

例①：

听众朋友，最近有一件事传遍古城西安：(什么事呢？)一位居民提着一口有毛病的铁锅找到市政府要求帮助退换。

例②：

清晨，我到公园去玩，一进门就闻到一阵清香，(啊，荷花！) 我赶紧向荷花池走去。

五、回味性内在语

在稿件文字段落、层次和全文结尾处设置相应词语，提示播者的语气或回味、或思考、或想象、或憧憬，给人以语已尽、情尚存的印象，就是回味性内在语。回味性内在语大体上有四种形式。

(1) 寓意式回味：用内在语把前句的深刻寓意体现出来，并造成一种耐人寻味的氛围。例如：

我心中涌动的河水，激荡起甜美的浪花。我仰望一碧蓝天，心底轻声呼喊：家乡的桥啊，我梦中的桥！(我思念家乡和儿时的美好时光)

(2) 反问式回味：用在结尾处对前句语义或全篇结论有肯定或强调意义，并对前句句尾语势所表现的色彩有引申、指向和推送作用，能够进一步沟通传受双方，深化双向交流。例如：

小朋友，要想掌握和运用我们祖国优美、丰富的语言，就要学好语文，学懂、学通，一点也不能含糊。(你们说对吗，小朋友？)

(3) 意境式回味：营造某种意境和氛围，引人有所思，有所感，有所憧憬，有所遐想。例如：

冬天来了，春天还会远么？(……)

(4) 线索式回味：有些稿件中的一些段落、层次和全文结尾处重复出现相同的句子，对这种线索式出现的句子，应结合上下文和主题，设计相应的回味性内在语，找到恰当的语气，以达到调动受众的想象、深化主题、加深印象的目的。例如：

三个人一双眼睛，还有笑在脸上流。

六、反语性内在语

反语性内在语直接体现了语句表层意义与深层内在含义的对立关系或对比关系，一般来说，在上下文语言环境中比较容易把握。

(一) 对立型反语内在语

语句深层内在含义与文字表层意义相对立的叫对立型反语内在语。例如，鲁迅先生的《友邦惊诧论》[1]：

只要略有知觉的人都知道：这回学生的请愿，是因为日本占据了辽吉，南京政府束手无策，单会去哀求国联，而国联却正和日本是一伙。读书呀，读书呀，不错，学生是应该读书的，但一面也要大人老爷们不至于葬送土地，这才能够安心读书。报上不是说过，东北大学逃散，冯庸大学逃散，日本兵见学生模样的就枪毙吗？放下书包来请愿，真是可怜之至。不道国民党政府却在十二月十八日通电各地军政当局文里，又加上他们"捣毁机关，阻断交通，殴伤中委，拦劫汽车，横击路人及公务人员，私逮刑讯，社会秩序悉被破坏"的罪名，而且指出结果，说是"友邦人士，莫名惊诧，长此以往，国将不国"了！(简直是岂有此理！)

确定和表达这种对立型反语内在语，要紧紧抓住语句本质与表层意义直接对立的趋向，用反义的和否定的语气鲜明地把这种对立体现出来。

(二) 反问型反语内在语

通过反问来表达意思的内在语叫反问型反语内在语。例如：

中国人死都不怕，还怕困难吗？(显然，也不怕！)

问句本来表示判断，具有不确定性，但通过反问的语气却有了

---

[1] 鲁迅. 鲁迅自编文集——二心集. 北京：译林出版社，2013.

确定内容，这种对立是比较明显的：否定句用反问语气说出来就表达肯定的意思，肯定句用反问语气说出来就表达否定的内容。

(三) 双关型反语内在语

利用语音或语义的关系，使语句同时兼顾两种事物的内在语叫双关型反语内在语。例如，鲁迅的《病后杂谈》[1]中一段话：

“雅”要地位，也要钱。古今并不两样，但古代的买雅，自然比现在便宜；办法也并不两样，书要摆在书架上，或者抛几本在地板上，酒杯要摆在桌子上，但算盘都要放在抽屉里，或者最好放在肚里。

利用“算盘”的本义和转义，巧妙地构成双关，表面是说具体的算盘，实际是指“心机”，讽刺味道很浓。

(四) 非对立型反语内在语

语句本质与表层意思同向同质，但在表达的语气中却需要渗入一定的与语句意义有别的甚至是相对的色彩，这样的内在语叫非对立型反语内在语。例如，恩格斯在《在马克思墓前的讲话》[2]中的一段话：

正因为这样，所以马克思是当代最遭嫉恨和最受诬蔑的人。各国政府——无论专制政府或共和政府——都驱逐他；资产者——无论保守派或极端民主派——都纷纷争先恐后地诽谤他，诅咒他。

无论是表层意义，还是深层含义，都是说马克思遭到统治者的驱逐、诽谤和诅咒，而成为“最遭嫉恨和最受诬蔑的人”，因此表达的语气易因句中较多的贬义词而带有否定的色彩，但这与全篇赞颂、崇敬和怀念的基调又是不和谐的，故表达时应流露出对马克思的崇

[1] 鲁迅. 鲁迅自编文集——且介亭杂文. 北京：译林出版社，2013.
[2] 费泉京. 中外名人演讲精粹. 北京：中国书籍出版社，1999.

敬和对反动阶级的蔑视之情，特别是说到那些贬义色彩的词时，要透出一丝对反动阶级蚍蜉撼大树之举不屑一顾的色彩，以淡化这些词语表面的贬义色彩。

总之，播音的内在语是对稿件理解和感受的集中概括。内在语随语句目的、语言环境的不同而变化，以上划分出的六种类型的内在语，初步展示了内在语的丰富性以及它在调动播者的感情、引发贴切的表达语气方面的积极作用。运用内在语还应注意以下问题：

(1) 要从全篇上去把握内在语，不能从语句上去把握。稿件的播讲目的，往往就是全篇内在语。

(2) 在重点、难点上把握内在语，没有必要句句找内在语。有些声断、情断时，更有必要挖掘内在语。

(3) 刚开始练习时，可以把内在语读出声。内在语为播音提供内在依据，是一种意念。

第四节　单元实训及提示

克林顿强调与中国合作符合美国利益

本报华盛顿 6 月 11 日电(记者薛福康)　美国总统克林顿 11 日在美国国家地理协会向一批学者发表关于对华政策的演讲时说："我准备去(中国)是因为我认为这是一件有益于美国的事。"

克林顿说："如果需要在只争取象征和争取真正的进展之间做出选择，我选择争取真正的进展。"他认为美国政府现行的对华政策既是原则性的，也是务实的。他说："谋求孤立中国显然是不可行的。""以孤立来代替接触不会使世界更安全，反而会使他更危险。那样做不是加强而是破坏我们在亚洲建立稳定的努力；不是促进而是取消在防止大规模杀伤性武器扩散问题上的合作。"

克林顿指出，他将于本月底访问中国，这是正确的选择。他说，中国是世界上人口最多的国家，是全球经济增长最快的地区之一，是联合国安理会常任理事国；过去 25 年里，中国在各个领域发生了"深刻变化"，与中国的关系将"决定新的世纪对美国人民来说是否是一个安全、和平和繁荣的世纪"，"一个稳定、开放、繁荣、负起建设更加和平世界责任的中国"符合美国的利益。

在半个多小时的演讲中，克林顿用大量事实阐述了与中国加强合作的重要性。他说，在亚太地区安全、防止大规模杀伤性武器扩散、打击国际犯罪、保护环境、双边贸易与能源合作等各个领域，美国都需要与中国合作。他说，中国已经成为朝鲜半岛稳定的重要力量；中国在稳定亚洲金融市场、缓和亚洲金融危机方面做出了积极贡献；印巴进行核试验后，美中在南亚安全方面的合作更显重要。克林顿还驳斥了某些议员在美中技术合作和他即将访华时礼宾安排方面的无端指责。

克林顿是在美国一些反华势力掀起一股反华逆流的情况下发表上述演讲的。他的讲话受到与会者的欢迎。

(光明日报. 1998-06-12)

播读提示

1998 年 6 月，在美国总统克林顿即将访华之际，美国国内一些反华势力纠集在一起，掀起了一股反华逆流，克林顿总统的演讲，指明了访华的重要性，强调了与中国合作的必要性，驳斥了对改善中美关系的无端指责。把握第一段、第二段克林顿讲话的内在含义，第三段"深刻变化"之后，应补设一关联词意使语言逻辑更清晰，第五段最后一句应有一回味性内在语来深化其意义。

三个人的一双眼睛

华 夏

星期日。百货大楼。熙熙攘攘。

从楼上并排走下三个人。中间是一个很漂亮的男孩子，约莫有八九岁。他左手牵着爸爸，右手牵着妈妈。爸爸和妈妈是两个盲人。

很小心、很慢地踩着一阶一阶的楼梯。所有目睹的人立刻停止了脚步，闪开了一条路。喧闹声像绷断了弦的琴。一步、二步、三步……那男孩的眸子多明亮啊，漆黑漆黑的。他们一边走，一边说着，还有笑在三张脸上流。渐渐地，远了……

三个人的一双眼睛。

而我，两只脚却像生了根，纹丝不动了许久，思绪的羽翼却飞向了辽远。不知过了多长时间，我才像从酣睡中惊醒，身躯抖动了一下，呼吸也震颤了。

三个人一双眼睛，还有笑在脸上流。

我不知为了什么，竟跑下楼，去追赶他们。我想更准确地看清他们的长相。我想望望小男孩的眼睛，摸摸他的头，再捧起他的闪着炽炽光彩的小脸，还想和他的爸爸妈妈握握手。我要寻问他们关于这个世界、关于生活中的很多问题。

三个人一双眼睛，还有笑在脸上流。

我跑到街中央，车流和人流淹没了那三个人。我惘然若失。我突然觉得天空从来没有像现在这样蓝过，生活从来没有这样美好过。新鲜的阳光在这个世界上流着，正如新鲜的笑在三张脸上流着。

哦，我为什么竟哭了！

(语文：三年级下册. 上海：上海教育出版社，2015)

播读提示

本文感情真挚、语言质朴，像一个电影的镜头，摄下了作者在百货大楼看到的动人一幕：一对盲人夫妇和一个小男孩，虽然三个人只有一双眼睛，但脸上却充满了笑意。那是因为这一家人相互搀扶，充满了对美好生活的信心。从这一点上讲，文章从另一个角度回答了家是什么的问题。其中，"三个人一双眼睛，还有笑在脸上流"，这句在文中重复出现了三次，应作为把握内在语(线索式内在语、回味性内在语)的重点。播读时注意发挥想象、创设情境，深入理解句子的含义，体会家人亲情。

那　树

王鼎钧

那棵树立在那条路边上已经很久很久了。当那路还只是一条泥泞的小径时，它就立在那里；当路上驶过第一辆汽车之前，它就立在那里；当这一带只有稀稀落落几处老式平房时，它就立在那里。

那树有一点佝偻，露出老态，但是坚固稳定，树顶像刚炸开的焰火一样繁密。认识那棵树的人都说，有一年，台风连吹两天两夜，附近的树全被吹断，房屋也倒坍了不少，只有那棵树屹立不摇，而且据说，连一片树叶都没有掉下来。这真令人难以置信，可是，据说，当这一带还没有建造新式公寓之前，陆上台风紧急警报声中，总有人到树干上漩涡形的洞里插一柱香呢！

那的确是一株坚固的大树，霉黑潮湿的皮层上，有隆起的筋和纵裂的纹，像生铁铸就的模样。几丈以外的泥土下，还看出有树根的伏脉。在夏天的太阳下挺着颈子急走的人，会像猎犬一样奔到树下，吸一口浓荫，仰脸看千掌千指托住阳光，看指缝间漏下来的碎渌。有时候，的确，连树叶也完全静止。

　　于是鸟来了，鸟叫的时候，几丈外幼儿园里的孩子也在唱歌。

　　于是情侣止步，夜晚，树下有更黑的黑暗，于是那树，那沉默的树，暗中伸展它的根，加大它所能荫庇的土地，一厘米一厘米地向外。

　　但是，这世界上还有别的东西，别的东西延伸得更快，柏油一里一里铺过来，高压线一千码一千码架过来，公寓楼房一排一排挨过来。所有原来在地面上自然生长的东西都被铲除，被连根拔起。只有那树被一重又一重死鱼般的灰白色包围，连根须都被压路机辗进灰色之下，但树顶仍在雨后滴翠，经过速成的新建筑物衬托，绿得很深沉。公共汽车在树旁插下站牌，让下车的人好在树下从容撑伞。入夜，毛毛细雨比猫步还轻，跌进树叶里汇成敲响路面的点点滴滴，泄漏了秘密，很湿，也很有诗意。那树被工头和工务局里的科员端详过计算过无数次，任他依然绿着。

　　出租车像饥蝗拥来。“为什么这儿有一棵树呢？”一个司机喃喃。“而且是这么老这么大的树。”乘客也喃喃。在车轮扬起的滚滚黄尘里，在一片焦躁恼怒的喇叭声里，那一片清阴不再有用处。公共汽车站搬了，搬进候车亭。水果摊搬了，搬到行人能悠闲地停住的地方。幼儿园也要搬，看何处能属于孩子。只有那树屹立不动，连一片叶也不落下。那一蓬蓬叶子照旧绿，绿得很问题。

　　啊，树是没有脚的。树是世袭的土著，是春泥的效死者。树离根，根离土，树即毁灭。它们的传统是引颈受戮，即使是神话作家也不曾说森林逃亡。连一片叶也不逃走，无论风力多大。任凭头上已飘过十万朵云，地上叠过百万个脚印。任凭那在枝桠间跳远的鸟族已栖习过每一座青山。当幼苗长出来，当上帝伸手施洗，上帝曾说：“你绿在这里，绿着生，绿着死，死复绿。”啊！所以那树，冒死掩覆已失去的土地，作徒劳无功的贡献，在星空下仰望上帝。

　　这天，一个喝醉了的驾驶者以六十英里的速度，对准树干撞去。于是人死。于是交通专家宣判那树要偿命。于是这一天来了，电锯从树的踝骨咬下去，嚼碎，撒了一圈白森森的骨粉，那树仅仅在倒地时呻吟了一声。这次屠杀安排在深夜进行，为了不影响马路上的交通。夜很静，像树的祖先时代，星临万户，天象庄严，可是树没有说什么，上帝也没有。一切预定，一切先有默契，不再多言。与树为邻的老太太偏说她听见老树叹气，一声又一声，像严重的气喘病。伐树的工人什么也没听见，树缓缓倾斜时，他们只发现一件事：原来藏在叶底下的那盏路灯格外明亮，马路豁然开旷，像拓宽了几尺。

尸体的肢解和搬运连夜完成。早晨，行人只见地上有碎叶，叶上的每一平方公分仍绿。绿世界的残存者已不复存，它果然绿着生、绿着死。缓缓的，路面上染着旭辉；缓缓的，清道妇一路挥帚出现。她们戴着斗笠，包着手臂，是树的亲戚。扫到树根，她们围年轮站定，看着那一圈又一圈的风雨图，估计根有多大，能分裂多少斤木柴。一个她说：昨天早晨，她扫过这条街，树仍在，住在树干里的蚂蚁大搬家，由树根到马路对面流成一条细细的黑河。她用作证的语气说，她从没见过那么多蚂蚁，那一定是一个蚂蚁国。她甚至说，有几个蚂蚁像苍蝇一般大。她一面说，一面用扫帚画出大移民的路线，汽车轮胎几次将队伍切成数段，但秩序毫不紊乱。对着几个睁大眼睛了的同伴，她表现了乡村女子特殊的丰富见闻。老树是通灵的，它预知被伐，将自己的灾祸告诉体内的寄居者。于是小而坚韧的民族决定远征，一如当初它们远征而来。每一个黑斗士离巢时先在树干上绕行一匝，表示了依依不舍。这是那个乡下来的清道妇说的。这就是落幕了，她们来参加了树的葬礼。

两星期后，根被挖走了。为了割下这颗生满虬须的大头颅，刽子手贴近它做成陷阱，切段所有的静脉动脉。时间仍是在夜间，这一夜无星无月，黑得像一块仙草冰，他们带着利斧和美制的十字镐来，带工作灯来，人造的强光把举镐挥斧的影子投射在路面上，在公寓二楼的窗帘上，跳跃奔腾如巨无霸。汗水赶过了预算数，有人怀疑已死为朽之木还能顽抗。在陷阱未填平之前，车辆改道，几个以违规为乐的摩托车骑士跌进去，抬进医院。不过这一切都过去了，现在，日月光华，周道如砥，已无人知道有过这么一棵树，更没人知道几千条断根压在一层石子一层沥青又一层柏油下闷死。

(王鼎钧. 情人眼. 上海：生活・读书・新知三联书店，2016)

播读提示

《那树》是我国台湾著名散文家王鼎钧的名作。文章通过描写一棵大树长年造福于人类又最终被人类伐倒的故事，表达了作者对大树命运的痛惜，以及对都市文明发展的利弊、人与自然关系的深层思考和深重感慨。文章采用托物寓意的手法，以描写和叙述为主，少有议论，全用形象打动人心。那树用自己的生命绿了一方土地，其"绿着生，绿着死"的形象尤给人以强烈震撼。王鼎均先生的创作以文字朴素、立意深刻见长，这篇看似"拟人化"表现树，真正表现的确是"拟树化"的人。播读时可用心品悟简洁生动的语言及文字背后的思想内涵。

拓展与延伸

王鼎钧的散文名篇《那树》写一棵老树，新加坡郭宝昆的话剧《傻姑娘和怪老树》也写一棵老树，并且二者都把重点放在描写老树被砍伐的最后一段生命历程上，通常都被解读为人类文明发展对自然环境的破坏，老树成为与人类相对立的自然的代表或象征。然而细读文本，会发现除都市文明与生态环境矛盾的主题之外，两个作品之所以成为名家名作，更在于老树深刻的生命寓意。试把王鼎钧先生的《那树》和新加坡郭宝昆先生的《傻姑娘和怪老树》对比赏析，探究浪漫艺术与客观艺术的微妙差异。

(参考论文：梁燕丽. 客观艺术与浪漫艺术——王鼎钧《那树》和郭宝昆《傻姑娘和怪老树》之比较. 华文文学，2014 年第 2 期)

窗

泰格特

《窗》

在一家医院的病房里，曾住过两位病人，他们的病情都很严重。这间病房十分窄小，仅能容下两张病床。病房设有一扇门和一个窗户，门通向走廊，透过窗户可以看到外面的世界。其中一位病人经允许，可以分别在每天上午和下午起身坐上一个小时。这位病人的病床靠近窗口。而另一位病人则不得不日夜躺在床上。当然，两位病人都需要静养治疗。使他们感到痛苦的是，两人的病情不允许他们做任何事情借以消遣，既不能读书阅报，也不能听收音机、看电视……只有静静地躺着。而且只有他们两个人。噢，两人经常谈天，一谈就是几个小时。他们谈起各自的家庭妻小，各自的工作，各自在战争中做过什么，曾在哪些地方度假，等等。

每天上午和下午，时间一到，靠近窗的病人就被扶起身来，开始一小时的仰坐。每当这时，他就开始为同伴描述起他所见到的窗外的一切。渐渐地，每天的这两个小时，几乎就成了他和同伴生活中的全部内容了。

很显然，这个窗户俯瞰着一座公园，公园里面有一泓湖水，湖面上照例漫游着一群群野鸭、天鹅。公园里的孩子们有的在扔面包喂这些水禽，有的在摆弄游艇模型。一对对年轻的情侣手挽着手在树阴下散步。公园里鲜花盛开，主要有玫瑰花，但四周还有五彩斑斓、争妍斗艳的牡丹花和金盏草。在公园那端的一角，有一块网球场，有时那儿进行的比赛确实精彩，不时也有几场板球赛，虽然球艺够不上正式决赛的水平，但有的看总比没有强。那边还有一块用于玩滚木球的草坪。公园的尽头是一排商店，在这些商店的后边闹市区隐约可见。

躺着的病人津津有味地听这一切。这个时刻的每一分钟对他来说都是一种享受。描述仍在继续：一个孩童怎样差一点跌入湖中，身着夏装的姑娘是多么美丽、动人。接着又是一场扣人心弦的网球赛。他听着这栩栩如生的描述，仿佛亲眼看到了窗外所发生的一切。

一天下午，当他听到靠窗的病人说到一名板球队员正慢悠悠地把球击得四处皆是时，不靠窗的病人突然产生了一个想法：为什么偏是他有幸能观赏到窗外的一切？为什么自己不应得到这种机会的？他为自己会有这种想法而感到惭愧，竭力不再这么想。可是，他愈加克制，这种想法却变得愈加强烈，直至几天以后，这个想法已经进一步变为紧挨着窗口的为什么不该是我呢？

他白昼无时不为这一想法所困扰，晚上，又彻夜难眠。结果，病情一天天加重了，医生们对其病因不得而知。

一天晚上，他照例睁着双眼盯着天花板。这时，他的同伴突然醒来，开始大声咳嗽，呼吸急促，时断时续，液体已经充塞了他的肺腔，他两手摸索着，在找电铃的按钮，只要电铃一响，值班的护士就立即赶来。

但是，另一位病人却纹丝不动地看着。心想，他凭什么要占据窗口那张床位呢？

痛苦的咳嗽声打破了黑夜的沉静。一声又一声……卡住了……停止了……直至最后呼吸声也停止了。

另一位病人仍然继续盯着天花板。

第二天早晨，医护人员送来了漱洗水，发现那个病人早已咽气了，他们静悄悄地将尸体抬了出去，丝毫没有大惊小怪。

稍过几天，似乎这时开口已经正当得体。剩下的这位病人就立刻提出是否能让他挪到窗口的那张床上去。医护人员把他抬了过去，将他舒舒服服地安顿在那张病床上。接着他们离开了病房，剩下他一个静静地躺在那儿。

医生刚一离开，这位病人就十分痛苦地挣扎着，用一只胳膊支起了身子，口中气喘吁吁。他探头朝窗口望去。

他看到的只是光秃秃的一堵墙。

(外国小说选刊.1987年第7期)

播读提示

澳大利亚作家泰格特的这篇微型小说，虽然只有1200余字，但内涵十分丰富。初读此文，觉得像一泓清泉；再读之，则如橄榄在口，愈嚼愈有滋味。之所以产生出如此艺术效果，不仅仅是因为采用了"欧·亨利式笔法"，即"意料之外，情理之中"，也因为它蕴含了丰富的辩证艺术。

《窗》描述了发生在两位病人之间的故事，在虚无与存在、利己与利人、生存与死亡等矛盾冲突中，展示"描述者"和"聆听者"不同的性格特征，批判了狭隘自私的阴暗心理。小说没有人物对白，完全是叙述的口吻，但"描述者"呈现的窗外虚无的景象是他积极乐观的内心世界的写照，播读时要舒缓、柔和、自然，富有生活气息。"聆听者"的内心语言可采用独白的方式，表现出由共同参与话题、充分享受下午难得的两个小时，到由于心理阴暗、自私偏狭而由妒生恨、由恨而见死不救，再到彻底绝望的心路历程。播读时语气低沉生硬，声音喑哑冰冷，旁白要带有鲜明的爱憎。

小说文题为"窗"，线索为"窗"，文眼同样是"窗"。播读时还要注意情节的推进和人物情绪的转换："开端"是一间病房，两个病人；"发展"是一人临窗描述窗外美景，一人聆听产生嫉妒心理；"高潮"是一人病重，一人见死不救；"结局"是一人死去，一人占据临窗的床位，但意外地看到窗外"只是光秃秃的一堵墙"。

《野草》题辞

鲁 迅

当我沉默着的时候，我觉得充实；我将开口，同时感到空虚。

过去的生命已经死亡。我对于这死亡有大欢喜，因为我借此知道它曾经存活。死亡的生命已经朽腐。我对于这朽腐有大欢喜，因为我借此知道它还非空虚。

生命的泥委弃在地面上，不生乔木，只生野草，这是我的罪过。

野草，根本不深，花叶不美，然而吸取露，吸取水，吸取陈死人的血和肉，各各夺取它的生存。

当生存时，还是将遭践踏，将遭删刈，直至于死亡而朽腐。

但我坦然，欣然。我将大笑，我将歌唱。

我自爱我的野草，但我憎恶这以野草作装饰的地面。

地火在地下运行，奔突；熔岩一旦喷出，将烧尽一切野草，以及乔木，于是并且无可朽腐。

但我坦然，欣然。我将大笑，我将歌唱。

天地有如此静穆，我不能大笑而且歌唱。天地即不如此静穆，我或者也将不能。我以这一丛野草，在明与暗，生与死，过去与未来之际，献于友与仇，人与兽，爱者与不爱者之前作证。

为我自己，为友与仇，人与兽，爱者与不爱者，我希望这野草的朽腐，火速到来。要不然，我先就未曾生存，这实在比死亡与朽腐更其不幸。

去罢，野草，连着我的题辞！

一九二七年四月二十六日

鲁迅记于广州之白云楼上

(鲁迅. 野草(插图本). 北京：人民文学出版社，2015)

播读提示

《野草》是鲁迅的一部"写心"之作，是心灵的炼狱中熔铸的鲁迅诗，它以其绝望的心绪、虚无的思想、超越的文体意识、意象的大量使用体现了鲁迅先生思想上的深邃隽永；以俯拾皆是的悖论式语言增强了文本语言的矛盾张力和语词本身的穿透力。正如《野草·题辞》中所昭示的，这种空虚与充实、沉默与开口、朽腐与生存、死与生、暗与明、过去与未来、爱与憎、友与仇、欢喜与痛苦、吸取与删刈、静穆与大笑等悖论贯穿于《野草》23 篇的始终，真实而深入地揭示了鲁迅独特的生活体验以及由此而升华出来的生命哲学。

《野草·题辞》是鲁迅为散文诗集《野草》写的前言，是作者"诗的总结和心的誓言"。初版时，《野草·题辞》被置于卷首，并在一至六版时都收入了，但在第七版时却被国民党书报检查机关撤了下来，这从一个侧面说明了本文在当时所具有的威力。播出时注意分析和把握句中的反语性内在语，并用恰当的语气加以表达。

复习与思考

1. 什么是内在语？
2. 内在语的两大功能是什么？
3. 内在语按其性质和作用的不同，大体上可分为哪几种类型？
4. 运用内在语技巧应注意什么问题？
5. 为什么要在人物语言上重点挖掘内在语？

第四章

心中有人，由己达人——
对象感

 导　读

有的播者语言表达呆板，缺少变化；有的语速过快，好似自言自语；有的在镜头前不敢抬头，眼神儿散、漂浮不定；有的看着前方提词器时找不到行，接不下去；还有的甚至出现视线过高造成翻白眼儿，视线过低成蔑视状等，使观众难以接受。这些问题的症结就在于播音缺乏对象感，播者不知话该对谁说，内心没着落。没有交流的对象，就激不起强烈的播音愿望，受众也觉得没有收听收看的必要，直接影响传播效果。要使视听言语传播达到吸引人、感染人、说服人的目的，就要重视语言表达的另一个重要方法——对象感。

第一节　为什么要有对象感

言语传播要有对象，言语传播者更要有对象感。正如斯坦尼斯拉夫斯基所言："没有对象，这些话就不可能说得使自己和听的人都

相信有说出的实际必要。"虽然这话是关于戏剧演员与观众之间关系的表述，但对播者与受众之间的关系而言同样适用。

一、对象感的内涵

播音的过程，实质上是言语的过程。现代心理学认为，一切言语都是人运用语言材料和语言规则所进行的交际活动。言语是适应着人们彼此间交流思想感情的需要而产生的，也是在人们思想感情的交流状态中实现和表现出来的。言语传播和交流的真正基础是人类思想感情的传播和交流。一切言语都具有交流的职能，都是人类交流思想感情的一种手段。

所谓交流，当然是指言语者和言语对象之间的交流。这是交流的两极，是两个相互依存、相互制约、相互刺激、相互影响的因素，是一切言语活动产生的两个先决条件。

言语者是蕴含在言语信息外壳之内的某种特定的思想感情信息的负载者、储存库和发射器，即"发出源"。言语对象作为接收者和承受者，即"吸收体"，对于言语者发出言语信息(含思想感情信息)起着诱发刺激物的作用。因为言语者发出的所有信息，就其本来形态说，都针对着一定的言语对象。正是这种针对一定言语对象而要表达某种思想感情的心理状态，诱发刺激了言语者的言语愿望和言语活动。同时，言语对象还可以发挥检验调节器的作用。当言语者发现自己发出的信息造成了言语对象肯定、否定或者不置可否的某种反应之后，必然要影响自己的言语愿望或者增强，或者减弱，或者终止，也必然要调节和修正自己的言语活动，以便适应言语对象那变化的心理状态，以求实现自己的言语目的。其中，言语者产生的那种同言语对象进行思想感情交流的心理状态，即言语的对象感。言语对象的作用通过对象感来实现，就是通过对象感在言语者身上表现为言语愿望和言语行动。言语对象感是言语活动的要素之一。

　　播音是一种特殊形式的言语活动。它具备了一般言语活动的基本性质，也就必然具备言语对象感这一基本特征。不过，言语对象感在播音领域中表现为播音对象感。播音对象感是一种特殊形式的言语对象感。

　　舞台朗诵或对话播音时，言语对象处在播者面前，播者可以直接感知言语对象，因此可以同他们直接或间接交流思想感情；而其他大多数播音，如演播广播剧、主持广播节目或面对摄像机镜头播报新闻资讯等，言语对象并不处在播者面前，播者无法直接感知他们，也无法对话，只能在自己的内心同想象出来的"他们"交流思想感情，或者借助于情绪记忆的方式重现过去自己同言语对象交流思想感情的心理状态。这三种交流状态支配下可以产生播音形式——这时的对象感凭借表象、想象或情绪记忆的方式出现。

　　综上所述，所谓播音的对象感，是指播者借助感知、表象、想象或情绪记忆的形式而产生的一种同言语对象进行思想感情交流的心理状态。

二、对象感的作用

　　视听言语传播是一种由己达人的创作活动。有"对象感"的播者，通常自主意识较强，他知道观众要什么、自己能够提供什么，因此在播音、主持中善于与观众沟通，能够游刃有余地把握自己的情绪，比较好地体现节目的宗旨和意图，做到"有效传达"。而没有"对象感"或话筒、镜头意识较差的播者，往往只顾自己，顾不上跟观众交流。有的语言表达平淡呆板，没有起伏；有的语速过快似自言自语，或速度慢得给人造成懈怠、拖沓的感觉。久而久之，便会逐渐失去部分听(观)众对节目的信任度和忠诚度。由此可见，对象感对于激发播讲愿望具有重要的作用，因为播者传播的内容正是听(观)众所关心的，一想到有目标听(观)众在听、在看，就会产生"一吐为快"的热情。俗话说"讲话要看对象"，一方想听，另一方才会讲得津津有味。英国广播公司教员罗伯特·韦克利什说："融洽的关系是靠着为观众设想建立的，寻求这种无形间的沟通是'无线电波的延伸'。"所以，播者要在"目中无人"的工作环境(录音间、演播室)中努力做到"心中有人""由己达人"。

第二节　获得对象感的途径

对象感是播音"言之有物"的依据、"言之有情"的升华，那么在实际工作中，如何获得、把握对象感呢？主要途径有两个：一方面要分析研究客体——受众；另一方面要调节主体——自我感觉。

一、对受众的分析研究

对接受对象进行分析研究，可从质的方面和量的方面进行。从质的方面设想在什么环境、气氛中，什么对象在收听、收视，包括他们的愿望、要求、情趣、心情。这是主要的。从量的方面设想对象的年龄、性别、职业、人数等。具体设想可这样进行。

(一) 根据节目板块设想对象

电台、电视台在设置节目的时候，就为听众设计了具体的栏目、板块，比如"红绿灯""青苹果乐园""老爸老妈"等栏目，还有知识性节目、综艺性节目、体育类节目、省市新闻、国内新闻、国际新闻等。有了具体的栏目、板块，有了具体的收听群，就有了不同的播讲目的。既有收听对象的共同点，又有收听对象的个性特征。播出时的感受就会具体，态度就会鲜明，目的就会明确。

(二) 依据具体内容设想对象

想象中的对象感越具体、明确，越能在播音中把握全局、有的放矢。依据具体内容来设想对象，即设想所播讲的稿件内容对什么人最适用、最能解决问题，由此来激发播者的内心运动。如新闻节目涉及面很广，有政治、经济、科技、工业、农业、文化、卫生、教育、社会新闻等方方面面。具体内容不同，设想的具体对象的特点就有所变化，进而造成内心反馈的差别，使播音的重点更突出，感情更准确，语言更丰富。

二、自我感觉的调节

(一) 时时处处感受到受众

对象感是一种"感"，是一种心理状态，只要获得了那种交流的心理状态，就把握住了对象感的实质。播者就主体自我感觉而言，要想时时处处感觉到受众的存在和反应，就得展开想象。播者与受众之间思想感情的给予和接受是在想象中进行的。受众对传播内容的反应：哪些地方明白了？哪些地方不大明白？哪儿会很有兴趣地听？受众听到什么地方会流露出喜悦？怎样与播者的思绪同起伏……只有当播者真的从自我感觉上时时处处感觉到受方——受众的存在和反应，才能与之产生语气、情绪、情感上的呼应，使播音起承转合很丰富、很活跃、有根有据，进而真正"交流"起来。

(二) 所设想的对象应稳定统一

同一篇稿子不同的人播，可以设想不同的对象；而一旦设计了具体对象后，播出时这个对象应该是稳定、统一的。不能在同一篇稿子中，一会儿觉得要对这类人说，一会儿觉得应对那类人说。因为设想了具体对象后，必然要产生与之相符合的感情态度，产生了相应的语气。面对不同的对象，感情运动状态也会有所不同，如果具体对象不稳定，必然造成感情运动的不连贯，影响与听(观)众的交流。

(三) 与设想对象的关系是平等的

说服理论通过实验证明，如果接受者认为信息来自一个与他自己相似的人，就很可能被说服。为了达到传播的有效性，为了使受众对播者产生"认同"和"自己人"的亲近感，播者与所设想的对象之间的关系应该是平等的。播者不是明星、偶像，也不是什么"大众情人"，更不是居高临下的教育者，播者和受众的关系是朋友式的，或挚友，或诤友或良友。有了这种关系，才能形成感情的交流；而居高临下、端起架子命令的语气，费力不讨好；为了亲切，用过分亲昵、发嗲的播音去讨好受众的做法也不可取。

(四) 对象感时隐时现，不一定极为清晰

对稿件内容驾驭得不好，就会顾此失彼，顾了内容，忘了听众。在播音创作时，应牢牢把握住听(观)众的存在，心理上总保持着对他们说的感觉。不管在与受众有直接呼应的词句上，还是在与受众直接交流不那么显露的地方，都应感觉到具体对象的存在、反应以及在内心产生的刺激，这种刺激可时隐时现，时强时弱，但不能时有时无。

(五) 镜头前自我感觉的调节

非语言上的缺乏对象感就是电视播音的"交流"，它有一定的特殊性，即受方——观众可以看到播者(传者)，而播者却看不到观众。要弥补这方面的不足，播者必须面对镜头寻找感觉，并意识到观众的存在和反应。一般来说，在稿件开头问候、稿件结尾再见与观众直接对话时，都应抬头，这是尊重观众、礼貌待人的表现。镜头前

播者的眼神不能虚，若视而不见，观众则跑神儿，也不能眼睛无固定位置地东看西看，否则眼神飘，欠稳重，抬头看的方位要稳、准、固定，只有"心中有人"，眼中才会有神。

下面，我们通过对广播稿《我们祖国的语言》[1]的备稿分析，进一步理解和体会对象感的内涵、作用及运用技巧。

小朋友，我现在说话，用的是什么语言？对了，是汉语，是汉民族的语言。汉语的历史很长，在三千多年以前，咱们中国就有了汉字。汉语产生在汉字以前。汉语让广大人民使用了这么多年，真是经过了千锤百炼。这也使她成了更丰富、更优美的语言。

汉语从来就是世界上最重要的一种语言。新中国成立以后，我们国家在国际上的地位一天天提高了，汉语在世界上的地位也更高了。在国际上，有很多人都在学习汉语。国际上开大会的时候，汉语是被规定做大会运用的五种语言当中的一种的。

我们的汉语是十分丰富、十分优美的。就拿声音来说吧。苏联诗人吉洪诺夫说："只有用音乐才能传达汉语的声音。"意思是说，汉语的声音好像音乐那样好听。这话很对，比如拿 ba 的音来说吧，可以念成"八、拔、把、爸"四个音，声音高低不同。这叫四声。有了四声，读起来就好听了。像"今天的红领巾，明天的红旗手"——多好的一句话，要是没有四声，念成"今—天—的—红—领—巾，明—天—的—红—旗—手"(全念平声)，小朋友，你们说，这样好听吗？对了，不光是不好听，还觉得挺别扭。

你们再听听这两句："英雄好汉""钻研苦干""山河美丽""资源满地"。多好听啊！你们爱读诗歌吧！诗歌常常是押韵的，念起来又顺口又好记，比如《杨靖宇将军的故事》那篇课文里，提到当时游击队员爱唱的一支歌，那歌里有这样的词："……没有吃，

---

[1] 1960 年少儿节目广播稿，转引自：付程. 实用播音教程第 2 册. 北京：中国传媒大学出版社，2006.

没有穿，自有敌人送上前！没有枪，没有炮，敌人给我们造……"

　　小朋友，你们读过《送牛入社》这篇课文吗？那里面有一段关于大黄牛的描写。书里说："在董村西街里，只要提起长波喂的那头大黄牛，人们都会翘起大拇指称赞说'那真是百里挑一的好牛！'这牛个儿大，膘肥，一迈步，大腿裆子里的厚肉膘子就哆里哆嗦的，四条腿像木头柱子一样；淡黄色的毛油光光地发亮；一对黑眼睛滴溜溜圆；两只不很长的犄角，微微向里弯着，虎头虎脑的，实在招人爱。"这段话总共不过一百二十多个字，可是对这条大黄牛描写得多具体、多生动啊！说到大家称赞大黄牛，就说大家翘起大拇指称赞"是百里挑一的好牛"。在一百个当中只能挑出一个，那已经是了不起了，这头牛呢，连一百个里边也挑不出一个来。这么一说，就显得这牛确实好。再说得具体点儿，怎么好法呢？"个儿大，膘肥……四条腿像木头柱子一样。"小朋友，你们听，腿像柱子一样，那站在地上是稳稳的啦：这牛一定是又高又大，又粗壮。在这段描写里又说，这牛长得"虎头虎脑的，实在招人爱"。可不是吗，牛长得像老虎那么壮，干活一定很棒，这怎么能不招人喜欢呐？

　　汉语里的词多极了，丰富得很。差别很小的意思，也可以用不同的词表示出来。你们好好推敲一下，挺有意思。比如用眼睛看，汉语里就能用不同的词来表示不同的看法。比如《二虎子》那篇课文写二虎子怎样在日本鬼子面前，用计策救出了区干部老王，里面写二虎子在日本鬼子面前，"瞪着一对黑溜溜的小眼睛"，"瞪"表现了二虎子对日本鬼子的恨；鬼子呢，他一边说话，一边用眼光"往男的一边溜，想看出谁是干部来"，"溜"是斜着眼睛看，写出了鬼子贼头贼眼的样子；后来一个小孩认走了他的爹妈，鬼子又"把他们打量了一番"，"打量"就是上上下下地看，就像要看出什么问题似的。"瞪眼睛""用眼光溜""打量"，都是看，可是看法不同，所以用的字眼儿也不一样。用在这三个地方，就很恰当地表示了不同的意思。

　　小朋友们，我们祖国的语言，是多么优美、丰富啊！小朋友，你在作文的时候，能最生动、最细致、最恰当地运用祖国语言表达任何的意思吗？

　　小朋友，要想掌握和运用我们祖国优美、丰富的语言，就要学好语文，学懂，学透，一点也不能含糊。

　　这篇稿件的交流对象应该是以小学四、五年级的学生为主，设想播给他们听，并尽量达到依据稿件又似乎没有稿件的面对面的表达效果。

　　第一，按备稿六步认真分析稿件，理清主次关系，并牢牢记住每一段的任务、具体语言环境下具体的语句目的。全文层次划分如下：

　　一层：(①～②自然段)汉语的历史地位。

　　二层：(③～④自然段)汉语的音乐美。

　　三层：(⑤～⑥自然段)词语丰富的词汇美。

　　四层：(⑦～⑧自然段)从小学好语文。

　　第二，注意设想听话人的反应，使"对象感"习惯成自然。如第一句"小朋友，我现在说话，用的是什么语言？"，后面应设想有小朋友的回答"汉语"，再接着说"对了，是汉语，是汉民族的语言"。

　　第三，不同词汇，要有感情色彩的变化。如二虎子的"瞪"与鬼子的"溜"，一褒一贬，不能全一样美滋滋的，要有变化。

　　此外，关于大黄牛的一段描写，语言形象，为有声语言提供了发挥的余地。

　　表达时应热心地、诚挚地，总体基调明快、亲切、自然，努力寻找向人说话的感觉，在播音中把话说到人们的耳朵里，说到人们的心里。

第三节　单元实训及提示

绿茶为什么旧不如新？

一　然

转眼已经到了暮春时节，虽然今年的春天凉了点。但是这丝毫不妨碍茶商们的热情，各种"明前""雨前"的春茶已经蜂拥上市。有报道说，"只占茶叶总产量20%的顶级春茶，却占有80%的茶叶市场份额"，泡一壶心仪的春茶，是众多茶客们梦寐以求的事情。这口春茶为何有如此滋味呢？

决定茶叶品质的主要是影响色泽的叶绿素，以及影响口感的茶多酚、氨基酸和一些脂类物质。由于春天的太阳光还不甚强烈，所以新长出的茶树叶芽得"雇佣"更多的叶绿素，来吸收阳光。而作为发育枝条尖端的部位，建设细胞所需的氨基酸和酯类物质都会云集于此，由于温度的影响，这里的细胞建设工作会比较缓慢，因而大量的提供鲜味口感的氨基酸都被积累了下来。当然代谢不紧不慢地进行，也让茶多酚(产生茶叶特殊的苦味)这些次生代谢产物累积在一个适合的水平上，获得平衡的口感。

随着夏日来临，气温升高。茶树生长进入了旺盛时期，临时仓库里的氨基酸储备自然不多，代谢旺盛的叶片中聚集了过多的茶多酚，使得苦味过重。并且在夏天的强烈阳光下，用不着太多的叶绿素，并且为了防止强光破坏叶绿素，茶树还得生产出作为保护剂的花青素，而后者的苦味不会讨舌头喜欢，这样一来，茶叶的色、味都大打折扣。

有研究人员尝试过，为夏日的茶树遮阴蔽日，模拟出春天的生长环境，据说也能大大改善茶叶的口感。

对绿茶来说，越新鲜滋味越好。因为前面提到的那些能影响色泽味道的物质都愿意跟氧气打交道，从而变身为灰暗、怪味的家伙。有实验表明，在常温光照储存条件下，叶绿素会被很快分解，让绿茶变成黄茶杆；氨基酸会被降解，让茶叶鲜味尽失；本来与味道相安无事的脂肪也会降解成小份的、散发怪味的醇、醛、酸，让茶叶的滋味大打折扣。所以，把新采下的绿茶请进低温、避光且隔绝氧气的小环境中，能让它们鲜活的口感保持的时间更长些。

当然，并非所有的茶叶对这番悉心呵护都领情，普洱茶便是如此。倘若你仅仅尝过初制成的普洱，恐怕会对这种茶失望透顶。普洱的精妙之处，就在于其陈年之美。附着在上面的根霉菌会分解淀粉，让茶汤展现出美妙的甜味；酵母菌产生的蛋白质和氨基酸让茶味更为醇厚；而曲霉则会让茶汤染上靓丽的红色。经过这些微生物打扮，普洱茶的美丽才会显现出来。

可以说新鲜热辣的绿茶就像一道爆炒，趁热即食当是最佳；而普洱则更像是一盅老火汤，如想品其真味，需要有点耐心了。

(新京报. 2010-05-04)

播读提示

这篇知识性的小品文结构很清晰，作者在第一自然段谈绿茶的经济效益；第二、三、四自然段讲春茶和夏茶的不同；第五自然段是说如何保存绿茶；第六、七自然段叙述普洱茶的特征以及与绿茶精妙的比较，深入浅出地解释了受众感兴趣又迫切想知道的内容。收听对象可设想为中年人群。播读稿件的基调是从容地娓娓道来，并注意与受众的呼应与交流。

生活中的小窍门

(一) 用大料水拌肉馅

不论包饺子还是蒸包子，在包馅中加点大料水，不仅可去腥味，而且使肉馅鲜嫩。以 500 克肉馅为例，配有 10 克大料，用 100 克开水浸泡 20 分钟，再把大料水拌入肉馅中即成。

(二) 莴笋叶的吃法

莴笋叶汆丸子：莴笋叶洗净切碎，在开水锅中焯一下捞出；瘦肉末放少许精盐和淀粉搅匀；炒锅倒入适量食油，油热后放入葱花及酱油爆锅，再倒入焯过的莴笋叶翻炒几下，放入清水；水沸后将瘦肉末做成的丸子汆入汤中；丸子熟后即可盛出。

凉拌莴笋叶：莴笋叶洗净切碎，用细盐少许拌匀腌1～2小时，挤出盐水，放入适量糖、醋、酱油和香油，拌匀即可装盘。

(三) 怎样洗草莓及巧吃草莓

先用清水冲洗草莓，然后放盐水里浸泡5分钟，再用清水冲去咸味即可食用，这样洗既可杀菌，又可保鲜。将洗净的草莓切成两半，加糖，拌匀，放冰箱里，3小时后取出再吃，其味道酸甜、凉爽、可口。

(付程. 实用播音教程第2册. 北京：中国传媒大学出版社，2006)

((•)) 播读提示

此素材可选择作为由一人或由二人合作主持播出的节目。要求自编串联词，交流要自然、生动、活泼、配合默契，语言通俗、娴熟，在亲切、轻松的基调上进行。如在镜头前播出，则还要做到"目中有人，心中有情"，表情自然得体。

对话形式：通过与对手的交流来达到与受众的交流，有些交流则是既有与对手的交流，又有与受众的交流。要使两人真交流起来，面对面，更容易获得对象感，但还要注意随时与听众相呼应。

《养成好习惯》

养成好习惯

梁实秋

人的天性大致是差不多的，但是在习惯方面却各有不同，习惯是慢慢养成的，在幼小的时候最容易养成，一旦养

易养成，一旦养成之后，要想改变过来却还不很容易。

　　例如说：清晨早起是一个好习惯，这也要从小时候养成，很多人从小就贪睡懒觉，一遇假日便要睡到日上三竿还高卧不起，平时也是不肯早起，往往蓬首垢面地就往学校跑，结果还是迟到，这样的人长大了之后也常是不知振作，多半不能有什么成就。祖逖闻鸡起舞，那才是志士奋励的榜样。

　　我们中国人最重礼，因为礼是行为的规范。礼要从家庭里做起。姑举一例：为子弟者"出必告，反必面"，这一点点对长辈的起码的礼，我们是否已经每日做到了呢？我看见有些个孩子们早晨起来对父母视若无睹，晚上回到家来如入无人之境，遇到长辈常常横眉冷目，不屑搭讪。这样的跋扈乖戾之气如果不早早地纠正过来，将来长大到社会服务，必将处处引起摩擦不受欢迎。我们不仅对长辈要恭敬有礼，对任何人都应维持相当的礼貌。

　　大声讲话，扰及他人的宁静，是一种不好的习惯。我们试自检讨一番，在别人读书工作的时候是否有过喧哗的行为？我们要随时随地为别人着想，维持公共的秩序，顾虑他人的利益，不可放纵自己，在公共场所人多的地方，要知道依次排队，不可争先恐后地去乱挤。

　　时间即是生命。我们的生命是一分一秒地在消耗着，我们平常不大觉得，细想起来实在值得警惕。我们每天有许多的零碎时间于不知不觉中浪费掉了。我们若能养成一种利用闲暇的习惯，一遇空闲，无论其为多么短暂，都利用之做一点有益身心之事，则积少成多终必有成。常听人讲过"消遣"二字，最是要不得，好像是时间太多无法打发的样子，其实人生短促极了，哪里会有多余的时间待人"消遣"？陆放翁有句云："待饭未来还读书。"我知道有人就经常利用这"待饭未来"的时间读了不少的大书。古人所谓"三上之功"，枕上、马上、厕上，虽不足为训，其用意是在劝人不要浪费光阴。

吃苦耐劳是我们这个民族的标帜。古圣先贤总是教训我们要能过得俭朴的生活，所谓"一箪食，一瓢饮"，就是形容生活状态之极端的刻苦，所谓"嚼得菜根"，就是表示一个有志的人之能耐得清寒。恶衣恶食，不足为耻，丰衣足食，不足为荣，这在个人之修养上是应有的认识。罗马帝国盛时的一位皇帝，Marcus Aurelius，他从小就摒绝一切享受，从来不参观那当时风靡全国的赛车比武之类的娱乐，终其身成为一位严肃的苦修派的哲学家，而且也建立了不朽的事功。这是很值得钦佩的，我们中国是一个穷的国家，所以我们更应该体念艰难，弃绝一切奢侈，尤其是从外国来的奢侈。宜从小就养成俭朴的习惯，更要知道物力维艰，竹头木屑，皆宜爱惜。

以上数端不过是偶然拈来，好的习惯千头万绪，"勿以善小而不为"。习惯养成之后，便毫无勉强，临事心平气和，顺理成章。充满良好习惯的生活，才是合于"自然"的生活。

(梁实秋散文集第6卷. 长春：时代文艺出版社，2015)

((·))

🎙 **播读提示**

梁实秋早已被尊为散文界的一代宗师。其散文超越时空的巨大魅力和恒久价值体现于诸多方面，"雅幽默"是其中灵魂性的魅力。美国美学家帕克曾说小品文的"价值在于它所包含的生活智慧"，而所谓幽默实质上是一种高智力者的思维方式和习惯，一种敏锐深刻洞察事物本质与规律的高超才能。梁实秋散文小品很注重生活智慧与生命真谛的理性开垦，如这篇《养成好习惯》，取材于平凡琐屑的日常生活，却能发常人所未发，察常人所未见，从庸常琐碎的感性生活中发现生存的真谛、个体生命存在的意义与乐趣，然后以一种智者的风度娓娓道来，给人以生活的智慧和人生的启迪。

以开放的心态包容文明的差异

陈昕瑜

遛个弯儿，先说两件事：一、一座城市的副市长对媒体放出豪言，要"5 至 10 年内赶超香港"，并说这座城市"已可比肩柏林、罗马"；二、国内一家大报转载外媒评论《中国借世博展现软实力》。

两事都不算新闻，类似的表态和评述已然耳熟能详。我之所以拿来说事儿，是因为前者说的是我居住的城市；后者则代表了一些人对上海世博会的看法。其实，不管是国内城市的发展路径，还是世博会展现出的多姿多彩的城市文化，都包含这样的主旨：文明的融合需要包容差异的开放心态。

文明融合呈现出由被动向主动转化的形态。被动融合伴随着刀与剑、血与火，如罗马、蒙古、大英等帝国，其文明传播意味着漫长的征服和无情的奴役。尤其是罗马帝国，谚云"条条大道通罗马"，实则"条条大道皆罗马"。极盛时期的罗马帝国，从北海到红海，从直布罗陀海峡到黑海皆为其行省，广阔的地中海只能算是一个内湖。但血与火的文明传播最终还是遭遇到别的文明血与火的颠覆——这是命运。

我曾游览过埃及，除首都开罗外，印象最深的是亚历山大，电影《城市广场》的情节就发生在这个城市。这部由《深海长眠》导演亚历桑德罗·阿曼巴执导的充满野心和激情的史诗般的巨制，讲述的是埃及杰出的女数学家、占星家、哲学家"亚历山大城的海巴夏"的不幸命运。海巴夏致力于古代文明智慧的收集整理，却被当时逐渐兴起的基督教视为异教徒、眼中钉，最终被基督教暴民迫害致死。该故事发生在公元 4 世纪，正是基督教狂热取代多神教时期；即使在基督教主导时期，内部纷争同样血腥。

历史总是充满嘲讽，最终埃及改宗。但现在的亚历山大是一个包容的城市，穆斯林和不同信仰的人群相互包容，彼此尊重，在弥漫战火与纷争的政治区域，这里倒是一块和平净土。按一些人心目中的标准，这个城市也许称不上发达与富裕，但游览车所经之处，见到的最美丽的风景，是普通市民洋溢在脸上的笑容。这笑容写着温和与满足，写着我们热衷谈论却很少拥有、他们陌生甚至闭口不谈却十分充足的"幸福感"三字。能拥有今天的幸福，我相信他们对过去的极端与偏激的文明冲突的历史一定有过深刻的思考与反省。

同样的笑容还写在巴厘岛人的脸上。巴厘岛是遐迩闻名的旅游胜地，仅就自然景观而言，中国的海南岛与其难分伯仲，甚至三亚的人文景观还要高出一筹。但为什么巴厘岛在人气上略占优势？很多人在管理、服务方面找原因，这些当然也是原因，但我的体会是文明的原因。能说管理、服务要素有差距吗？每年博鳌论坛，五洲四海的外宾云集，外宾可是享受到了一流的服务产品。但是，对待国人或者欠发达国家的普通游客又是怎样的态度，不说大家也心知肚明。

一个城市的文明取决于市民对自己、他人、自然的态度。巴厘人是由多种南岛移民于约公元前 2500 年的史前时代混血所组成。大约公元 10 世纪，印度文明经爪哇传入巴厘岛，因此，岛上居民大都信奉印度教，巴厘也是印尼唯一信仰印度教的地方。在其近代历史上，还经过欧洲白人的殖民统治。人种的杂交和文化的融合，已形成新的文明形态。

巴厘岛人的热情好客给我留下深刻印象。一天晚上外出就餐后，我记不清回酒店的路线了，餐馆老板看到我焦急的神情，马上走近说要用车送我，正疑惑时，他用不太标准的英语连忙说"free, free"。送到酒店后我坚持付车费，司机一个劲地摆手，可当我说是给他的小费时，他又欣然接受了。虽然小费不抵车费，只相当于五元人民币，但小费是对他服务态度的评价，车费却是商业行为，两者的微妙差异用心才能体会。

临别，司机还用中国话对我道谢，脸上的笑容像天使般纯洁无邪。在巴厘的行程中，同样的笑容从库塔海滩一直延续到乌布的原始森林。

开放的心态，平和的态度，才能包容文明的差异。也许这个道理每个人都能理解，但在价值取向上往往又自觉或不自觉地形成落差，对像罗马、柏林、伦敦、纽约这样的现代都会取仰视态度，对暂时处于低位的文明即便不是俯视，或多或少总有些漠视。自大和自卑相互纠结，才有"已可比肩柏林、罗马"的豪言壮语，才会欣然接受"展现软实力"的客气恭维。

北京奥运会之后，《中国青年报》曾发表一篇《用民间语文说明中国》的评论，文章认为之所以强调用民间语文讲述中国故事，就是其最能体现原生态的文明形态和特征。软实力是说服能力和说明能力，不能刻意地"展示"，更不可傲慢地炫耀。文明的交流和融合，基于包容与尊重，基于理解与平和，从春风化雨出发，走向润物无声的相互欣赏。

(中国青年报. 2010-05-05)

播读提示

这篇文章既是时评，又非传统时评。文章针对的也不是某人某事，而是一个概论、一个观点或者说一种有关文明的态度。这种文章并不好写，要么枯燥干巴，要么格局不高，但作者结合自己在埃及和印尼巴厘岛的两次旅行经历，举重若轻，娓娓道来。文章既不同意某市副市长仰视发达国家文明的态度，又对上海世博会不经意间展示出的文明炫耀提出了含蓄的批评。最后呼吁要以开放的心态、平和的态度包容文明差异。这篇文章在《中国青年报》发表后，很快就被《作家文摘》等报刊转载，包括新浪、搜狐、网易及人民网、新华网等主要门户网站，在转载时也进行了隆重的推荐。

《我就是我·张国荣》解说词

曾经是偶像时代迷倒万人的歌星，曾经是无数少女的梦中情人，也曾经是(我国)香港最敢放肆忠于自己生活方式的演员，张国荣始终是人们嘴里不老的哥哥。从《霸王别姬》《风月》到曾经在戛纳电影节风光归来的《春光乍泄》，人们无法跳开张国荣去解读香港演艺圈，他以自己的艰难演艺生涯，描述着娱乐圈里一个耐人寻味的神话。现在让我们静下心来仔细回顾银幕上那个多情善感的哥哥——张国荣。

【演播室主持人】看香港电影多多少少是想看明星，其实我们大多数人都是在看明星的过程中长大的，有电影就有明星，他们就像那银河的星星曾闪耀过，从此便不会改变。如果说在眼前闪现着的偶像，是一粒粒感冒药的话，那么张国荣则是其中最能让人入睡的那一粒。俊秀的面孔、郁郁的眼神、洒脱的身影，看他的电影让观众在他的故事里浮浮沉沉。

初出茅庐

【旁白】在众多的青春片当中，最有王家卫气质的应该是谭家明的《烈火青春》，这也是张国荣自认的第一部电影作品，以强烈的影像叙事美学刻画了年轻人的颓废、叛逆、爱情与欲望，在今天看来也不为过时，而张国荣破天荒的与汤镇业的一场接吻镜头，在当时也是非常大胆的。张国荣在影片中所表现的青春烂漫、爱恨纠缠、散漫不羁的角色，在王家卫后来的电影中均依稀可见，而这些身体力行游走在一个渐变时代中的城市青年们，以他们的青春和热情为时代留下了印记。(影片《烈火青春》)

在张国荣早期的电影中，青春片占据了主要位置，起先张国荣并不红，只是在这些商业电影中充当着配角的角色，但还是光彩夺目让人记忆深刻，也让观众发现了张国荣的喜剧才能。其实大多数香港艺人都是从拍摄商业片开始的，但有的人没能驾驭好这个娱乐大船沉了下去，而张国荣却是利用这样的机会历练了自己的演技，最终成为站在风头浪尖的娱乐人物。(影片《圣诞快乐》)

1986 年的影片《英雄本色》是一部融合了西方电影中人物的复杂性格和如画一般的暴力枪战片，这部电影在商业上和评论界都得到了巨大的成功，当年它不仅取得了票房第一的佳绩，而且捧红了张国荣。可以说此片也成为了张国荣演绎生涯的一个转折点，从此他在生活中捕捉感觉，他不用太多的动作，只需一个眼神，角色里复杂的爱恨缠缠都需要观众用心去体会。初入江湖的张国荣，将身为警官的自己面对曾为黑道老大的大哥，那又爱又恨、又敬又痛的复杂心理表现得淋漓尽致，本来看似文弱的张国荣也一度成为香港枪战片的主力。(影片《英雄本色》)

这部香港古装版的《人鬼情未了》成为了张国荣电影事业的一大突破，导演徐克将张国荣形象重新塑造，一部美轮美奂的香港古装戏上演了。风流倜傥、痴情无限，并带着几分穷书生的酸臭，正是这样一个角色使他与王祖贤成为当年最经典的一对银幕情侣。戏中张国荣的古装扮相俊美之极，一时也无人能及。张国荣在片中饰演温文尔雅的呆书生宁采臣一角，闪现了其处理喜和悲两种不同情感的演艺才能。而张国荣在圈中的昵称是"哥哥"，正是与他合演《倩女幽魂》的王祖贤对他的称呼，从那时开始他的歌迷和圈中朋友也这样称呼张国荣了。(影片《倩女幽魂》)

李碧华的一部女性宣言，关锦鹏的一种深藏的情怀，张国荣和梅艳芳的一次惊艳组合，使得在当年很多国际电影节上都能看到这部电影的身影。影片虽然同样以当时香港风行的鬼怪灵异故事为主题，但拍得非常哀怨缠绵、自然流畅，将一段人鬼情叙述得催人泪下。在这部影片里，张国荣把一个痴情但懦弱的富家子弟——十二少刻画得入目传神，角色散发着高贵气质，有种让人敬而远之的华美。而在影片最后张国荣的出场可谓惊倒四座，老泪纵横的十二少，空茫地瞪着找回人间的如花，眼神中透露着难以言说的复杂情感，有后悔、有惊恐、有无奈，张国荣也凭借此片第三次被提名"香港电影金像奖"最佳男主角。(影片《胭脂扣》)

电影一开始就带着浓浓的恐怖味道，接着像是一部悬疑片，当然最后还是走上了港片一贯的路数上——爱情片。本片导演梁普智和摄影师黄永都是玩镜头的能手，因此能把一个逃避式的老套故事拍得颇有气氛，加上两位主角张国荣和钟楚红所具有的明星魅力，将扑朔迷离的恋情加以浪漫化，从而营造出一定的娱乐价值。(影片《杀之恋》)

【演播室主持人】在1989年以前，张国荣即使是电影中的主角也没有太多发挥的余地，戏里有他不多没他不少，只有在唱主题歌的时候才显得比较重要。直到主演《阿飞正传》之后，张国荣懂得了演戏的真谛，用眼神，用身体，更用本色。

魅影永恒

【旁白】张国荣扮演的阿飞即使像一只无脚的小鸟一样，为所欲为，纵情欢乐，但也仍然逃脱不了沉重的命运，去苦苦寻找自己的亲生母亲，在这种强烈的行为动机和精神走向的牵引下，他远赴菲律宾找寻他生命中真正的家园。然而当他经历了一次真正的也是沉重的生命之旅后，小鸟回来了，他的脚终于落在了地上，但他也就从此告别了天空。本片是王家卫的经典代表作，这是张国荣首次出演王家卫的电影，也被圈内人看作张国荣的电影自传，这部略带自传体的电影也为他赢得了"香港电影金像奖"的奖座，而不着地的飞鸟，成了张国荣最有象征意义的一段寓言。(影片《阿飞正传》)

这部吴宇森执导下的电影，透过周润发、张国荣和钟楚红这三位青梅竹马的神偷到巴黎盗取名画的故事，导演肆意挥霍了一下他的浪漫情怀和阳刚暴力美学之外的幽默雅趣，褪去几分往日的杀气，蒙上一层浪漫的气息，这是张国荣和周润发合作的第三部电影，巧合的是，这三部电影都出自吴宇森的手中。从《英雄本色》中的青涩冲动到这里的潇洒成熟，张国荣的演技已经渐渐成熟，温柔的背后更添了一份忧郁，即使面对演技不凡的发哥也不落下风。当然，本片的压轴戏依旧保持了吴氏招牌式的潇洒枪战场面，在港式商业片横扫亚洲市场的黄金时代，本片堪称是一部品质优异的示范作品。(影片《纵横四海》)

这是一部传统的贺岁喜剧片，讲述一家三兄弟的生活故事。在电影里，大哥常满与大嫂的分分合合，三弟常欢的游戏人间，还有张国荣饰演拥有异样情感的二哥，都表现得那么搞笑又带着几分的合理。此时35岁的张国荣也开始游刃有余地展现他的喜剧天分，更为重要的是在这部影片中，他第一次以女性化的角色出现，而这种角色是他后来很重要的一种无人能比的风格。(影片《家有喜事》)

在这部《花田喜事》中，香港影片的搞笑与想象力得到了淋漓尽致的发挥，张国荣饰演的古装魔术师也是大量借用了大卫·科波菲尔的手段来吸引观众的视线。张国荣所表现出的喜剧天赋，不是像周星驰那样全身都是喜剧元素，而是既搞笑又不夸张，内敛而不矜持，一种属于他自己的独特魅力。(影片《花田喜事》)

这部影片中的人物，虽然都是出自金庸先生的小说《射雕英雄传》，却丝毫找不到他们在书中的影子。《东成西就》疯狂地堆砌喜剧元素，并被冠以后现代头衔，票房收入也是令人惊喜。张国荣在电影中所扮演的"东邪"黄药师色大胆小，这大概是张国荣扮演过的最为轻松的一个电影形象，既不沉寂也不忧郁，感情纠葛也是以喜剧的方式来加以处理。(影片《东成西就》)

影片《满汉全席》是将吃作为一门艺术加以赞赏，并展示中国古老的饮食文化的博大精深，不过导演徐克将该片处理得则更像是一部发生在现代社会的时装武侠片，几个厨师大斗厨艺仿佛武林高手过招，操持菜刀铲勺，好似耍弄神功绝技，真真把人看了个眼花缭乱，而张国荣也再次向观众展示了他的喜剧的表演才能。不同影片中不同性格的张国荣，用他的认真和投入来感动了不同的影迷，不管对他个人怎么评价，但对他的表演，人们都给予了极高的肯定。(影片《满汉全席》)

影片中的张国荣虽扮演的是一位复杂的音乐人，但表现得却从从容容，仿佛是信手拈来。在《金枝玉叶》里，反串男生的袁咏仪无疑是发挥机会最多的，但张国荣饰演的那位重音乐更重爱情的唱片监制顾家明，却也别有一番情趣。在影片中，张国荣无可救药地喜欢上了女扮男装的梁咏仪，张国荣在这部影片中展现了他现实生活中的爱情观，只要喜欢就行。(影片《金枝玉叶》)

《新上海滩》是港产黑帮电影中的经典，依然是以旧时代的上海为背景，讲述了一段风起云涌的传奇故事。电影虽翻拍自经典的电视剧，但导演完全抛弃原来的故事架构，颠覆约定俗成的惯性思维，重塑经典，许文强这个角色也在张国荣的饰演下，具有了革命党的新身份，他所代表的是无家漂泊的流浪英雄，而且加入了颓废的末日魅力。影片中张国荣版的许文强有着复杂的个人背景，一直活在自己的精神世界里，但却走进了一个叫江湖的地方，张国荣用冷峻的面孔和深邃的目光，让角色有了一种万钧压身身如磐的感觉，没有一丝同类角色所表现出的那种苦大仇深。(影片《新上海滩》)

早年他在电影里只是一个漂亮的男人，看着女人们哀怨痴嗔，遇到王家卫之后好像使他更懂得了怎么来出演这场感情戏。当张国荣遇见梁朝伟，一场异国情调的激情便倾泻而出。(影片《春光乍泄》)

【演播室主持人】在影坛上，张国荣是以能文能武、温文儒雅的银幕形象深植影迷内心，可是他在感情世界中的放荡不羁、无拘无束却也总会在电影当中透出一种足以令我们震颤的激情。不管是《东邪西毒》或是《夜半歌声》，他那孤独而懒散的眼神总是挑战着观众，似乎在问，你懂吗？

爱的瞬间

【旁白】《东邪西毒》成功开辟了香港新武侠电影，他张扬的个性，把人物塑造得极为到位，巧妙而颇具黑色幽默的情节，将传统意义的武侠电影进行了一次颠覆。在王家卫的这部看似沉闷实含沉思的电影里，包含了太多的孤独和寂寞，张国荣从开场时的锋芒毕露，到中间的冷漠淡然，再到独白时的真情流露，火候把握得分毫不差，将一个孤独、骄傲、追悔、痛苦的伤心人欧阳峰诠释得丝丝入扣。张国荣在《东邪西毒》里出演的这个欧阳锋实在是很另类，闪烁的眼神，不诚实的话语，有些凌乱的胡须，但你不得不承认他塑造了一个最有哲理的欧阳锋，这也为他带来了第一届"香港电影评论家学会大奖"最佳男主角奖。(影片《东邪西毒》)

在梁羽生的小说里，卓一航是个恪守江湖规矩、敢爱不敢做的温文角色，而张国荣的电影版，则还他血性男儿的真面目。片中张国荣粗豪、硬朗的形象有别于他的一贯影像风格，与林青霞堪称一对另类的神仙眷侣。本以为亘古的爱情在腥风血雨中摇摇欲坠，影片中通过大量的激情镜头来渲染爱情的真挚，然后用极其残酷的对比，来诠释爱之深、恨之切的含义。电影色调时而绚烂华丽，时而灰暗阴郁。张国荣自《胭脂扣》后，又一次与这种敢爱不敢怒的角色相遇，演得当然驾轻就熟、丝丝入扣，一颦一笑都流露出人物本身的性格，那种孤绝华美、顾影自怜、痛苦挣扎都在瞬间映入我们的眼帘。(影片《白发魔女传》)

在李仁港的电影里，彩色很少，用得多的是黑白两色。他的电影很有自己独特的风格，从原来的《94新独臂刀》中无奈的编剧，到《星月童话》中奇异的情感，都是他的典型代表作，两个外表相像的人，两个命运不同的人，两段同样真实的情感，合在一部看似普通的电影里。张国荣在这部电影里，扮演了两个角色，开头的商人温情脉脉，

往日风采信手拈来，后来的警察带点狂野不羁，又如真实的他，他的表演还是那么张力十足、游刃有余。(影片《星月童话》)

随着电影开头轻快的音乐，一双脚在地上舞动，来来回回，静止定格，都是张国荣的风韵。一个大盗，一个警察，一个女子，在冲绳的阳光下会面了，这又是陈嘉上的电影，一部清新、跳跃的爱情小品。梁家辉的演技自然不用多说，王菲也早在《重庆森林》中就有自己独特的发挥，而张国荣的大盗形象早已脱离《纵横四海》中略显年少的影子，演技更加娴熟与自然。三个优秀的演员，加上一个优秀的导演，注定这是一场好戏。(影片《恋战冲绳》)

【演播室主持人】张国荣拍摄过几十部影视作品，影迷们念念不忘的是他那份比女性更加妩媚的柔美。从和梅艳芳合演的人鬼恋《胭脂扣》，到和张丰毅合演的《霸王别姬》，再到和巩俐主演的影片《风月》，张国荣已为自己树立了一块丰碑，这上面镌刻着他以二十年心血凝成的一行字：在银幕上捕捉爱的瞬间。这可以说是他最大成就的象征。

风继续吹

【旁白】张国荣在《风月》中演一个旧上海的拆白党郁忠良，他从小失去父母，寄居在姐姐家，受姐夫的欺凌侮辱，却又沾染了腐败习气。当他一头栽进大上海这口染缸时，他的灵与肉发生了残酷的搏斗。《风月》通过一个禁忌的爱情故事，对伦理道德进行了一次深刻的反思。张国荣饰演的郁忠良，在颓废中孤守内心的那一份最为洁净、热烈的情感，在杜可风美轮美奂的镜头里，显得格外地阴郁虚空。从童年起对爱有一份特别的渴望和敏感的郁忠良，不能爱不敢爱，即使爱了又很快消逝了，爱对他来说是一种毒剂，张国荣几乎使出全身本领在银幕上诠释这种特别的爱。用张国荣自己的话来说，多年在银幕上不断地探索人类的各种情感，其中最主要的是爱情，并且把他自己的理解凝聚到角色中去。(影片《风月》)

　　《霸王别姬》是张国荣生命和艺术历程中里程碑式的作品。张国荣以往的角色或华美或凄迷或执拗或疏离，都统统调和到了《霸王别姬》里，不疯魔不成活儿，从形态到气韵，从举手投足间那个哀绝的眼神到消失在舞台强光下的那一份固执和完美，张国荣最终完成了蛹化成蝶的生命过程，从此人戏不分。这部电影吸引人之处当然不是戛纳电影节上的一个奖项，也不是舞台上男扮女装、舞台下错乱了性别的爱情，而是程蝶衣的痴心，信守一个关于事业、关于爱的承诺。他爱的不是段小楼，而是戏里注定了虞姬该爱、该为之死的霸王，是演戏的命运。幕既然已落下，生命就该结束。张国荣在陈凯歌的点拨下终于找到了他的另一面，当张国荣以虞姬的扮相向我们走来，印证了一代偶像离奇的情爱传说。戏中的程蝶衣本身就是一个人生如戏、戏如人生的痴情戏子，他对师兄的感情更多的是来自于患难与共的亲情，是一份渴求永恒不变的期盼。这种感情完全基于精神，是柏拉图式的，虽不现实却最是震慑人心。

　　这是张国荣自己最喜欢的影片，但除了张国荣，真不知道谁能将蝶衣的情、蝶衣的怨演得那样的凄楚，谁能演到那样动人心魄。影片中每一处生命的残忍，每一处爱恨的纠缠都是那样的痛，那样的恨。张国荣把程蝶衣演活了，演得让许多人觉得生活中的他就是那样的，塑造角色的最高境界不就是让观众产生恍惚的错觉，角色即他，他即角色吗？

　　有一种感觉是他已离开红尘，又有一种感觉是他还活着，时间真的是个假象，让人迷惑。有些东西，明明已经沿着时间的轨迹停留在了某个点，不能倒转，但偏偏记忆却是那么的鲜活。张国荣的自怨自艾化成了别人眼中错解的美艳，而这一切都成了最美的象征。无论是性感娇艳、孤绝华美还是放浪形骸，顾影自怜都是一种魅力。时间仍在流淌，生命仍会继续，风也将继续吹。

　　(中央电视台《第十放映室》. 总第 062 期. 2005-09-11)

📶 播读提示

《第十放映室》是一档曾在央视非主力频道、非黄金时间播出的节目，以专业的视角来评析电影，因时不时"神吐槽"在网络爆红，担任解说的龙斌则被网友称为"旁白哥"，"一口字正腔圆的央视播音腔"加上"无敌毒舌的解说词"，很出"笑果"。从艺术表现来说，《第十放映室》中的栏目主持人被淡化了，主持人一笔带过，有时甚至无主持人出镜，只靠旁白解说引领节目进行，而适时的旁白解说也是让《第十放映室》大放异彩的重要原因之一。《第十放映室》的旁白解说很有特点，运用杂文文笔的表现手法来写电影评论，把解构主义的叙事策略表现到了极致。练习时，可用心领悟文本及旁白解说的闪光点。

复习与思考

1. 什么是播音的对象感？播音时为什么要有"对象感"？
2. 对象感在把握中容易出现的问题是什么？
3. 设想对象感如何做到具体、明确？
4. 结合实践谈谈如何在话筒前感受到受众的存在。
5. 情景再现、对象感、内在语三者的关系是怎样的？

第五章

语流通畅，语意明确——
停连、重音

 导　读

　　任何艺术，都有内容和形式两个方面，内容总要赖以一定的表现形式传达，这"一定的表现形式"中，就有技巧存在。技巧的高下，将反作用于内容，使之呈现出不同的艺术效果。在播音创作实践中，停连与重音是极其重要的外部技巧，优秀的播者，需要通过恰到好处的停连、重音来区分语意，使传播目的更加鲜明；一篇震撼人心的播音作品，需要通过收放自如的停连、重音来生动传情，创造意味深长的意境。

第一节　停　　连

　　停连，是借以表情达意的语言技巧之一。准确使用停连可以使语言清晰流畅，而不合理的停连模式则会造成语言歧义的产生。因此，播者必须学会运用停连组织语句。

一、停连的概念

停连，顾名思义是指停顿和连接。两者就像门一样，有开门就必定有关门。《中国播音学》给停连下的定义："停连，是有声语言流动中的停顿和连接。在有声语言表达过程中，声音中断休止的地方是停顿；反之，那些声音不中断、不休止(尤其是有标点符号而不中断、不休止)的地方叫连接。"[1]

语流中的停顿和连接，既是每个人在日常交流中所必需的习惯与要求，也是语言表达中的一种最基础的外部技巧。

从生理上说，一口气说完一个话题不行，一口气播完一篇稿件，也是不可能的。中间要换气，调节声音，休息声带及唇舌，没有停顿不成。同时，也没有必要一字一顿地说话，一句一停地播音，有声语言的表达没有连接也不成。因此，播音时要说说停停、张弛有度，使听众有一定的时间接受信息、整理信息、消化信息。例如：

节日期间，供应品种有红、黄香蕉、苹果、鸭梨、酥梨、瓢梨、京白梨、子母梨、雪花梨、胎黄梨，还有哈密瓜、迦师瓜、白兰瓜、黄金瓜、西瓜、仙桃、葡萄、海棠、红果、石榴、沙果、香果、猕猴桃、菠萝、柠檬、洋桃、柚子、椰子、龙眼等 50 多个品种。[2]

这句话有 84 个字，句子较长，内容较多，不可能一口气把它播下来。如果深吸一口气能用很快的速度把它播完，不仅自己会憋得难受，听众也难以理解。所以需要播出前组织语言，在中间安排好换气的"气口"，调节气息，这是生理需要的停连。

从心理上说，停连应该是积极的、主动的，以自如符合思想感情运动的需要。为了更好地传情达意，在哪儿停，停多长时间，怎么连都不是随心所欲的，要服从思想感情表达的需要，不能因停害

[1] 张颂. 中国播音学(修订版). 北京：北京广播学院出版社，2003.
[2] 付程. 实用播音教程第 2 册. 北京：中国传媒大学出版社，2002.

意、因停断情。还要注意，"停"是为"连"做准备，即停连是思想感情的延伸，恰到好处的停顿可以达到此地无声胜有声。停或连还可以调整节奏，造成抑扬顿挫的美感。例如在莎士比亚的名作《哈姆雷特》中有一句大家耳熟能详的名言：

生存还是毁灭，这是一个问题。

如果仅仅是按照标点符号所规定的间隔来读，那恐怕这只是一个莫名其妙的疑问。但如果我们加上必要的停顿：

生存 ∧ 还是毁灭？ 这 ∧ 是一个问题。

仅仅是增加了两处停顿，主人公心中的焦躁不安，对于生命的意义和价值的深刻反思、内心思想的激烈斗争，就展现在了所有人的眼前，这就是停连在表情达意中化腐朽为神奇的力量。

可见，恰到好处的停连，能使原本平淡无味的文字充满无尽的情趣和寓意。停和连不论在哪里运用，都要服从内容和思想感情运动的需要，这才是有声语言表达的真正标点——"停连"。

二、停连的分类

经过前辈们长期对播音主持实践工作的整理和分类，已大致将停连细分为：区分性停连、呼应性停连、并列性停连、分合性停连、强调性停连、判断性停连、转换性停连、生理性停连、回味性停连、灵活性停连。

这十种停连虽不能把所有的停连方式都囊括进去，但如果掌握了这十种停连方式，就可以在此基础上举一反三，繁衍出更多方式。要注意不论运用哪一种停连，都不能脱离稿件内容要求和思想感情运动的需要。

(一) 区分性停连

区分性停连是区分语言序列的各个成分，从而表达出清晰的语意。若不加区分，就会造成模棱两可的语意。例如：

锅里再放醋、白糖 ∧ 炒成汁，再放少许淀粉，汁炒稠以后，放凉了才能用。

这短短的一句话，词与词之间是什么关系呢？先看锅里再放什么？是再放醋、白糖，放好这两样以后再炒成汁。如在顿号处停，就成了"白糖炒成汁"了，调料少了一种。因此，必须在"白糖"后边停。这是较容易的区分性停连，还有一种因停连不当出现的错误，在播音中也常出现，易使受众费解。例如：

在董村西街里，只要一提起长波 ∧ 喂的那头大黄牛……

这句话的意思是，名叫"长波"的人喂养的大黄牛。因此，一定要在"长波"后边稍作顿挫，可有的人停在"喂的"后边，变成了"长波喂的"大黄牛，这样语意就不清楚了，人名不叫"长波"，而叫"长波喂"了，使受众产生了费解。这种不顾语意的随意停连问题，在日常播音中出现得很多，而且不容易引起重视。所以，应注意区分性停连。

区分性停连是划分层次的停顿和连接，即说话、播音时，停顿帮助表现内容层次的划分。

(二) 呼应性停连

呼应性停连是在有呼有应的句子里体现有呼应关系的停连。这种停连要理清句子中哪一个是呼，哪一个是应。可以是一呼一应、一呼几应、几呼一应。例如：

下面请欣赏 ∧ 新疆维吾尔族舞蹈——阿拉木汗。

其中"欣赏"是"呼"，"舞蹈"是"应"，这是一呼一应。因此，一定要在"欣赏"后停。

(三) 并列性停连

并列性停连是指稿件中语句之间的关系是并列关系。这种语句之间的关系，播音时处理的方法基本相同，而且是播音中常用的一种手法。例如朱自清的散文《春》的开头：

山，∧ 朗润起来了；水，∧ 涨起来了；太阳的脸，∧ 红起来了。

这三句之间是并列关系，在停顿时一般处理是一样的，不能有的停顿时间长，有的停顿时间短，否则就会破坏它们之间的并列关系。

还有一种是稿件中有一连串的并列关系，稍不注意就会使语句关系不清，如果运用并列性停连，则显得简单明了。

(四) 分合性停连

分合性停连一般用在分合式句子中。有的句子是先分开说，再总起来说。停连位置在分合交接处。例如：

只见那颗颗珍珠，∧ 有大如羊奶子的，有小如红豆的，∧ 光华夺目、熠熠生辉。

这一段按文章的发展序列，"珍珠"后边该分说了，所以要停；再往下两个"有"句是分说，后边是总括，因此，在两个"有"句后边也一定要停。一般情况下这种分合性句式，都有"领起"句、"分说"句和"总括"句三项。凡遇到这样的句式都要在它的"领起与分说""分说与总括"的交接点处停连。这样播读省力，受众也听得清楚。这就是分合性停连。

(五) 强调性停连

强调性停连是因感情需要和强调重点而运用的一种停连，是在重音之前、之后停顿或前后都停，以突出重点。

例①：

钱 ∧ 能帮助人也能害人。

例②：

榜上怎么会有 ∧ 他的名字？

例③：

在许多场合，∧ 司机 ∧ 是决定不出车祸的关键。

这种强调性停连从全篇稿件看，运用得较多，凡是想要强调的重点，不论大与小都可使用强调性停连。强调性停连离不开感情色彩的衬托，同时也和重音有直接的关系。

(六) 判断性停连

判断性停连是稿件中有判断过程表现时，在判断、思索的地方进行判断或停连，以表达此时的思维过程。

例①：

一晃 ∧ 十年过去了。

这里在"十年"前有个判断性停连，表现十年变迁的过程。

例②：

哦 ∧(过程)我明白了。

随着"哦"音的出现，心理也应该有"明白了"这个过程，而表达时"哦"音要延长，音节后停顿，再接着说"我明白了"，这样整个判断过程就出来了。

(七) 转换性停连

转换性停连是由一个意思转向另一个意思运用的停连。在转换时感情色彩要出来，感情色彩不够，就转换不过来。这种停连在稿件中运用得也较多。在层与层、段与段、句与句之间都有这样的停连。例如：

按说日子好了，吃点喝点享受点，也没多大不是，∧ 可细想起来，钱挣得不容易，就那么流水似的花了，值不值呢？

这一段中的转换是以"按说……可……"来体现的。因此，在

"也没多大不是"后边一定要停，在接下一句时，心里要先转过来后嘴上才能出声，这样出来的效果才能自然。另外，转换性停连在与其他技巧配合时也是很重要的。

(八) 生理性停连

生理性停连是稿件中的人物因生理需要产生的一种异态语气，如上气不接下气、断断续续的口吃等状态。例如：

"不！不…… ∧ 不是！"雪老倌一个劲地解释。

这里的几个"不"是稿件中的人物急得满脸通红，不知说什么好时的神态再现。因此，在表达"不"时可以运用生理性停连，并随着上下文的脉络自然进行。同时播者主观上也应感受到当时人物着急得说不出话来的心情，这样才能和稿件中的人物心理相吻合。但应注意，不可不顾内容人为地去渲染。

(九) 回味性停连

回味性停连，关键在于"回味"。既然是回味就不能一播而过，而是要给听众留下回味和想象的余地。运用这种停连，停的时候时间要给足，在强调的词后边停顿才叫"回味"。例如：

她目送着恋人的背影走远，走远…… ∧

随着思想感情的运动，在播完"走远……"之后一定要有一个较长的停顿才能接下面的内容。这是一个情节结束后运用的停连。

另外，还有句中需要回味的。例如：

锅里的水吱吱地响，老大娘屋里屋外的忙，烧完热水，又端饺子，香味 ∧(停短了，不够香)伴着腾腾的热气在屋里弥漫开来。

在"香味"后边要有一个回味性停连，这个停顿的时间要是短就不易感觉香。因此，当播到"香味"时，要使受众感觉到热腾腾的水饺马上就能吃到一样。

(十) 灵活性停连

灵活性停连是针对生搬硬套运用停连而言的。由于播者文化素养、声音条件不同，表达方式不可能完全一样，更何况多种技巧之间又相互渗透、相互交叉。因此，不一定非要一是一、二是二地分清这里用什么停连，那里用什么停连；非要在这里停或那里停等。只要符合稿件内容及思想感情运动的需要，就可以灵活运用停连。例如：

他来到北海岸边，细心观察：∧ 哪天桃花开了，哪天柳絮飞了，哪天布谷鸟 ∧ 叫了。这些自然现象的变化，他都做了翔实的记录。∧ 遇到工作紧张或者外出，他就让爱人帮着留心燕子什么时候会飞来，也让他女儿帮着观察 ∧ 北海的水什么时候初融，还让邻居的孩子向他报告 ∧ 哪天杏花开了第一朵。

这一段既有分合性停连，又有并列性停连。第一组并列关系中三个"哪天"的分说句都很短，句子中间两句不停，句子之后停是很正常的。但是，为了不显呆板，前两句不停，后一句就可以在"布谷鸟"后边用一个小顿挫，这样既不打破并列关系，又显得灵活，更吸引受众。同样，后边的一组并列关系也可以这样。三个并列句"让……"的停连，灵活性更大。可以在"帮着"前边停，也可以在"帮着"后边停，还可以在"留心、观察、报告"的后边停。只要不影响语意，能够加强同受众的交流就行。哪种停连更能使受众接受，更符合感情的需要，就运用哪种停连。总之，灵活性停连是为加强播者到受众的双向交流，随思想感情运动而灵活运用的一种停连方式。

三、停连的处理方式

(一) 停连的符号

｜(▲)挫号：停顿时间短，用于没有标点但又不影响内容连贯的地方。

∧ 停顿号：不论有无标点符号均可用。若用于有标点处，表示停顿的时间再长些。

⌒ 间歇号：停顿时间更长，用于句群、大层次之后。

⌣ 连接号：只用于有标点符号的地方，表示缩短停顿时间，连起来读。

— 延长号：可用于任何词组句段之后，表示声音的延长。

(二) 停连的方式

为了让停连的表达方式更加贴切文章内容，需要对停连的方式有所要求。

1. 落停

在一个完整的意思讲完之后的句尾处用落停，停顿时间相对较长，表示结束。例如：

盼望着、盼望着，东风来了，春天的脚步近——了。

说到"近了"两个字的时候，要放下来，声音处于落式。"近了"两个字要拉开"近——了"，缓缓收住；而要把"近了"放下来，就要把"春天的脚步"几个字快带过去，成稍上扬的趋势，这样才能显出后面"近了"两个字的落停和缓收。

2. 扬停

用在一个意思还没有说完而中间又需要停顿的地方或在句中无标点处。停顿时间较短，停时声停但是气不断，意不断，停之前的声音或上扬或平拉开，停之后的声音或缓起或突起，做到停顿之后的意思完整。例如：

新北京方言里▲也许还留有一些其他方言带来的痕迹。比如现在北京人常说"耍大牌"，这个词▲就是从广东一带传来的。

这是句中扬停的例子。"这个词"声音上扬后停，"就是"缓起。

在句子末尾的"扬停"一般处理为"扬停强收"。一般情况下，在稿件内容表达较雄壮、自豪、坚定的情节时运用扬停强收。例如：

我骄傲，我是中国人！

这一句表达自豪、坚定的情节，气息支撑要有力，唇舌力度强。

3. 直连

一般用于有标点符号、内容又联系紧密的地方，这种停顿是停后迅速连接，给人中间没有接点的感觉。有时甚至不用换气，只用胸中的余气就可以了。一般是紧连快带。这里往往是在紧连的前后用慢来显示，慢中有快。例如：

老遢听到了一声似乎是树倒的声音。∧ 不好，有人偷树了。他大声喊："谁？站住。"一边喊，一边追了上去。

这一段第一句结束后是判断性停顿，所以是慢处理，慢后该快了。接"不好"时紧连，并且把"有人偷树"快带过去才能表达紧迫感。同时在"大声喊"后也应紧连，直到结束都是紧连快带。这样处理动作感强，情节发展线索也清楚，顺势而下。

4. 曲连

这种停连给人一种似停非停之感，平时常用"顿挫"来形容。这种顿挫主要以连接为主，因为顿挫有时不需要喘气或深呼吸，是声挫气连。一般用于较舒缓的内容，而且适合于一句话或一段当中的连接，也用于没有标点符号而内容又需要有所区分的地方。例如：

此外，很多家长营造的家庭气氛过于紧张，一切以高考为中心，⌣反而进一步增加了孩子的心理压力。

再比如下面这段，几个连接都用曲连，不用换气，而是在句头换好后把整句话说完，但声音上要有个小小的顿挫。

通常，语言学家根据汉语各方面之间的相互关系 ▲ 将其划分为八个方言区：北方方言区(官话区)、⌣吴方言区、粤方言区、⌣闽南方言区、闽北方言区、⌣赣方言区、客家方言区、⌣湘方言区。

停连的方式不仅这四种，但不管使用哪种，都要根据具体语言环境中具体语句的情况而定，运用时必须遵从一个总的原则，那就是：按文意，合文气，顺文势。

此外，作为外部技巧的停连通常与重音密切相关，只有通过停连与重音两者的协调结合，才能从微观上把握稿件中的每一个句子，进而在整体上牢牢掌控稿件的神采。接下来，就一起了解另一个重要的外部技巧——重音。

第二节　重　　音

停连，解决了播音作品内容构成的分合；重音，要解决播音中语句内部各词或词组之间的主次关系问题。在有声语言的表达中，"重音"这种技巧的作用很大，它可使语句目的更突出，逻辑关系更严密，感情色彩更鲜明。

一、语句目的与重音

一篇稿件，是由许多表达独立意思、蕴含一定感情的语句组成的。语句中的词或词组在表露出具体的思想感情，以达到某种语言目的时候，并不同等重要、完全并列，而是有的重要些，有的次要些。那最重要的词或词组，甚至某个音节，必然要通过声音形式体现出它的重要及重要到什么程度。因此，在播音中，那些最能体现语句目的、需要着意强调的词或词组，甚至某个音节，就是重音。

重音经常在语句范围内起作用，因此，我们所说的重音指的是语句重音。词和词组内部的轻读、重读叫轻重格式，段和全篇的重要句子或层次叫重点。作为语言表达外部技巧的语句重音，不是语言形式上的重读——"加重声音"，而是语言中"重点强调"之内容。即重音是根据语句目的而言的，语句目的不同，重音的强调也就不同。

例①：

我去看电影了。(强调谁去)

例②：

我去看电影了。(强调去干什么)

可见，同一句话，不同人用不同的态度、不同的目的来说，很有可能产生不同的甚至是相反的语言结果。再举个例子：

在这群业余选手中，约翰算得上是最强壮的一个。

在这句话中，如果把重音放在"最强壮"上面，那么说话人的语言目的就是：约翰比别人都强壮。如果把重音放在"业余"上面，那意思就变成了：约翰的强壮仅仅是在业余选手中。言外之意便是：如果和职业选手比，约翰根本算不上强壮。再如把重音放在"这群"上面，那么语意又不同了：约翰只有在这些最弱的选手中才稍稍显得"鹤立鸡群"些，和普通的业余选手相比，他的体型毫无优势。从"最强壮"到"业余"再到"这些"，约翰的体型也从"强壮"到了"不怎么强壮"再到了"根本不强壮"。可见，重音对语意的表达有着至关重要的作用。如果使用不当，甚至可能会"颠倒黑白"。

通过上面的例子可以看出，语句中的重音，是在语流中把握的。在一个句子或者一段言语中，重音并没有固定不变的位置，而是根据不同的语意有不同的变化。在缺乏语言环境的情况下，不能说哪种重音的处理方式绝对是对的，哪种处理方式绝对是错的，通常必须要根据语境判断重音位置。换句话说，对重音的认识，就是对不同语言环境中重音位置的认识。播者必须通过在对全篇稿件理解感受的基础上，明确具体语句在全篇稿件中所处的位置和分量，才能确定语句重音。

二、重音的位置

按照重音作用的不同，理论界前辈从语言链条中加以考虑，把重音分为：并列性重音、对比性重音、呼应性重音、递进性重音、转折性重音、肯定性重音、比喻性重音、强调性重音、拟声性重音、反义性重音等共十类。这种详细的分类方法大致可以将所有的重音情况都归入其中。下面具体谈谈这十种重音的分类方法。

(一) 并列性重音

停连中有并列性停连，它是显示段落、语句、词语的并列关系的；而并列性重音是指在段落、语句中有并列关系的某些词或短语。我们要通过有声语言显示它们之间的并列关系，不光是运用并列性停连，而且也要在那些具有并列性关系的词或短语上确定重音，这就是并列性重音。既然是并列性重音，那么至少得有两个以上同样重要的重音。例如：

其中最著名的当推河北省赵县的赵州桥和永定河上的卢沟桥。

(二) 对比性重音

在对照式结构明显的句子中，通过对两种或两种以上的事物比较、对照，使事物特征表现得更突出，形象更鲜明，这时需要对比性重音。例如：

自信是人生的重要基石；而自卑则是人生第一大敌。

(三) 呼应性重音

停连中有呼应性停连，即一呼一应、一呼几应等类型，它可以使文章结构严谨；而呼应性重音是揭示上下文呼应关系的一种有效方法。例如：

如果说科研工作是探索真理、发现真理，那么教学工作的一个重要内容应该是说明真理、传播真理。

(四) 递进性重音

递进性重音揭示语言链条的承继性，后一个重音比前一个重音更揭示深一层意义。例如：

竹叶烧了，还有竹枝；竹枝断了，还有竹鞭；竹鞭砍了，还有深埋在地下的竹根。

(五) 转折性重音

递进性重音是揭示同一方向进展的内容，而转折性重音正和它相反，它是通过对相反方向的内容变化的揭示表现说话者意图，经常出现在转折复句中。例如：

虽然XX落榜了，但是XX却考上了。

(六) 肯定性重音

稿件中在表达对事物的肯定态度时，一般都用肯定性词语："是""不是""无""有""没有"等。有声语言不能单纯地看这些肯定性词语，而是要看整句话的意图是什么。有两种情况：一种是要肯定"是什么"，另一种是要肯定"是"还是"不是"。

例①：
不要开枪，是我。

例②：
最近几天，没有雷雨，天气以晴为主。

例①的重音回答了"谁"或"什么"的问题，属于第一种情况，重音在判断词后面的词上。例②的意图在于"有没有""能不能"，属于第二种情况，重音在判断词上。这都是肯定性重音。

(七) 比喻性重音

比喻是使语言形象生动的修辞手法之一。语言中所要说明的事物，若为人们所不知，或知之不祥、知之不深，可以用巧妙的比喻，化抽象为具体，变深奥为浅显，使语言顿生情趣，令受众难以忘怀。比喻性重音即化抽象为具象，把事物形象性地表现出来。例如：

这头牛个大、膘肥，四条腿像木头柱子一样。

(八) 强调性重音

所谓强调性重音，就是把句子中表达感情色彩的词或词组加以强调，以突出某种感情。

例①：

老遢为了护林，硬是把烟瘾往肚里憋，一直憋了十年。

例②：

不该得的钱，一分钱也不要。

以上例句中的重音属于强调性重音，只是强调的范围、感情色彩的浓淡程度不同而已。这种强调性重音，在稿件中用得比较广泛。

(九) 拟声性重音

拟声性重音也就是句子中的象声词类。拟声性重音与比喻性重音一样，不是所有的象声词都可以做重音，而要看它在句子中的位置是否重要。例如：

屋顶上响起了哗哗哗的声音，击打在人的心上。

象声词"哗哗哗"是表达当时那种特定的狱中环境和人们的心情，应作重音。因此，运用拟声性重音一定要看它是否是句中的重点，是否符合语句的需要。

(十) 反义性重音

在一些稿件中，作者为了揭露事物本质，有时会利用正话反说或反话正说的修辞手法，目的在于把要否定的事物的不合理性表达得更充分，将作者的愤怒和憎恨之情表达得更强烈；把要肯定、赞美的事物的特点表现得更鲜明，从而渲染作者喜爱、欢乐的感情。表达这样的语句时，需要抓住反义性重音，把赞成或反对的态度表达出来。例如：

你们把困难全都要走了，一点都不给我们剩，可真够"自私的"。

这个例句中的"自私"，是正话反说，属于反义性重音，表达对此事的肯定，符合语句目的的要求。如果播成否定的重音，语句目的就错了。

由此可以看出，在强调这些反义性重音时，还须借助语气，同时强调一带而过，也不可字字着力，要注意和上下文的关系。

以上列出了十种重音的位置。这十种重音不是孤立的，而是互相补充、互相联系。

三、重音的表达方法

(一) 强弱法

这是一种用声音的轻重、高低变化来强调重音的方法。

例①：

让暴风雨来得更猛烈些吧！

由于重音是在语句中比较出来的，强中见弱、高中显低是最常用的方法。高尔基的《海燕》中的这句，可通过增加发音的力度，形成强有力的声音，以表达饱满、高涨的情绪。

例②：

我不相信天是蓝的，/我不相信雷的回声，/<我不相信梦是假的，</我不相信死无报应。

重音强调要注意渐变的层次，可采取渐强(用"<"表示)的表达方式。

例③：

桂林的山真奇啊，桂林的山真秀啊，桂林的山真险啊……

这句话中重音有主次之分，要注意区分把握。"奇""秀""险"是桂林的山的特点，也是表现主题思想的重要词语，因此，这三个作为句子谓语的形容词应并列为主要重音，"山"是次要重音。

总之，这里的"高低强弱"法，在运用时要随着感情的运动自然地流露，才能使受众听着顺耳，没有雕琢的痕迹。

(二) 快慢法

这是一种用声音的急缓、长短、顿连等变化来强调重音的方法。

例①：

告诉你吧，/世界，/我一不一相一信！("一"表示拖腔)

用拖腔将感情饱满、格调深沉的字词发音延长，一般用于渲染内在情绪，表达深挚的情谊，有较强的感情色彩。

例②：

堵车，车之洪流被堵住了，高处往低处望，北京城成了五彩缤纷的停车场。

用较缓的变化强调重音"堵车"和"停车场"，比较出车辆的静止相对于车辆流动的状态。声音的缓、长形象地表现了堵车时的无奈和作者的调侃。

（三）虚实法

这是一种通过声音的虚实变化来强调重音的方法。

例①：

女孩黑黑的，头发稀少，大嘴巴，不漂亮，但乖巧得让人心疼。

作者用近乎白描的手法刻画女孩的形象，实声处理得真实可信，重音"心疼"是作者的情感流露，虚声的处理使这种油然而生的细腻感情得以体现。

例②：

葬我于高山之上兮，/望我大陆；/大陆不可见兮，/只有痛一哭一。//（"一"为颤音符号）

于右任的《望大陆》中这句，可运用颤音和沙哑声等技巧来表达特殊感情。一般来说，颤音表示激动或恐惧，沙哑声表示疲劳、老练。

接下来，结合对新闻稿《扶贫会上小车多》[1]的具体分析，我们再来体会如何在全篇理解、感受的基础上去确定语句的停连与重音。

【本台记者报道】省七届人大刚刚闭幕，记者来到郑州市中州宾馆，看到这里小轿车一部接着一部，鱼贯而入。经打听，说是来参加全省地区经济开发工作会议的。

据会务人员介绍，省政府同志各地市和有关贫困县参加会议的人员共246名。如果一个单位来一部车，算下来不过50部。但是，到元月31号下午，光是向会议正式报道的人，带来的小轿车就有84部，相当一部分是进口车。车多，宾馆内停放不下，一部分小轿车只好开到附近几家宾馆、招待所安歇。

穷得出名的贫困县——卢氏县共派六位同志参加，居然带了四部小轿车；天天叫喊财政吃紧的洛宁县也派六人开会，县经济开发办公室提出派一部面包车把开会的人送来，但是县长不同意。这位

---

[1] 付程. 实用播音教程：第2册. 北京：中国传媒大学出版社，2002.

"县太爷"独自做一部全县最好的小轿车，风行百里，直抵郑州，其他人也分乘两部小轿车尾随其后。

省直机关一位参加会议的同志对记者说："现在是年头岁尾'朝拜''进贡'之风又起。这小轿车除为参加会议的人'壮行'之外，还有没有别的'用武之地'？"

历史上贫困出名的河南省，现在大部分地区温饱问题已经基本解决，但是仍有一批老、边、山、灾地区没有脱贫，靠财政补贴的县还占相当大的比例。这些地区出现的一个值得注意的现象是：办脱贫工厂没钱，搞救灾工作没钱，办教育更没钱，但却有钱建办公大楼，盖高级招待所，买高级小轿车，请客送礼。有的贫困地区的领导还坐着高级轿车上省城，跑北京要扶贫款，要救济钱。(河南广播电视新闻中心石建华报道)

全文通过"扶贫会上小车多"这一现象揭示了加强党风建设的重要性。报道客观，基于事实说话，态度鲜明，极具说服力和感染力。

稿件分为三个层次；第一个层次即第一自然段——新闻导语，交代时间、地点和主要事实。第二个层次是第二、三、四自然段，即新闻的主体部分，分别用几个典型事例来具体说明"小车多"的情况和"小车多"的实质。第三个层次是第五自然段，即结尾，进一步指明在贫困地区出现这种现象的危害和严重性。

第一自然段中的"刚刚"是一强调性重音，"一部接着一部"为递进性重音，"全省地区……会议"为次要重音；"一部接着一部，鱼贯而入"为直连。

第二自然段中的"50部"和"84部"为直连。

第三自然段中"穷得(出名的)贫困县"是强调重音，"六""四"为对比重音。"面包车""县长"都应该强调；最后一句，"县太爷"是次要重音，"最好"是主要重音，并且前三个逗号不停，用一贯穿语势，一气呵成，并表达出反讽色彩。

第四自然段中"朝拜""进贡""壮行"为反意重音。

第五自然段中"没有脱贫""靠财政补贴"应强调；"办脱贫工厂没钱，搞救灾工作没钱，办教育更没钱"，为转折性重音，而且每一逗号要有一停顿，以引人思考；后面一句直连，一气呵成，层层加重递进；最后一句中"轿车"一词为全句最高、最重，后边用一贯穿语势，一贯到底，表达出否定、讽刺的色彩。

这篇报道重音的特点是反意重音和递进重音多，停连是转折性停连，特别是贯穿语势的直连也很突出。

第三节 单元实训及提示

《晚间新闻》(节选)

【注】依据下列素材自己进行新闻编辑，写好开篇语与结束语。

上海：网上招聘成为大学毕业生择业主渠道

上海市积极推进高校毕业生的择业信息平台建设，通过网络进行自主择业已成为今年上海毕业生就业的主渠道。

目前，上海市的每一位毕业生都拥有一张就业电子信息卡，毕业生在卡上填写求职意向、成绩、特长爱好等内容，其中一些关键信息经学校审核无误后上网发布，学生可在网上搜索最新的职位信息，同时向用人单位发送电子简历；用人单位则在线查询、浏览学生信息及个人简历，向毕业生直接发出招聘意向。供需双方的信息在网上可长时间地发布并不断更新，从而大大提高双方相互了解次数和深度，成为了"永不落幕"的招聘会。

与此同时，上海市特大规模的高校毕业生就业招聘会将被取消，而在各个高校举办的针对性较强的"小型现场招聘会"仍将保留，供需双方仍有面对面交流的机会。在今后几年，"有形"和"无形"

两个就业市场将并驾齐驱，为上海市的毕业生和用人单位提供时间长、信息充分的供需平台。

新型"速溶"血液有望缓解血液短缺局面

血液短缺是长期以来困扰医学界的一大难题，而美国科学家发明的一项"速溶"血液技术有望缓解目前血液短缺的局面。据介绍，这种新型"速溶"血液由捐赠者的血液经过干燥处理，去除水分制造而成，经过简单处理可以很快恢复成正常液态。"速溶"血液的保存期限长达数年，而普通液态血液的保存期仅有 42 天左右。瑞典医生在对"速溶"血液进行了三年左右的临床实验后认为，"速溶"血液不会对病人产生任何副作用。

"协和"客机告别商业飞行

24 号下午，三架"协和"超音速客机接连在伦敦希思罗机场降落。

这款曾在世界航空界显赫一时的飞机走完了它 27 年的光辉历程。"协和"飞机是英国和法国于 20 世纪 60 年代末合作开发的超音速大型客机，1976 年正式投入商业运营。巡航时速达到 2180 公里，最快为音速的两倍。英国航空公司总裁埃丁顿说，"协和"退出飞行完全是出于成本太高等商业原因。

据悉，英航考虑保留一架"协和"作为航展之用，其余飞机放在航空博物馆供人们参观。

(中央电视台《晚间新闻》.2003-10-31)

播读提示

伴随电视事业的飞速发展，新闻播音也呈现出多样化的播报方式。与《新闻联播》中四平八稳、匀速播报的传统播音风格不同，央视《现在播报》《晚间新闻》《新闻30分》等资讯类节目的播音更趋向于主持人式的"说话"，语气随和，语速自由，在播大信息量新闻时效果很好。以上消息选自海霞播出的《晚间新闻》节目，海霞的专业能力很强，语速最快时达一分钟 360 个字，播报内容清清楚楚。练习时，注意消息播音的提速技巧，以及并列性重音与转折性重音的选择与表达。

拓展与延伸

新闻播音要求有较快的语速。一般来说，广播新闻要求每分钟播出 200~220 字左右；电视新闻语言速度要快一些，一般要达到每分钟 240~260 字，甚至要更快些。电视的画面新闻，由于有画面作为接受渠道之一，观众对新闻事物有了一定理解，并对语句的上下文能够产生更多一点的"预知联想"，所以播音语速要快；此外，文化水平普遍提高，看电视新闻时注意力相对集中，导致观众对语句理解也快一些，读慢了反而显得有些拖。具体到新闻播音的提速问题，须注意以下两点：

(1) 提速"有度"。快是有限度的，要以观众能听懂、听清为限。个别时候，如讣告、画面对位，也要放慢语速。

(2) 提速技巧。加快新闻播音语速是时代要求，但并不等于所有的句子等速加快，加快是相对而言的。为表达意思的需要，有些地方一定要稍放慢一些，有些地方要更加快一些，快速之中仍有疾徐之分。

《一周新闻回顾》(节选)

广州市的拆迁安置问题一直是政府和市民关注的问题，本周广州市重点建设项目"内环路建设工程"正式动工。此次工程中，将会有5000户居民面临拆迁。如何才能在保证工程进度的同时，保证众多拆迁户的利益，成为近期广州市民关注话题。据了解，此次拆迁安置将全部采用电脑管理，以避免不公平现象出现。

上周末，发生在广州市永福路的火灾，导致四人死亡，在经过详细调查后，有关部门在本周公布了调查结果。

另据记者调查，今年以来广州市各类火灾中死亡的人数比去年同期增加了四成，防火形势十分严峻。

俗话说"火患猛于虎"，众多火灾的惨痛教训提醒我们，用火用电，千万不可大意。

好的，让我们回顾一下本周来自法庭的报道。

自从广州市中级人民法院发布一号公告，公布100名拒不执行法院判决、赖账不还的赖账者名单后，在社会上引起极大震动，群众拍手称快，赖账者无处遁形。

本周五，广州中院再次公布168名赖账者名单。

欠债还钱，天经地义，希望这些欠债不还、拒不执行法律判决的人或单位悬崖勒马，早日到法院办理还债手续。

接下来，关注一下深圳方面的消息。

本周四，深圳罗湖区法院开庭审理千名消费者状告粤民百货案，此案集中如此之多的原告，实属罕见。

这桩案件目前未有终审判决，本台将追踪报道案件审理的进展情况。

今年7月21日，发生在香港的风水大师毒杀五名妇女案件，本周宣告破获，汕头籍杀人疑犯于本周由湖北押回广州。

好的，《一周新闻回顾》至此结束，下周《新闻45分》会有更多贴近百姓、时效特快的新闻为您送上。

周末愉快，再见。

(广东经济电视台《一周新闻回顾》. 1998-10-11)

▲ 播读提示

广东经济电视台《一周新闻回顾》是典型的谈话式播音，这种播音样态也称为"说新闻"。"轻松自如"是它的显著特点，即在不失去新闻语言的准确、简捷的前提下，尽可能多地保留说话般的轻松和自然。它像说话，但比说话有力度；它像播报，但比播报轻松随和。这组消息中，并列性重音的把握是学习重点。

《第一时间·马斌读报》(节选)

家事国事天下事，事事关心，欢迎您收看《第一时间》。

先来看看今日头条。

换过手机的人都有过同样的经历，每当换新手机时，相应的手机充电器也就废弃了，不仅浪费资源而且污染环境。不过现在，这个情况变了。新华社说，由信息产业部颁布的新的手机充电器标准从昨天开始在我国强制执行，新款手机的充电器都要统一使用新标准。基于新标准的手机充电器，一边和手机连接，另一边通过 USB 接口和充电器或者和电脑连接，然后就可以充电了。对于新标准，各家报纸有话要说。

青岛的《半岛都市报》在给予肯定的同时认为《更急需统一的是手机电池》。在手机配件通用这个问题上，当前更急需统一的其实还不是充电器，而是手机电池。相比充电器，手机电池不仅价格更高，而且是更容易折旧衰老的损耗品。电器的电池，比如 5 号、7 号电池都可以统一通用，那么同为电器，而且是日益普及大众化电器的手机，有什么理由不尽快统一呢？

兰州的《西部商报》认为《统一充电器，好事只做了一半》。统一接口标准后的手机充电器，市场上如何推广，消费者的选择如何保障，眼下其实并不明了。信息产业部统一手机充电器接口标准，除了给手机用户提供使用上的便利外，大家所普遍期望的降低消费成本，减少资源浪费与电子废弃物污染，其实还只会是"水中月，镜中花"。

要我说，良好的开始是成功的一半，统一手机充电器，虽然晚了点，但毕竟开始起步了。下一步，我们期待着，统一电池规格，统一回收废旧手机，也能尽快出台政策。

来说个跟西瓜有关的话题。

夏天又到了，很多瓜农又开始推着一车一车的西瓜到城里叫卖。咱们吃着是方便，可个别的人把瓜皮瓜秧满街乱扔，影响了城市卫生，也难坏了城管执法。以前，城管和瓜农之间没少发生矛盾，我们读报也曾经跟您说过。而今年，郑州《东方今报》告诉我们一个妙招，河南商丘的城管跟瓜农们签订了一个君子协定：要求瓜农们自个儿备个垃圾袋，走的时候把东西清理干净，这样，就可以卖瓜了。瓜农们省得躲罚款到处跑，心里踏实了，城管们也松了一口气。可谓皆大欢喜。

《西部商报》评论说《君子协定"打造"君子》。摊贩与城管之间的"君子协议"一改过去"猫鼠关系"的状态，代之以一种服务与被服务的关系，终于回到了政府部门与市民关系的良性循环。这样不仅摊贩和城管之间成了双赢的局面，咱们的城市也更和谐了。

高考过后，考生们终于卸下了包袱，还有人想学车，有人要旅游，不过也有更大胆的。《扬子晚报》说，刚参加完高考的小敏，出了考场直奔医院美容科，咨询整容手术。小敏长得不难看，就是不满意自己的眼睛和鼻子，这次，她想趁这个假期割个双眼皮再隆个鼻，让自己更漂亮，以全新形象迎接大学生活。在一旁陪伴的妈妈一开始也不放心，因为女儿很坚决，最终还是满足了孩子的要求。据整形美容医生介绍，每年高考后都是一个就诊高峰期，甚至很多父母都支持孩子整容。爱美之心无可厚非，但我还是想奉劝孩子一句，现在还未成年，身体条件和审美观念都还没定型，哪天万一后悔，想改回来可就难了。再说，这玩意儿，还是原装的好使。

《文汇报》上说，最近刘小姐有急事需要用两万元现金，到银行一看那队排得就甭提有多长了。突然想起来，现在银行自动提款机限额提高到每天可取两万元了，还是找个提款机取钱吧。于是刘小姐就近找到一处 ATM 机，可虽是自动提款，这两万块钱取的也着实让刘小姐累得够呛。原来，取款机一次只能取 2500 元，为了取两万元，她总共取了八回，反复按键不说，跨行取款每次还有两块钱的手续费，这八次就是 16 元。人家银行说了，ATM 机出钞口设计得就那么大，一次出不来更多的钱，所以这是硬件问题，短期内没办法解决。要我们说，硬件不好改，您那收手续费的规矩是不是能改改呢？

这正是：自动提款真叫累，陪上时间手续费；两万块钱分八回，早知不如去排队。

(中央电视台《第一时间·马斌读报》.2007-06-15)

((•)) 播读提示

央视 2 套《第一时间·马斌读报》的播出语言既有"读"又有"说"，是一种特殊的"主持人述评"语体形式。即以"读报"为主要的播出内容，但在"读报"基础上，加上主持人的一些观点和评论。"读"的是报纸内容，有客观事实，有主观意见，以书面语为主要形式；"说"的是主持人自己的见解和看法，以口语为主要形式。二者相互结合，既不同于典型的新闻播报，也不同于以往的"说新闻"。练习时注意以下几点：

(1) 选择语句重音时，注意联系上下文，不仅使语句目的准确，还要使句与句之间的逻辑关系清晰。

(2) 恰当地运用对比性重音、转折性重音和递进性重音。

(3) 避免重音过多。

多些"1200万元"

《人民日报》短评：1200万元，对于动辄"投资数亿元上大项目"的经济发达地区来说，实在算不得什么大数。但对还很贫困的河北承德市来说，的确又不是个小数。

在财政困难的情况下，四年挤出1200万元来培训农民，表明了当地领导对农业的重视，真心实意地重视；也表明他们的长远眼光，因为农业最终是要靠科技解决问题的，而科技发挥作用的前提是广大农民能够掌握它。因此可以说，培训农民，促进农民素质的提高，是增强农业乃至农村经济发展后劲的一项重要基础性建设。

有的地方，财力远比承德充裕，往别处花钱也决不小气，可一遇到"农"字就叫"穷"。别说1200万元，连120万元也难拿出来，他们是口头重视农业，而心底里却忽视农业。还有的地方，对农业的"硬件"建设比较重视，也舍得花钱，但对"软件"建设就不很在意，财力方面的支持也相应较少。殊不知，如果"软件"不行，再好的"硬件"也是难以发挥作用的。

但愿各地能从承德的实践中得到启示，在作投资计划时，多安排些用于农业的"1200万元"，特别是用于建设农村"软件"的"1200万元"。

【注】这是《人民日报》于1994年1月20日刊发的一则消息，上文"多些1200万元"就是根据这则消息写作并配发的评论。

据《人民日报》记者报道：6700名获得"绿色证书"的农民成为河北承德农村脱贫致富的"领头雁"，他们利用所学技术，四年累计创造经济效益4680万元。

承德属经济欠发达地区，农业基础薄弱，科技人才匮乏，科技成果转化慢。为此，承德市委、市政府把在农村开展"绿色证书"培训作为振兴农业、繁荣农村经济的希望工程常抓不懈，在财政十分困难的情况下，四年中先后注入培训资金1200万元，开办农学、林果、水利、畜牧、育种、农机八个专业培训班 428 期，共培训科技村主任、科技示范户等乡村急需人才 1.2 万余人。

(人民日报. 1994-01-20. 转引自：付程. 实用播音教程第 3 册. 北京：北京广播学院大学出版社，2002)

((·)) ♠ 播读提示

这是一则新闻配评论的训练材料。播读时要注意新闻播音与评论播音的异同，从而良好地完成两种文体播音的转换。第一，新闻播音与评论播音都有播讲态度，但评论播音更强调态度的鲜明，着力点在于向中心论点扣。第二，新闻以句子为单位，评论以意群为单位(一个意群一个原因，构成最小的逻辑单位)。第三，新闻播音在于传播有新闻价值的信息，而评论播音重在说理，在语言表达技巧上，相通之处在于：以句群为单位，重音精选，曲线运动，分寸得当。

人格是最高的学位

白岩松

很多很多年前，有一位学大提琴的年轻人去向本世纪最伟大的大提琴家卡萨尔斯讨教：我怎样才能成为一名优秀的大提琴家？卡萨尔斯面对雄心勃勃的年轻人，意味深长地回答：先成为优秀而大写的人，然后成为一名优秀和大写的音乐人，再后就会成为一名优秀的大提琴家。

听到这个故事的时候我还年少，老人回答时所透露出的含义我还理解不多，然而随着采访中接触的人越来越多，这个回答就在我脑海中越印越深。

在采访北大教授季美林的时候，我听到一个关于他的真实故事。

有一个秋天，北大新学期开始了，一个外地来的学子背着大包小包走进了校园，实在太累了，就把包放在路边。这时正好一位老人走来，年轻学子就拜托老人替自己看一下包，而自己则轻装去办入学手续。老人爽快地答应。近一个小时过去，学子归来，老人还在尽职尽责地看守。谢过老人，两人分别！几日后是北大的开学典礼，这位年轻的学子惊讶地发现，主席台上就坐的北大副校长季羡林正是那一天替自己看行李的老人。

我不知道这位学子当时是一种怎样的心情，但在我听过这个故事之后却强烈地感觉到：人格才是最高的学位。这之后我又在医院采访了世纪老人冰心。我问先生，您现在最关心的是什么？老人的回答简单而感人：是年老病人的状况。

当时的冰心已接近人生的终点，而这位在五四运动爆发那一天开始走上文学创作之路的老人心中对芸芸众生的关爱之情历经近80年的岁月而依然未老。这又该是怎样的一种传统！

冰心的身躯并不强壮，然而她这一生却用自己当笔，拿岁月当稿纸，写下了一篇关于爱是一种力量的文章，然后在离去之后给我们留下了一个伟大的背影。

当我们有机会和经过五四运动或受过五四运动影响的老人接触，你就知道，历史和传统其实一直离我们很近。这些世纪老人所独具的人格魅力是不是也该作为一种传统被我们延续下去呢？

不久前，我在北大又听到一个有关季先生的故事。一批刚刚走进校园的年轻人，相约去看季羡林先生，走到门口，却开始犹豫，他们怕冒失地打扰了先生。最后决定，每人用竹子在季老家门口的土地上留下问候的话语。然后才满意地离去。

这该是怎样美丽的一幅画面！在季老家不远，是北大的博雅塔在未名湖中留下的投影，而在季老家门口的问候语中，是不是也有先生的人格魅力在学子心中留下的投影呢？只是在生活中，这样的人格投影在我们的心中还是太少。

听多了这样的故事，便常常觉得自己是只气球，仿佛飞得很高，仔细一看却是被浮云拖着；外表看上去也还饱满，肚子里却是空空。这样想着就有些担心了，怎么能走更长的路呢？于是，"渴望年老"四个字对于我就不再是幻想中的白发苍苍或身份证上改成 60 岁，而是如何在自己还年轻的时候，便能吸取优秀老人身上所具有的种种优秀品质。于是，我也更加知道了卡萨尔斯回答中所具有的深意。怎样才能成为一个优秀的主持人呢？心中有个声音在回答：先成为一个优秀的人，然后成为一个优秀的新闻人，再然后是自然地成为一名优秀的节目主持人。

(演讲与口才. 2006 年第 10 期)

播读提示

白岩松，央视著名新闻评论节目主持人，策划并主持了《焦点访谈》《新闻 1 加 1》等节目，由于亲自参与策划并负责大多数节目的撰稿，他主持的节目深刻而不呆板，活泼而不媚俗。曾获第三届"中国金话筒奖""最佳时评节目主持人奖"。

《人格是最高的学位》是白岩松参加"演讲与口才杯"全国新闻界"做文与做人"演讲比赛时所做的演讲，获得比赛的特等奖。这篇演讲融事、情、理为一体，立意深远，构思巧妙，通篇闪耀着理性的光彩。练习时可采用模拟演讲法，将演讲的特点表现出来：前三自然段由平和的叙述开始，引人思索，到小高潮处点题；之后具体生动地讲述冰心、季羡林学生的故事；最后反思自己，启发新闻人把做人放在首位，把老一辈的优良品质发扬光大，做"大写的人"。

复习与思考

1. 为什么说停连、重音是有声语言的标点符号？
2. 停连主要有哪几种处理方式？
3. 重音的表达方法有哪些？
4. 重音的表达为什么要"少而精"？如何才能做到？
5. 如何认识主要重音与次要重音的关系？

第六章

以情带声，有节有度——
语气、节奏

 导　读

　　提高有声语言的表现力，要抓住语句才能把握全篇。语句是语气的具体实现，因而抓住了语句，就有了准确的语气，就能使重音的确定与表达、停顿的位置与时间、连接的速度与方式有所依凭。停连、重音、节奏这些技巧又都要服从语气和语气的衔接。因为语气是有声语言表现力的中心，语气的感情色彩和分量包含了稿件的神韵；而节奏是语气以及语气衔接的必然，只有在准确把握语气的基础上才能发挥其能动作用，在语流的节奏变化中将语气中所包含的神韵显现出来。在播音创作中，既要总结语气、节奏等外部技巧的灵活运用，又不能停留在技巧层面，而要从生理、心理等角度出发，达到情感真实和技巧娴熟的统一和融合。

第一节 语 气

"感有万端之异，言有万态之殊。"有声语言的魅力主要体现在复杂鲜活的语气上。英国的萧伯纳曾拿"是"字的书面表达与口语表达做比较：说一个"是"字有 50 种方法，可是写下来只有一种。我们看，这一个"是"字若为一个独词句，它无所谓重音，也无须停连，那么言语发出者采用什么绝妙的方法显露各不相同的思想感情呢？这就是语气。语气，是播音的重要表达技巧。它要求表现思想感情的贴切性、丰富性、深刻性，要求声音形式的曲折性和变化性。

一、语气的概念

张颂教授在《播音创作基础》中指出："语气是思想感情运动状态支配下语句的声音形式。""播音的语气，必须由两方面构成：一方面是一定的具体思想感情，一方面是一定的具体的声音形式。"[1]这个解释揭示了播音语气的内涵，突出了有声语言的特点。我们可以从中把握到三个要点：其一，语气以具体的思想感情为灵魂；其二，语气以具体的声音形式为躯体；其三，语气存在于一个个语句当中。

只有受具体的思想感情支配的语句，才是有生命的、可感的，播音中尤其要注意语气的思想感情的具体性。语气的具体性，通过对语言本质和语言链条的理解、感受、体验，是能够把握到的。它包括喜、怒、哀、乐、欲、恶、惧等人类情感的不同色彩，还包括各类感情色彩中的不同级差(分量)，同时，也包括语言链条中的"并列""递进""转折""因果""领起""总括""主次"等思维的逻辑

---

[1] 张颂. 播音创作基础. 北京：北京广播学院出版社，1990.

轨迹。此外，在语言传播过程中，与受众的交流、呼应也靠语气来体现。因此，重视语气思想感情的具体性，有充实的内心依据，才能带来语气表达色彩的丰富。

丰富的思想感情，必须透过变化多样的声音形式才能体现出来。声音形式又能对语气的感情色彩起反作用。刻板、单调、以不变应万变的声音形式，抑或对声音形式的选择、驾驭不当，都会使本来要表达的思想感情褪色、变味，进而使有声语言应具有的直接可感性的优势被极大地削弱。语气是"语句的'神'与'形'的结合体"。可以说，如果语气的表达从两方面入手：一是具体的思想感情；一是语气的声音形式。那么，具体的思想感情，即语气的感情色彩和分量，是语气的灵魂；而语气的声音形式是语气的体态与形象，在灵魂的支配下，形象发生姿态万千地变化。

还应注意到，具体句子的语气不会静止地、孤立地存在。给出一个孤立的句子，它的语气常常是多解的。比如有这样一句话："这件事我永远也忘不了。"确定重音、停连后，马上播不一定准确，因为语气在制约着你。这句话用表示深深的怀念、憎恨两种语气，就表现出了不同的色彩。可见，语境的不同，说话人心情不同，会造成不同的语气。把握贴切的语气，要重视语境对具体语句的制约和影响。

二、语气的色彩和分量

语气的感情色彩是指语句包含的喜、怒、哀、欲、惧、憎、爱等态度感情方面的具体性质。语气以句子为单位，因此，在把握语句感情色彩时，应准确把握"这一句"的个性特点，避免句句一样、句句都不准的问题。不同的感情色彩，需要通过不同的声音才能显露出来。比如长时间不见说一句"还好吧？"，要想体现关心、疼惜的感情色彩，就应"气缓声柔"，这时口腔宽松，气息深长；要表现相逢的惊讶和高兴的情绪，就可以"气满声高"，此时口腔似千里轻舟，气息似不绝清流；要只是敷衍地打个招呼，则可"气微声缓"，口腔肌肉放松等。还要注意语气中"这一句"不是孤立存在的，它存在于具体篇章中。要善于抓住整篇文稿的主要感情色彩，避免面面俱到反而失之鲜明。

语气的分量就是在语气感情色彩的基础上，还要进一步掌握其"度"的要求，也就是要把握好感情色彩的分寸、火候。在把握语气分量时，要考虑两个方面的因素：一是语句中语气感情色彩本身分量上的差异，比如"怒"，就有不满、生气、愤怒等程度上的不同。二是要从文章整体出发，依据文章的主次关系，把握语气分量上的差异，重点句的语气分量较非重点的要更重，更醒目突出。二者综合考虑，构成"这一句"的语气分量。语气分量是否准确对语气表达是否贴切有重要影响。

语气的感情色彩和语气的分量共同构成了具体的思想感情，于是语气感情色彩和分量上的种种细微差异，造成了丰富多彩的具体的思想感情，形成了"这一句"的鲜明个性，也决定了声音形式的千变万化。

三、语气的声音形式

语气中所蕴含的丰富细腻的思想感情，要由一定的声音形式才能体现出来。声音形式是语气的体态。声音变成语言，是一种语流。既然是语言的河流，就可以用波浪式来表示，声音又可以用语势来表示。

(一) 语势的含义

语势，指一个句子思想感情的运动状态下所表现出的声音的态势，或者说，是有声语言的发展趋势和走向。语势的核心是有声语言的流动性，包括三个要素：气息、声音、口腔状态。气息与语气有着天生的联系。气息是发声的动力，而这个动力来自思想感情的运动。思想感情的运动导致气息的运动，气息的运动使声音形式发生变化。声音是音色、音高、音强、音长的综合。口腔状态指在思想感情的要求下，吐字归音时口腔的松紧、开闭、前后等状态。这三个要素中的一个发生改变，声音形式都会起变化，往往是三者在配合下共同作用于语气的声音形式。

(二) 语势的种类

1. 平行语势

由稳定的情感运动所表现出的比较平直、扬抑起伏不大的声音运行态势就是平行语势。通常在介绍某一事物、阐述某一情况，或者是表现作者平静、麻木、呆滞、冷酷的心情，又或者是在舒缓、庄严的气氛中经常会用到平行语势。

天气预报通常是典型的平行语势。例如：

今天上海天气为阴，白天有短时小雨和轻霾，最高温度 10℃；明天最低温度 5℃，西北风 5 级，阵风 6 到 7 级。最近几天气温逐步走低，还有可能出现雨加雪天气。请大家早做准备，注意添衣保暖。

天气预报的内容无论长短，都可用相同的语势来播报，原因在于：同样下雨，对建筑工人来说是不好的消息，但对田里的农民来说可能成了好消息，同样的天气会给不同的人带来不同的态度。因此，播送天气预报时往往不能掺杂个人情感，而要表现出一种客观的态度，使用平行语势是最好的方法了。

此外，在讲述性的句子中，平行语势的运用也非常频繁。

例①：

乔治·华盛顿是美利坚合众国的第一任总统。

例②：

蜚声于世的悉尼歌剧院，坐落在澳大利亚著名港口城市悉尼三面环海的贝尼朗岬角上。

例③：

自从传言有人在萨文河畔散步时无意发现了金子后，这里便常有来自四面八方的淘金者。

上文所引用的句子，在各自文章中的作用都是交代背景、介绍情况，因此，平行语势更擅长于清晰准确地讲述一些情感性不强、逻辑性较强的内容。

2. 上行语势

上行语势是声音由低到高、由弱变强、先抑后扬的运动态势。一般上行语势用来表现愤怒、暴躁、质疑、赞美、兴奋等情绪。总的来讲，在上行语势的句子中，通常在语句末尾存在着重强调的情感重音，并在整个句子中表现出一种强烈的情感状态。例如：

这不是很伟大的奇观么？

这是巴金《海上日出》中的最后一句话，属于典型的上行语势。在海上，作者看见了太阳升起的整个过程，从一开始的"红霞"，接着到"一小半"，忽然"发出夺目的光亮"；有时候"走入云里"，却仍然能够"看见光亮的一片"，甚至是"连我自己也成了光亮的了"。当作者目睹了这样一个自然界的美妙景象时，心中对自然的崇敬、对光明的追求油然而生，发自内心地感叹道："这不是很伟大的奇观么？"仔细分析这个句子，头三个字"这不是"在一个声音平面，"很伟大的"明显上行了一步，"奇观"又一次将语音向上扬起，情感愈发浓重，语势愈发上扬，两者同步协调，从而体现出作者高涨的情绪。例如：

我爱你，我真心爱你，我疯狂地爱你，我向你献媚，我向你许诺，我海誓山盟，我能怎么办？我怎样才能让你明白我是如何爱你？

我默默忍受，饮泣而眠？我高声喊叫，声嘶力竭？我对着镜子痛骂自己？我冲进你的办公室把你推倒在地？我上大学，我读博士，当一个作家？我为你自暴自弃，从此被人怜悯？我走入精神病院，我爱你爱崩溃了？爱疯了？还是我在你窗下自杀？明明，告诉我该怎么办？你是聪明的，灵巧的，伶牙俐齿的，愚不可及的，我心爱的，我的明明……

这段独白出自孟京辉执导的著名先锋话剧《恋爱中的犀牛》。男主角马路在舞台上用一种几乎疯狂的口吻向迷恋的对象——女主角明明表达自己的爱意。从语势的角度看，这是一段非常特殊的上行语势。

上行语势就像走楼梯一般，一个台阶一个台阶往上扬。通常在句子中，每一个台阶就是一个词、词组或短语。但在这段台词中，虽然按不同的理解与把握可以找出四到五个上行语势，但其中的每一个台阶都是一句短句。

我爱你，我真心爱你，我疯狂地爱你，

我向你献媚，我向你许诺，我海誓山盟，

我能怎么办？我怎样才能让你明白我是如何爱你？

我默默忍受，饮泣而眠？我高声喊叫，声嘶力竭？

我对着镜子痛骂自己？我冲进你的办公室把你推倒在地？

我上大学，我读博士，当一个作家？我为你自暴自弃，从此被人怜悯？

我走入精神病院，我爱你崩溃了？爱疯了？还是我在你窗下自杀？

这里的每一个短句都是一个完整的上行语势，通过排比声响不断变大，声调不断向上扬起，同时主角的情绪也越来越激动，越来越不受控制，直至最后的彻底崩溃。当然，在这段例文中，由于主角的情绪是由低到高不断攀爬，因此从文字的角度讲，整段语势都是上行的。但在用有声语言表现时，人的生理特征决定了语音不可能不断永远上扬，即使有可能做到，整段文字也会因为线性运动缺乏变化而失去魅力。因此表达时可根据气息长度、音域跨度及表达习惯将它分成几部分，并使语段内的语势变化丰富，整体呈现波浪状的推进趋势。

3. 下行语势

与上行语势相对应，声音由高到低、先扬后抑的运动态势便是下行语势。

你是聪明的，灵巧的，伶牙俐齿的，愚不可及的，我心爱的，我的明明……

还是以上段《恋爱的犀牛》中的"马路独白"为例，从"聪明的，灵巧的"到"伶牙俐齿的，愚不可及的"再到"我心爱的"直至最后"我的明明"，主角马路的情绪在痛苦中愈发低落，好似一个泄了气的皮球一样，过度的爆发最终导致了彻底的崩溃，这种崩溃后的状态展现在语段的最后便形成了一句典型的"下行语势"。播读者的气息由强到弱，声音由重到轻，声调由高到低。可见，在这里使用下行语势的处理方法，非常符合人物角色的情绪特点。

相比较于上行语势表现赞美、欣喜时的生气勃勃的朝气，在使用下行语势表现同样的情绪时，通常显得更加深沉，更加真挚。前者给人以鼓舞人心的激励作用，后者则让人感受到发自肺腑的真情实感。

和上行语势一样，下行语势也常和重音相结合，以表现作者的思想感情。上行语势为了满足末尾处的上扬，通常和"重音重读""重音缓读"等表现方式相结合；下行语势则通常伴随"重音轻读""重音弱读"等表现方式。

4. 曲行语势

语势不同于语调最大的一点就是：语调是直线形的，而语势在句子中则是曲折形、波浪式的。这就决定了必然会存在曲行的语势，而且这样的语势是大量的。所谓曲行语势，是指在语句中语音的高低、扬抑曲折变化的运动态势。曲行语势最能够体现出语流波浪形的摆动，同样也最适合于表现说话人强烈、复杂的思想感情。

曲行语势和其他三种语势相比变化更多，更为复杂，这里只介绍两种比较常见、比较容易把握的类型。

第一，波峰式语势。顾名思义，波峰式语势就是语音、语气的走势就好像是波峰一样，首尾抑，中间扬。很显然，波峰式语势的目的就是强调语句当中扬起的部分，因此这一部分的内容是整句中最关键的，体现出的思想感情也是最强烈的。

例①：

我们最喜欢看新闻频道的节目。

例②：

在这次厨艺大赛中，张师傅凭借一道"西湖醋鱼"赢得了评委的好评。

这句是典型的波峰式语势，强调的分别是"新闻频道""西湖醋鱼"，因此通过波峰式语势最能突出中间的关键内容，让听者能更简单地掌握语句的重点内容。

例①：

我实在太喜欢这份礼物了！

例②：

他才睡了三个小时呀！

这两句也是波峰式语势，从情感来说，分别通过"太喜欢""三"表现出感谢、怜惜的情绪，即通过对中间关键词的"上扬"强化的方式，让听者强烈地感受到这种感情。

和上行、下行语势一样，这种波峰式的语势也常和重音一起出现，关键部位的"上行"和"强调"一同使用，对美化语音及准确表达都很有效果。

第二，波谷式语势。和波峰式语势相对应的，即波谷式语势。所谓波谷式语势，指语音、语气的走势就好像是波谷一样，首尾扬，中间抑。但波谷式语势通常都不是为了特意强调首尾而产生的，有时只是为了显现出前后的一种对应关系。

例①：

黄昏是我一天中视力最差的时候。

例②：

轰隆隆的雷声就把他们吓坏了。

第一句话通过前后的高位语势，"黄昏"和"视力最差"存在因果联系；第二句话中"轰隆隆的雷声"和"吓坏了"显然是主动施加和被动影响的关系。既然中间的内容没有多大的价值，自然可以通过波谷的弱读全部带过。

同样，有些波谷式语势，是通过"重音弱读""重音缓读"等方式，用弱化的方法来强调中间的内容的；也会有一些句子强调的是前后两端中某一端的内容，这样的话，整个句子的语势很有可能显现出"扬、抑、略扬"或者是"略扬、抑、扬"的样式。

总而言之，"波峰式"和"波谷式"仅仅是为了搞清曲行语势而列出的两种最基础的语势变化，在这基础之上，可以由此衍生出多种更加复杂的曲行语势。在这种情况下，因此不能孤立、僵化地去理解"波峰"和"波谷"，而是要根据句子的实际情况把两者结合成连绵不断的"波浪"，使整个句子、整个语段的语势都如同海浪一般有高有低、变化无穷。

(三) 语势的变化方法

1. 要变声儿先变状态

这里的"变声儿"，即语势的变化；"变状态"，即感情状态、用声状态的变化。"要变声儿先变状态"，是语言表达的原则和方法。

说它是原则，因其缘于有声语言中感情、气息、声音三者的辩证关系；说它是方法，因其抓住了声音变化的"钥匙"。

播音的语流，是在播音时的心理、生理、物理三个平面上进行复杂的转换而形成的。语流的心理平面包括两层含义：一是话筒前的创作状态；二是播音时随稿件内容的发展变化的具体心态。松弛而积极的话筒前状态，是灵敏、活跃的思维和情感活动的前提。话筒前状态紧张或懈怠，都不会有积极灵动的思维和情感活动，也就不可能产生具体而真切的心态变化。语流的生理平面，是指在具体的思想感情支配下，发声器官对气息、共鸣各方面的控制。语流的物理平面，是指声音的音高、音强、音色、音长诸方面的表现。总的来说，语流的心理平面是语流声音形式发生变化的动因，其生理平面是语流声音形式发生变化的条件，而语流的物理平面则是声音形式变化的结果。"要变声儿先变状态"，即如要赋予语流以丰富的感情色彩和生动多样的语势，必先变化具体的情感状态，并据此调节控制气息、声音、口腔的状态，从而得到能恰切表现出文字中所蕴含的思想感情的声音形式。简言之，要变化声音形式，必须从改变情感状态着眼，从变化语势入手。

在以上诸种状态的变化中，气息状态的变化有着举足轻重的意义。气息状态，一头连着情感状态，"气随情动"，另一头连着声音状态，"以气托声"，成为联结情感与声音的关节点。声音的变化要靠气息的运动来"铺路架桥"。气息控制是由情及声、由内及外的贯穿性技巧。

气息状态的变化由具体的情感状态来引发调节。气息状态的调节又可催动情感的动势，并得到"以情传声"的效果。播音创作中，气息的多少、快慢、"上提""下松"的种种变化，与口腔控制的松紧、开闭等状态相配合，带来声音丰富多彩的变化。总之，只有"气随情动"，语流才可能呈现出起伏有度、疏密相间的姿态，也才能体现出思想感情发展变化的进程，达到声情并茂的播出效果。

2. 驾驭语势变化的首、腹、尾

我们可以对任何一个语句(独词句除外)做句首、句腰、句尾的大体划分。语句的句首、句尾，承担着语言链条、情感方面的承上启下、衔接转换的任务。语句重音是语句目的的显露点，重音灵活地与句中某一部位结合，也是构成语势变化的重要表现。因此，句首、句腰、句尾是语势变化的关键部位。

这些关键部位在具体思想感情支配下，会有气息、声音、口腔各方面多层次、多侧面的变化，以及它们的多重组合。不过，千变万化之中都有一个共同的规律可循，即"句首忌同一起点，句腰忌同一波形，句尾忌同一落点"。具体如下：

(1) 句首：起点不一，从哪里开始形之于声，句首一定要重视。稿件的开头和一段的开头不一样。重点在后，开头不能起得高；重点在前，要有激情。

(2) 句腰：曲折推进，流畅贯通；注意主次关系，重音在前不要冲淡，重音在后要学会诱发；逗号的衔接、长扬，要有延续的感觉。

(3) 句尾：落点不一，和语气关系大，要有结束感。根据不同内容，有的句尾语气往里收，有的往外放。

四、克服固定腔调

播音是一种语言创作活动，创作最忌刻板和肤浅。然而我们从广播电视节目中常常能听到这样一种播音腔调：它所传达出来的有声语言，无清晰之意，无鲜明之情，可又貌似"亲切"地"忽高忽低"。它不是有血有肉、富有感情地对你"说"，倒像是接通一部语言处理机，不管文字上是什么含义、什么事情、什么风格，只要经过这部"机器"的处理，全都"熨平烫好"，变成了一样的格式传达出来。这种令人厌烦的腔调，我们称之为播音中的"固定腔调"。

(一) 固定腔调的几种表现

固定腔调即以固定不变的声音形式应万变的播音内容。从声音形式看，大体有以下四种类型。

1. 保险调

具体表现是多停少连，中速"行驶"，匀速前进，语势单一。这种情况一般来说是播音时为减少出错，不管长句、短句，句子间是何种逻辑联系，语句含有什么样的思想感情，有无内心节奏的变化，语流的推进总是四平八稳，一板一眼，且起伏度很小，语势平平，听起来单调乏味，令人昏昏欲睡，影响传播效果。

2. 唱调

具体表现是拖腔调，高低起伏自成模式。唱调与保险调有密切联系，也许是意识到多停少连的保险调使句子断得太碎，影响语言表达的流畅，就套用"句子未完，停顿前要扬起"的处理方法，不加分析地逢逗号必扬，而且这个扬起的音节还被着意加重、延长，有的还发生了较大的声调扭曲，音节末尾添个上扬的小弯，如"……参加活动"，"动"是去声，又在句尾，自然读出即可，而有"唱调"癖者，偏读成拐个小弯的调值。

3. 念调

这里所说的"念"，不是小学生似的"念书调"，而是一种较高层次的"念"，它的主要症结在于缺乏对语流的整体驾驭能力，把注意力分散在一个个孤立的句子上。由于某种句子处理上的"雕虫小技"用得过于频繁，结果使语言失去了其自然大方的光彩和活泼多变的生活气息，给人以"念稿"的感觉。

(二) 固定腔调的克服方法

固定腔调是一种语言定势，由相应的心理定式产生，由一定的习惯表达呈现。克服播音中的固定腔调，可从以下几方面入手。

(1) 正视播音创作中思维与感受的决定作用。即播音时要遵循语言与思维、情感密切相关的基本规律，力戒语言与思维、情感脱节，把播音过程简化为"字形—字音"的转化。有稿件的播音，说出的是已经组织好的现成话语，如果播音时不动脑、不动心，思维肤浅、迟缓，感情封闭，就不会产生良好的语言表达效果。即便是自己事先写就的稿件，如果心理状态不对，心理过程少了思维与感受的环节，也只能是用刻板的、毫无生命力的固定腔调来披挂上阵了。播音要做到言之有物、言之有情、言之有理，增强可听性和接受性，正如张颂教授强调的要"心随物转""由己达人"。所谓"心随物转"，即敏锐而准确地随稿件内容变化而及时转换心理状态；所谓"由己达人"，即语言表达有强烈的交流意识和交流意味。这样的心理状态、语言指向，加上生动多样的语言表达形式，所播出的内容才能感染人、打动人。

(2) 从心理学和美学的角度认识克服固定腔调的必要性。心理学研究告诉我们，人的大脑对单调重复的刺激会产生抑制和厌倦，固定腔调对于听众和观众来说，无疑就是一种单调重复的刺激，会取得适得其反的传播效果。从美学角度看，"文似看山不喜平"，变化即运动，运动才有生命力。一成不变、以不变应万变是无活力而言的，播音也是如此。

(3) 锤炼语言表达技巧，使语言的声音形式与其蕴涵的内容统一起来。具体说，就是要特别注意语感的增强，善于辨别、判断、记忆和选择语流中的各种信息因素，提高对语言的感受力和驾驭能力。清代文学家刘大魁说："文贵变……一篇之中段段变，一句之中句句变，神变、气变、境变、音节变、字句变。"他说的虽是写作，但对克服固定腔调不无启发。播音时应根据内容变化，使语言有起伏、抑扬顿挫，语势向前流动，随逻辑关系的变化确定走向，彻底克服各种固定腔调，声音色彩变化自如，浓淡疾徐处理恰当，达到"佳句听人口上歌，有如绝色眼前过"的境界。

第二节　节　奏

节奏是播音创作中所运用的一种重要技巧。具体落实到语气及语气的衔接中，语气是指"这一句"的思想感情的色彩和分量，节奏是指"这一段""这一篇"的思想感情运动状态的外部体现。节奏与语气有密切的关系，两者相辅相成，节奏要靠具体语句的语气落实，同时节奏对全篇语气的规律进行宏观的调控。播音中，既要播好每个句子的语气，还要能驾驭全篇的节奏，只有这样，才能把内容表达得准确、鲜明、生动。

一、节奏的概念

声音的节奏，本身是一个音乐概念，指音乐中交替出现的有规律的强弱、长短现象；而在有声语言表达中，节奏不单指说话调子的高低和语速的快慢。从外部而言，语言的节奏通过声音的高低、疾缓、强弱的变化而形成；从内部而言，节奏是播者的思想感情所决定的。从表达形式来讲，节奏又是通过声音的回环往复来实现的。因此，在有声语言的概念中，所谓节奏是指由全篇稿件生发出来的、思想感情的波澜起伏所造成的抑扬顿挫、轻重缓疾的声音形式的回环往复。

把握节奏，首先要引发思想感情，使之处于运动的状态。在播音创作中，必须"动之于衷"，才能有感而发、"形之于声"，从而使有声语言产生抑扬顿挫、轻重缓疾的变化。可以说，思想感情的运动状态，便是"内心节奏"或"内部节奏"。

把握节奏，重要的是把握有声语言的变化。这变化，不同于停连、重音，也不同于语气，而要着眼于"回环往复"。回环往复，是指抑扬顿挫、轻重缓疾等有规律的变化。这里，既有表情达意的要求，又有艺术美感、语言魅力的融合。通常我们在欣赏一曲音乐时会有这样的感觉：纵然曲中经常会有节奏的变化——时快，时慢，忽而又快，又慢……但这种变化是有规律可循的，并且可以通过这种具有规律性的反复让人感觉到整首曲子的节奏。有声语言的表达同样也是这个道理：在某篇作品中，可能第一段是舒缓的节奏，第二段节奏开始变得紧张，第三段愈发紧张；第四段又是舒缓的节奏，第五段又开始紧张……在这样一个节奏的循环往复中，我们可以找出各段之间在音节、词句、词组、句子间的行文规律，从而在语流上形成呼应、反复、对照，在全篇中形成相似的语势和情感状态，进而通过其中规律来把握整篇文章的基调。正是因为在一篇文章中语气的色彩、分量和语势的运行、变化具有高度的相似性，这种循环往复的规律就形成了有声语言表达中的节奏。

二、节奏的类型及运用

一般来说，语言的节奏按照不同的快慢强弱，大致可以分为轻快型节奏、沉稳型节奏、舒缓型节奏和强疾型节奏。由于节奏和重音、停连、语势不同，只能在一个完整的语段中得以呈现，因此接下来结合一些典型例稿来分别谈谈这四种节奏类型。

(一) 轻快型

多扬少抑，声轻不着力，语流中顿挫少，且顿挫时间短暂，语速较快，轻巧明丽，有一定的跳跃感。如当代作家冯骥才的著名散文《珍珠鸟》[1]，就是典型的轻快型节奏。

真好！朋友送我一对珍珠鸟，我把它们养在一个竹条编的笼子里。笼子里还有一卷干草，那是小鸟又舒适又温暖的巢。

有人说，这是一种害怕人的鸟。

我把它挂在窗前。那儿还有一盆异常茂盛的法国吊兰。我便用吊兰长长的、串生着小绿叶的垂蔓蒙盖在鸟笼上，它们就像躲进深幽的丛林一样安全；从中传出的笛儿般又细又亮的叫声，也就格外轻松自在了。

阳光从窗外射入，透过这里，吊兰那些无数指甲状的小叶，一半成了黑影，一半被照透，如同碧玉；斑斑驳驳，生意葱茏。小鸟的影子就在这中间隐约闪动，看不完整，有时连笼子也看不出，却见它们可爱的鲜红小嘴从绿叶中伸出来。我很少扒开叶蔓瞧它们，它们便渐渐敢伸出小脑袋瞅瞅我。我们就这样一点点熟悉了。

3个月后，那一团愈发繁茂的绿蔓里边，发出一种尖细又娇嫩的鸣叫。我猜到，是它们，有了雏儿。我呢？决不掀开叶片往里看，连添食加水时也不睁大好奇的眼去惊动它们。过不多久，忽然有一个小脑袋从叶间探出来。更小哟，雏儿！正是这个小家伙！

它小，就能轻易地由疏格的笼子钻出身。瞧，多么像它的父母；红嘴红脚，灰蓝色的毛，只是后背还没有生出珍珠似的圆圆的白点；它好肥，整个身子好像一个蓬松的球儿。

起先，这小家伙只在笼子四周活动，随后就在屋里飞来飞去，一会儿落在柜顶上，一会儿神气十足地站在书架上，啄着书背上那些大文豪的名字；一会儿把灯绳撞得来回摇动，跟着跳到画框上去了。只要大鸟在笼里生气地叫一声，它立即飞回笼里去。

我不管它。这样久了，打开窗子，它最多只在窗框上站一会儿，

---

[1] 原载人民日报，1984-02-14，转引自：课程教材研究所，等. 语文(五年级上册). 北京：人民教育出版社，2007.

决不飞出去。

渐渐它胆子大了，就落在我书桌上。

它先是离我较远，见我不去伤害它，便一点点挨近，然后蹦到我的杯子上，俯下头来喝茶，再偏过脸瞧瞧我的反应。我只是微微一笑，依旧写东西，它就放开胆子跑到稿纸上，绕着我的笔尖蹦来蹦去；跳动的小红爪子在纸上发出嚓嚓响。

我不动声色地写，默默享受着这小家伙亲近的情意。这样，它完全放心了。索性用那涂了蜡似的、角质的小红嘴，"嗒嗒"啄着我颤动的笔尖。我用手抚一抚它细腻的绒毛，它也不怕，反而友好地啄两下我的手指。

白天，它这样淘气地陪伴我；天色入暮，它就在父母的再三呼唤声中，飞向笼子，扭动滚圆的身子，挤开那些绿叶钻进去。

有一天，我伏案写作时，它居然落到我的肩上。我手中的笔不觉停了，生怕惊跑它。呆一会儿，扭头看，这小家伙竟趴在我的肩头睡着了，银灰色的眼睑盖住眸子，小红脚刚好给胸脯上长长的绒毛盖住。我轻轻抬一抬肩，它没醒，睡得好熟！还呷呷嘴，难道在做梦？

我笔尖一动，流泻下一时的感受：

信赖，往往创造出美好的境界。

通过这篇例文可以了解，轻快型节奏主要用以描写轻松、活跃的气氛，让听者感受到一种欢乐、愉悦的情绪。而为了能恰当地表达这种节奏，在播读稿件时，播读者须具备足够的外部技巧，要做到牙关松、唇舌有力；声音具有弹性，轻快、活泼；音色明亮、气息通畅。整体说来，就是要让人感受到声音的朝气与活力，进而表现出文章本身的轻快节奏。

(二) 沉稳型

多抑少扬，多重少轻；语速较缓，语流平稳。如由著名朗诵艺术家孙道临老师曾经深情朗诵过的巴金经典散文《我的心》[1]。

近来，不知什么缘故，我的这颗心痛得更厉害了，我要对我的母亲说，妈妈，请你把这颗心收回去吧，我不要了！

记得当初你把这颗心交给我的时候，你对我说过，你的爸爸一辈子拿了它待人、爱人，他和平安宁地度过了一生，临死，他把这颗心交给你，他说，承受这颗心的人将永远正直幸福，并且和平安宁地度过他的一生，现在你长成了，也就承受了这颗心，带着我的祝福，孩子，到广大的世界中去吧！

这些年来，我怀着这颗心走遍了世界，走遍了人心的沙漠，所得到的只是痛苦和痛苦的创痕，正直在哪里？和平在哪里？幸福在哪里？这一切可怕的声音哪一天才会听不见？这一切可怕的景象哪一天才会看不到？这样的人间悲剧哪一天，才不会再演？一切都像箭一般地射到我的心上，我的心已经布满了痛苦的创痕，因此，它痛得更厉害了。

我不要这颗心了，有了它，我不能闭目为盲；有了它，我不能塞耳为聋；有了它，我不能吞炭为哑；有了它，我不能在人群的痛苦中找寻我的幸福；有了它，我不能和平地生活在这个世界上；有了它，我再也不能生活下去了。

妈妈呀，请你饶了我吧，这颗心我实在不要，不能够要了。

我夜夜在哭，因为这颗心实在痛得受不住了，它看不得人间的惨剧，听不得人间的哀嚎，受不得人间的凌辱。我想要放它走，可是，它被你的祝福拴在我的心房内。

我多时以来就下决心放弃一切，让人们去竞争，去残杀，让人

---

[1] 巴金. 我的心我的梦. 武汉：长江文艺出版社，2015.

们来虐待我，凌辱我，我只愿有一时的安息，可我的心不肯这样，它要使我看，听，说，看我所怕看的，听我所怕听的，说别人所不愿听的，于是我又向它要求到，心啊，你去吧，不要苦苦地恋着我，有了你我无论如何不能生活在这个世界上啊，求你，为了我幸福的缘果，撇开我去吧！它没有回答，因为它如今知道，既然它被你的祝福拴在我的心房上，那么，它也只能由你的诅咒而分开。

妈妈，请你诅咒我吧，请你允许我放走这颗心去吧，让它去毁灭吧，因为它不能生活在这个世界上，而有了它，我也不能生活在这个世界上了！

我有了这颗心以来，我追求光明，追求人间的爱，追求我理想中的英雄，到而今我的爱被人出卖，我的幻想完全破灭，剩下的依然是黑暗和孤独。受惯了人们的凌辱，看惯了人间的惨剧。现在，一切都受够了。可是这一切总不能毁坏我的心，弄掉我的心，因为没有得到母亲的诅咒，这颗心是不会离开的。所以为了你的孩子的幸福的缘故，请你诅咒我吧，请你收回这颗心吧。

在这样大的血泪的海中，一个人一颗心算得了什么？能做什么？妈妈，请你诅咒我吧，请你收回这颗心吧，我不要它了！

可是，我的母亲，已经死了很多年了。

在这篇散文中，作者带着些许压抑与伤痛，用一种反语的创作手法表现了那个年代的尔虞我诈、人浮于事，这一切与自己那颗正直的心是如此格格不入。全文的主色调是凝重、严肃的，既没有刻薄轻佻的任性，也没有愤世嫉俗的恶毒，完全是在一种沉重的氛围中展开的。因此播读的时候，采用沉稳型节奏能增强文章的真实感与现实感，最能表现作者的思想。文中的一些关键句子，像"我要对我的母亲说，妈妈，请你把这颗心收回去吧，我不要了""这些年来，我怀着这颗心走遍了世界，走遍了人心的沙漠，所得到的只是痛苦和痛苦的创痕""可是，我的母亲，已经死了很多年了"这些语句，用一种沉稳的节奏去掌控，才能将作者心中那种痛苦、压抑、执着、坚定的感情不夸张、不做作、完整、本色地表现出来。

如果说轻快型节奏好比是青春少年，那么沉稳型节奏就像是一个稳健的中年男子。在实际创作中，播读者在嗓音条件允许的情况下尽量使用较厚实的实声播读，气息饱满充沛，音色不能太亮；语速适中，可稍稍偏慢，吐字清晰，重音强调有力；感情色彩通常略微偏暗——当然，具体的分寸还应当根据具体稿件内容与作者的感情色彩适度把握。

(三) 舒缓型

声多轻松明朗，略高但不着力，语势有跌宕但多轻柔舒展，语速徐缓。如朱自清的名篇《荷塘月色》[1]是一篇典型的舒缓型节奏的文学作品。

这几天心里颇不宁静。今晚在院子里坐着乘凉，忽然想起日日走过的荷塘，在这满月的光里，总该另有一番样子吧。月亮渐渐地升高了，墙外马路上孩子们的欢笑，已经听不见了；妻在屋里拍着闰儿，迷迷糊糊地哼着眠歌。我悄悄地披了大衫，带上门出去。

沿着荷塘，是一条曲折的小煤屑路。这是一条幽僻的路；白天也少人走，夜晚更加寂寞。荷塘四面，长着许多树，蓊蓊郁郁的。路的一旁，是些杨柳，和一些不知道名字的树。没有月光的晚上，这路上阴森森的，有些怕人。今晚却很好，虽然月光也还是淡淡的。

路上只我一个人，背着手踱着。这一片天地好像是我的；我也像超出了平常的自己，到了另一世界里。我爱热闹，也爱冷静；爱群居，也爱独处。像今晚上，一个人在这苍茫的月下，什么都可以想，什么都可以不想，便觉是个自由的人。白天里一定要做的事，一定要说的话，现在都可不理。这是独处的妙处，我且受用这无边

---

[1] 朱自清. 朱自清散文经典全集. 北京：北京出版社，2014.

的荷香月色好了。

曲曲折折的荷塘上面，弥望的是田田的叶子。叶子出水很高，像亭亭的舞女的裙。层层的叶子中间，零星地点缀着些白花，有袅娜地开着的，有羞涩地打着朵儿的；正如一粒粒的明珠，又如碧天里的星星，又如刚出浴的美人。微风过处，送来缕缕清香，仿佛远处高楼上渺茫的歌声似的。这时候叶子与花也有一丝的颤动，像闪电般，霎时传过荷塘的那边去了。叶子本是肩并肩密密地挨着，这便宛然有了一道凝碧的波痕。叶子底下是脉脉的流水，遮住了，不能见一些颜色；而叶子却更见风致了。

月光如流水一般，静静地泻在这一片叶子和花上。薄薄的青雾浮起在荷塘里。叶子和花仿佛在牛乳中洗过一样；又像笼着轻纱的梦。虽然是满月，天上却有一层淡淡的云，所以不能朗照；但我以为这恰是到了好处——酣眠固不可少，小睡也别有风味的。月光是隔了树照过来的，高处丛生的灌木，落下参差的斑驳的黑影，峭楞楞如鬼一般；弯弯的杨柳的稀疏的倩影，却又像是画在荷叶上。塘中的月色并不均匀；但光与影有着和谐的旋律，如梵婀玲上奏着的名曲。

荷塘的四面，远远近近，高高低低都是树，而杨柳最多。这些树将一片荷塘重重围住；只在小路一旁，漏着几段空隙，像是特为月光留下的。树色一例是阴阴的，乍看像一团烟雾；但杨柳的丰姿，便在烟雾里也辨得出。树梢上隐隐约约的是一带远山，只有些大意罢了。树缝里也漏着一两点路灯光，没精打采的，是渴睡人的眼。这时候最热闹的，要数树上的蝉声与水里的蛙声；但热闹是它们的，我什么也没有。

忽然想起采莲的事情来了。采莲是江南的旧俗，似乎很早就有，而六朝时为盛；从诗歌里可以约略知道。采莲的是少年的女子，她们是荡着小船，唱着艳歌去的。采莲人不用说很多，还有看采莲的人。那是一个热闹的季节，也是一个风流的季节。梁元帝《采莲赋》里说得好：

于是妖童媛女，荡舟心许；鹢首徐回，兼传羽杯；棹将移而藻挂，船欲动而萍开。尔其纤腰束素，迁延顾步；夏始春余，叶嫩花初，恐沾裳而浅笑，畏倾船而敛裾。

可见当时嬉游的光景了。这真是有趣的事，可惜我们现在早已无福消受了。

于是又记起《西洲曲》里的句子：

采莲南塘秋，莲花过人头；低头弄莲子，莲子清如水。今晚若有采莲人，这儿的莲花也算得"过人头"了；只不见一些流水的影子，是不行的。这令我到底惦着江南了。——这样想着，猛一抬头，不觉已是自己的门前；轻轻地推门进去，什么声息也没有，妻已睡熟好久了。

文中，作者通过对月下荷塘的细致描写，表现了夏夜荷塘的迷人景色，同时流露出心中淡淡的爱、淡淡的愁。由于笔下的风景静谧、浪漫，作者心中的情绪极淡、不易察觉，因此应用一种舒缓型节奏来加以表现。语言表达中的舒缓型节奏通常适合表现美丽的风景、温柔的氛围、内敛的情感以及不易被人感知的喜或愁。在《荷塘月色》之中，这种淡淡的情感几乎无处不在："这一片天地好像是我的；我也像超出了平常的自己，到了另一世界里""塘中的月色并不均匀；但光与影有着和谐的旋律，如梵婀玲上奏着的名曲""但热闹是它们的，我什么也没有"。这样的语句含蓄、温婉，多一分则显夸张，少一分则显无味。播读时应做到语言顺畅、语速较慢，咬字清晰但无须用力；在用声上应虚实结合，音色不能太亮太硬；气息稳定、柔和，不突兀、不急促。

(四) 强疾型

多连少停，语言表达强而有力。语速快，气较促，顿挫短暂，语言密度大。

强疾型节奏是四种节奏中最难表现、最难把握的。其中的重点在于播读者的唇舌应始终处于紧张状态，吐字清晰有力；声音不能拖沓，语速要快，在保持语流连贯的同时还要加强声音的弹性，气息充足。做到这些，需要扎实的吐字发声基本功来支持。

强疾型节奏的语段通常都是文中人物或者作者的态度最为坚定、爱恨最为浓重、情绪最为激烈的内容，而在语句结构上，大多都有排比句或者是数个长度相仿的并列短句的存在。比如莎士比亚《哈姆雷特》中经典独白《生存还是毁灭》：

生存还是毁灭？这是个问题啊！究竟哪样更高贵，去忍受那狂暴的命运无情的摧残？还是挺身去反抗那无边的烦恼，把它扫一个干净。去死，去睡就结束了，如果睡眠能结束我们心灵的创伤和肉体所承受的千百种痛苦，那真是生存求之不得的天大的好事。去死，去睡。

去睡，也许会做梦！唉，这就麻烦了，即使摆脱了这尘世，可在这死的睡眠里又会做些什么梦呢？真得想一想。

就这点顾虑使人忍受着终身的折磨，谁甘心忍受那鞭打和嘲弄，受人压迫，受尽侮蔑和轻视，忍受那失恋的痛苦、法庭的拖延、衙门的横征暴敛，默默无闻的劳碌却只换来多少凌辱。但他自己只要用把尖刀就能解脱了。谁也不甘心，呻吟、流汗拖着这残生，可是对死后又感觉到恐惧，又从来没有任何人从死亡的国土里回来，因此动摇了，宁愿忍受着目前的苦难而不愿投奔向另一种苦难。顾虑就使我们都变成了懦夫，使得那果断的本色蒙上了一层思虑的惨白的容颜，本来可以做出伟大的事业，由于思虑就化为乌有了，丧失了行动的能力。

　　强疾型节奏一般用来表达紧张危急的状况、色彩浓烈的情感、大起大落的气势，因此在朗诵表演中，这种节奏经常出现。通过强疾型节奏，作品和朗诵者的感情如同火山爆发一般喷薄而出，给听者一种酣畅淋漓的感受。再以先锋戏剧派导演孟京辉的经典力作《恋爱中的犀牛》台词(节选)为例：

　　黄昏是我一天中视力最差的时候，一眼望去满街都是美女，高楼和街道也变幻了通常的形状，像在电影里……你就站在楼梯的拐角，带着某种清香的味道，有点湿乎乎的，奇怪的气息，擦身而过的时候，才知道你在哭。事情就在那时候发生了。

　　我有个朋友牙刷，他要我相信我只是处在发情期，像图拉在非洲草原时那样，但我知道不是。你是不同的，唯一的，柔软的，干净的，天空一样的，我的明明，我怎么样才能让你明白？你如同我温暖的手套，冰冷的啤酒，带着阳光味道的衬衫，日复一日的梦想。你是甜蜜的，忧伤的，嘴唇上涂抹着新鲜的欲望，你的新鲜和你的欲望把你变得像动物一样的不可捉摸，像阳光一样无法逃避，像戏子一般的毫无廉耻，像饥饿一样冷酷无情。我想给你一个家，做你孩子的父亲，给你所有你想要的东西，我想让你醒来时看见阳光，我想抚摸你的后背，让你在天空里的翅膀重新长出。你感觉不到我的渴望是怎样的向你涌来，爬上你的脚背，淹没你的双腿，要把你彻底地吞没吗？我在想你呢，我在张着大嘴，厚颜无耻地渴望你，渴望你的头发，渴望你的眼睛，渴望你的下巴，你的双乳，你美妙的腰和肚子，你毛孔散发的气息，你伤心时绞动的双手。你有一张天使的脸和婊子的心肠。我爱你，我真心爱你，我疯狂地爱你，我向你献媚，我向你许诺，我海誓山盟，我能怎么办。

　　我怎样才能让你明白我是如何爱你？我默默忍受，饮泣而眠？我高声喊叫，声嘶力竭？我对着镜子痛骂自己？我冲进你的办公室把你推倒在地？我上大学，我读博士，当一个作家？我为你自暴自弃，从此被人怜悯？我走入精神病院，我爱你爱崩溃了？爱疯了？还是我在你窗下自杀？

明明，告诉我该怎么办？你是聪明的，灵巧的，伶牙俐齿的，愚不可及的，我心爱的，我的明明……

《恋爱的犀牛》讲述了这样的一个爱情故事：性感神秘的女孩明明在年轻人马路面前出现的一瞬间，马路的生活彻底改变了。明明有着不可思议的铁石心肠，无论是鲜花、誓言，还是肉体的亲昵都不能改变，马路做了能做的一切，一次意外的巨奖看来能够使他获得明明，结果只是让他陷入更深的绝望。马路的疯狂使恋爱指导员的理论彻底崩溃。在一个犀牛嚎叫的夜晚，马路以爱情的名义将明明绑架了……上文是马路绑架明明后的一段独白，其中第三段的表达可以用强疾型节奏来表现马路当时冲动、激昂的情绪。

与其他三种节奏不同，强疾型节奏不可以在整篇文章中一直出现。强疾型节奏表现的是一种喷薄而出的强大的气势和情感，如果一篇文章自始至终贯穿这种强疾型的节奏，非但播者在生理、心理上都承受不了，而且会给听者一种嘈杂、烦躁、听不下去的感觉。因此，在大多情况下，强疾型节奏只是整篇文章中的一个点缀，大多出现在情感推进中的关键位置，表现故事情节的高潮部分。

事实上，很少有文章从头到尾都是同一种节奏推进展开的。一篇优秀的作品总是以某一种节奏为主基调，在情节转折的时候，适当掺杂其他节奏类型。只有这样，才能使文章的节奏产生一种"回环往复"的效果，就好像一首优美动听的音乐，旋律和节奏在统一中有变化，变化中有统一。无论是演奏音乐还是播读文章，这才是最佳的效果。最后，通过史铁生的《秋天的怀念》[1]详细分析一下。

双腿瘫痪后，我的脾气变得暴怒无常。望着望着窗外天上北归的雁阵，我会突然把面前的玻璃砸碎；听着听着李谷一甜美的歌声，

---

[1] 史铁生. 史铁生散文选集. 天津：百花文艺出版社，2011.

我会猛地把手边的东西摔向四周的墙壁。母亲这时就会悄悄地躲出去，在我看不见的地方偷偷地听着我的动静。当一切恢复沉寂时，她又悄悄地进来，眼边红红的，看着我。"听说北海的花儿都开了，我推着你去走走。"她总是这么说。母亲喜欢花，可自从我的腿瘫痪以后，她侍弄的那些花都死了。"不，我不去！"我狠命地捶打这两条可恨的腿，喊着："我活着有什么劲儿！"母亲扑过来抓住我的手，忍住哭声说："咱娘儿俩在一块儿，好好儿活，好好儿活……"

可我却一直都不知道，她的病已经到了那步田地。后来妹妹告诉我，她常常肝疼得整宿整宿翻来覆去地睡不了觉。

那天我又独自坐在屋里，看着窗外的树叶"唰唰啦啦"地飘落。母亲进来了，挡在窗前："北海的菊花开了，我推着你去看看吧。"她憔悴的脸上现出央求般的神色。"什么时候？""你要是愿意，就明天？"她说。我的回答已经让她喜出望外了。"好吧，就明天。"我说。她高兴得一会坐下，一会站起："那就赶紧准备准备。""哎呀，烦不烦？几步路，有什么好准备的！"她也笑了，坐在我身边，絮絮叨叨地说着："看完菊花，咱们就去'仿膳'，你小时候最爱吃那儿的豌豆黄儿。还记得那回我带你去北海吗？你偏说那杨树花是毛毛虫，跑着，一脚踩扁一个……"她忽然不说了。对于"跑"和"踩"一类的字眼，她比我还敏感。她又悄悄地出去了。

她出去了，就再也没回来。

邻居们把她抬上车时，她还在大口大口地吐着鲜血。我没想到她已经病成那样。看着三轮车远去，也绝没有想到那竟是永远的诀别。

邻居的小伙子背着我去看她的时候，她正艰难地呼吸着，像她那一生艰难的生活。别人告诉我，她昏迷前的最后一句话是："我那个有病的儿子和我那个还未成年的女儿……"

又是秋天，妹妹推着我去北海看了菊花。黄色的花淡雅，白色的花高洁，紫红色的花热烈而深沉，泼泼洒洒，秋风中正开得烂漫。我懂得母亲没有说完的话。妹妹也懂。我俩在一块儿，要好好儿活⋯⋯

这篇文章，整体来看，应该属于沉稳型节奏，但在具体的语句处理上几乎囊括了所有四种基本的节奏。

文章一开始，"双腿瘫痪后⋯⋯"显然是沉稳型节奏，表现作者当时颓废、痛苦的心情；当母亲出场了，节奏开始渐渐舒缓，投射出的是一股温暖的母爱。但随后作者语风一变——"'不，我不去！'我狠命地捶打这两条可恨的腿，喊着⋯⋯"节奏忽然变得激烈起来，转为强疾型节奏。

到了第二段，节奏再次回归主基调——沉稳型节奏，并将文章引向下一部分的内容。

第三段开始，文章逐渐从沉稳型节奏向舒缓型节奏转换，当母亲说到"还记得那回我带你去北海吗？⋯⋯"这一部分的色彩明显较之前明亮了不少，尤其到了"一脚踩扁一个"的时候，完全转换为轻快型节奏。但很快，当母亲发现说错了话的时候，又一个巨大的转折——节奏重新回归沉稳。

文章第四段只有一句话。这句话属于沉稳型节奏和强疾型节奏的结合——可单纯用沉稳型节奏把握，但倘若在后半句"就再也没回来"介入一些强疾型节奏，则更能表现出作者失去母亲时的悲痛、后悔的心情。

然后，"邻居们把她抬上车时⋯⋯"由强疾渐渐回到沉稳，表现作者心中凝重、沉痛的心绪。这种节奏一直延续到第六段，并随着母亲的那句话，渐渐淡去。

最后一段，作者的语气明显舒缓了下来，想必是很多年后的事情了。这里的节奏转而由舒缓作为主导，尤其在"黄色的花淡雅⋯⋯"一部分，也可以添一些轻快的节奏感。但到最后"我懂得母亲没有说完的话……"重归文章的主基调——沉稳型节奏，展现作者此时面对生活乐观、坚定、自信的心境以及对母亲的无限深情。

可见，播者在表现这篇文章的时候，沉稳型节奏是占主导地位的节奏，但舒缓型节奏、轻快型节奏、强疾型节奏也适时出现，在各种节奏的共同协调配合、回环往复的作用下，方能给听者一种音韵上的美感、情感上的真实感。

三、节奏的转换方法

流动和变化，是节奏技巧的特点，主导节奏的回环往复，离不开主导节奏与辅助节奏之间的转换承接；而声音的高低、轻重、疾徐三方面不同的对比组合关系，就构成了播音节奏的基本转换形式。

(一) 欲扬先抑，欲抑先扬

声音向高的趋势发展，称为"扬"，声音向低的趋势变化叫作"抑"。扬、抑二者本身是对比而言的，并没有什么绝对标准。如果主要部分要扬，次要部分要抑，反之亦然。意即：如果下一层次、下一段、下一个小层次、下一个句子要扬，那么，这一层、这一段、这一个小层次、这一个句子就先抑，反之亦然。这种以抑做扬的铺垫，或以扬做抑的衬托，就加大了扬抑变化的幅度，较之缺乏对比映衬的扬抑变化，有了一种优美的节奏，给人以美感享受。

比如《爱的凝聚》[1]中，小利军的父亲抱着孩子下车碰到客运值班员孟芙蓉的情节：

①小利军的父亲抱着孩子，急促下了车，在纷乱的人流中，朝地下道口走去。②这时候已是傍晚时分，面对这座陌生的城市、陌生的人群，护送小利军的亲人茫然不知所措，医院在哪儿？怎么走？他们焦急万分！③突然，一位身穿铁路制服的女同志，穿过拥挤的

---

[1] 付程. 实用播音教程第 2 册. 北京：北京广播学院出版社，2002.

人群，找到他们跟前问道："同志，你们是从高岭站上车的吧？"
"是啊！""汽车在检票口外边等着你哪！快带孩子去医院吧！"

《爱的凝聚》讲述了社会各界为救受伤儿童小利军，克服种种困难、急人所急、真诚助人的感人故事。文章的类型为紧张型，语势上扬为主要色彩。这三句中的①可稍扬，②抑，③扬。这种节奏变化能够很好地体现出小利军父亲的焦急心情和客运值班员为救孩子抢时间的急迫情绪。

（二）欲快先慢，欲慢先快

语流的快慢，是节奏转换变化的又一对重要的组合关系。这种快与慢、紧张与舒缓的组合，既可以用在段落间、句群间，也可以用在词组或音节间，如此快慢节奏的变化会更丰富、更自然，避免单一、刻板的弊病。如陈淼的散文《桂林山水》[1]：

我看见过波澜壮阔的大海，欣赏过水平如镜的西湖，却从没看见过漓江这样的水。漓江的水真静啊，静得让你感觉不到它在流动；漓江的水真清啊，清得可以看见江底的沙石；漓江的水真绿啊，绿得仿佛那是一块无瑕的翡翠。船桨激起的微波，扩散出一道道水纹，才让你感觉到船在前进，岸在后移。

这里的舒缓节奏，表现为音节较长，句子停顿较多。不过，这里的停顿，一般采取延长停顿前的音节而后衔接的方法，并不是加长停顿的时值。另外，在句中找到可以加快的音节，如"漓江的水真静啊"中"漓江的水"几字可适当加快，而"真静啊"可以拉开了说"真——静——啊——"。这就从快慢组合上，巧妙地运用对比，欲慢先快，使语流显得更悠长、更舒展。对于舒缓节奏的处理，一方面要求气息长而轻匀，处在一种持续时间较长而控制力精微的弱控制状态，做到"慢而不断"；另一面要在慢中找到能够稍为加快的

---

[1] 课程教材研究所等. 语文第八册. 人民教育出版社，2007.

地方，才能"慢而不拖"。

（三）欲重先轻，欲轻先重

声音形式的轻与重，与吐字力度、口腔松紧及气息密度有关。吐字力度强，口腔控制紧，气息密度大，声音就重，反之则轻。轻与重还与声音的虚实有关，虚则显得轻，实则显得重。如屠格涅夫的散文《麻雀》[1]：

① 风猛烈地摇着路旁的白桦树，我顺着林荫路望去，看见一只小麻雀呆呆地站在地上，无可奈何地拍打着小翅膀，它嘴角嫩黄，头上长着绒毛，分明才出生不久，是从窝里摔下来的。

② 猎狗慢慢地走近小麻雀，嗅了嗅，张开大嘴，露出锋利的牙齿。突然，一只老麻雀从一棵树上飞下来，像一块石头似地落在猎狗面前。它蓬起了全身的羽毛，样子很难看，绝望地尖叫着。

③ 老麻雀用自己的身体掩护着小麻雀，想拯救自己的幼儿，可是因为紧张，它小小的身体发抖了，发出嘶哑的声音，它呆立着不动，准备着一场搏斗。在它看来，猎狗是一个多么庞大的怪物哇！可是它不能安然地站在高高的没有危险的树枝上，一种强大的力量使它飞了下来。

这段文字通过猎人在林中观察到老麻雀的一段"护犊之情"，赞扬了伟大的母爱。②、③两段着重描绘了老麻雀护子的情景，感情浓烈，分量很重。①段从内容、感受上反映出一种较轻的节奏，此段的"轻"，恰可映衬强化②、③段的"重"。不过，②段第一句由轻渐渐转到稍重，从"突然"起加快语言节奏，加重分量，以一气呵成之势，表现出老麻雀全力救子的形象，真像"一块石头"似的，毫不犹豫、毫无畏惧地落在那"庞然大物"——猎狗面前。这里欲重先轻的节奏转换，使受众心里感到重重的一击，太出乎意料了！

---

[1] 付程. 实用播音教程第 2 册. 北京：中国传媒大学出版社，2002.

此外，为了更巧妙地运用节奏的轻重转换，除了形成轻重或虚实的前后对比外，还应注意它们之间的过渡，即重中有轻，轻中有重，实能转虚，虚能转实。"虚"，指略带气音的半虚半实之声，如②段中，老麻雀毅然飞落下来，"蓬起了全身的羽毛"，但它毕竟太小了，所以下文紧跟着"样子很难看，绝望地尖叫着"，就可适当转轻、转虚，才符合情理。到③段又开始由虚转实，略加重。从"可是因为紧张"开始，渐轻、稍虚，接下来的句子里轻重、虚实有不同程度的变化，直到第二个"可是"就要逐渐积蓄力量，逐渐推上去，重重地说出"一种强大的力量使它飞了下来"，从而完整、真实、生动地刻画出老麻雀不畏猎狗、勇救幼子、令人赞叹的形象。

以上几种基本的节奏转换形式，在实际应用中，有时用一种转换形式，更多的是两种或两种以上转换形式交织在一起综合运用。这样，才愈见节奏的立体性、丰富性和整体性。

第三节　单元实训及提示

母亲的姿势

吴志强

这是一个真实的故事。他们就住在一套用木板隔成的两层商铺里。

母亲半夜起床上厕所，突然闻到一股浓浓的烟味，便意识到家中出事了。等丈夫从梦中惊醒，楼下已是一片火海，全家两个女儿、三个儿子以及两个雇工都被困在大火中。孩子们被叫醒后，各个如受惊的小兔子，逐一聚拢到母亲身边。幸好阁楼上的天花板只有一层，砸开它，就可以攀上后墙逃生。绝望之余，父亲带着两个雇工砸开天花板，并第一个抢先翻过墙头。父亲出去后，再也没回来，他只顾呼唤邻居救火。高墙里面，大火离母亲和五个孩子越来越近了，五个孩子中，最高的也只有 154 厘米，而围墙竟有两米多高，他们没有一个人能够单独攀上去。幸运的是，墙头上有一个雇工留了下来。他一手抓紧房顶横梁，另一只手伸向墙内的母亲和孩子。"别怕，踩着妈妈的手，爬上去！"母亲蹲在地上，抓牢大儿子的脚，大儿子用力一蹬，抓住雇工的手攀上墙头翻身脱离了险境。用同样的办法，母亲把二儿子和小儿子一一举过了墙。

此刻，火舌已舔到脚掌，母亲奋力抓起二女儿。此时，她的力气已用尽，浑身不停地颤抖。大女儿急中生智，协助妈妈把妹妹举过了墙。火海中，仅剩母亲和大女儿。大火已卷上了她们的身体，烧着了她们的衣服。大女儿哭着让妈妈离开，但母亲坚决地将大女儿拉了过来，拼尽最后一口气，将大女儿托过墙头。当雇工再次把手伸向母亲的时候，她竟然连站立的力气也耗尽了。转眼间，便被大火吞没了。墙外，五个孩子声泪俱下地捶打着墙，大喊着"妈妈"。而墙内的母亲再也听不见了，永远地闭上了眼睛。

消防人员赶到，20 分钟便将大火扑灭。人们进去寻找这位母亲，看到了极为悲壮的一幕：母亲跪在阁楼内的墙下，双手向上高高举起，保持着托举的姿势。

这个故事就发生在深圳，人们也将永远铭记这位英雄母亲的名字——卢映雪。

(中外文摘.2006 年第 9 期)

播读提示

播读这篇文章的基本情感追求，就是对于母爱的咀嚼与回味。母亲用并不强壮的肩膀托起了五个孩子生存的希望，自己却葬身火海之中。这个故事让我们再次深切感受到：在这个世界上，没有一种力量能与母爱相比，圣洁的母性一旦爆发出力量，就会产生出一个个爱的传奇，一个个爱的奇迹。表达时要注意声音形式随情节的发展而变化，收放、扬抑、轻重都应恰到好处。

相信未来

食　指

当蜘蛛网无情地查封了我的炉台
当灰烬的余烟叹息着贫困的悲哀
我依然固执地铺平失望的灰烬
用美丽的雪花写下：相信未来

当我的紫葡萄化为深秋的露水
当我的鲜花依偎在别人的情怀
我依然固执地用凝霜的枯藤
在凄凉的大地上写下：相信未来
我要用手指那涌向天边的排浪
我要用手撑那托起太阳的大海
摇曳着曙光那枝温暖漂亮的笔杆
用孩子的笔体写下：相信未来

我之所以坚定地相信未来
是我相信未来人们的眼睛
她有拨开历史风尘的睫毛
她有看透岁月篇章的瞳孔

不管人们对于我们腐烂的皮肉
那些迷途的惆怅、失败的苦痛
是寄予感动的热泪、深切的同情

还是给以轻蔑的微笑、辛辣的嘲讽？

我坚信人们对于我们的脊骨

那无数次的探索、迷途、失败和成功

一定会给予客观、公正的评定

是的，我焦急地等待着他们的评定

朋友，坚定地相信未来吧

相信不屈不挠的努力

相信战胜死亡的年轻

相信未来，热爱生命！

(食指. 食指的诗. 北京：人民文学出版社，2009)

播读提示

食指，原名郭路生，当代诗人。食指之所以取名为"食指"，一是因为"食指"——时维元(诗人的母亲)"时之子"；二是因为"在中国，作为诗人，无论是写作还是生活都存在无形的压力"，但别人在背后的指指点点绝损伤不了一个人格健全的诗人。食指1948年出生，1982年开始发表作品，1997年加入中国作家协会。著有诗集《相信未来》(1988)、《食指·黑大春现代抒情诗合集》(1993)、《诗探索金库·食指卷》(1998)。

这首诗写于1968年"文化大革命"前期，具有思想的前瞻性和信念的坚定性。当时对时局有清醒认识、真正看到光明和希望的人不多，那些为了正义和人的尊严以死抗争的时代俊彦，因为看不到希望才悲壮地走向"宁为玉碎，不为瓦全"的结局，比如老舍、傅雷夫妇等。"相信未来"是那个时代最需要也最缺乏的呼唤。播读时要正确理解诗歌的象征意象，表现出特定年代坚持理想和信念的难能可贵，处理好节奏。

致橡树

舒　婷

我如果爱你——
绝不像攀援的凌霄花，
借你的高枝炫耀自己；
我如果爱你——
绝不学痴情的鸟儿，
为绿荫重复单调的歌曲；
也不止像泉源，
常年送来清凉的慰藉；
也不止像险峰，
增加你的高度，衬托你的威仪。
甚至日光，
甚至春雨。
不，这些都还不够！
我必须是你近旁的一株木棉，
作为树的形象和你站在一起。
根，紧握在地下；
叶，相触在云里。
每一阵风吹过，
我们都互相致意，
但没有人，
听懂我们的言语。
你有你的铜枝铁干，

像刀，像剑，也像戟；

我有我红硕的花朵，

像沉重的叹息，

又像英勇的火炬。

我们分担寒潮、风雷、霹雳；

我们共享雾霭、流岚、虹霓。

仿佛永远分离，

却又终身相依。

这才是伟大的爱情，

坚贞就在这里：

爱——

不仅爱你伟岸的身躯，

也爱你坚持的位置，

足下的土地。

(舒婷. 舒婷诗精编. 武汉：长江文艺出版社，2014)

播读提示

这首诗一开始就用了两个假设和六个否定性比喻，表达出了自己的爱情观："我如果爱你——绝不像……甚至日光，甚至春雨。"她既不想高攀对方，借对方的显赫来炫耀虚荣，也不是淹没在对方冷漠的浓荫下。"我必须是你近旁的一株木棉，作为树的形象和你站在一起"，诗人鲜明地表示她不当附属品，只成为对方的陪衬和点缀，而必须和对方平等地立于天地间。这段诗句的播读既要凸显对比效果，也要用和谐抒情的语调加以深情地表现。"根，紧握在地下；叶，相触在云里。每一阵风吹过，我们都互相致意，但没有人，听懂我们的言语"，理想爱情中的情侣，应该如并肩而立的橡树和木棉，并肩携手，息息相通，心心相印，志同道合，深深懂得各自的特点和价值，充分发挥各自的特长。

播读时应充分表达出女性对独立人格、坚贞爱情的向往和追求，表达出那种不被世俗羁绊、对理想爱情的憧憬。"我们分担寒潮、风雷、霹雳；我们共享雾霭、流岚、虹霓"，真正的爱情，应同甘共苦，表面上"仿佛永远分离"，实质上却"终身相依"。"爱——不仅爱你伟岸的身躯，也爱你坚持的位置，足下的土地"，舒婷在这里对爱情的"坚贞"提出独特的见解：爱情的坚贞，不在于忠于对方"伟岸的身躯"，而是理想与信念等精神上的完全相融。

再别康桥

徐志摩

轻轻的我走了，
正如我轻轻的来；
我轻轻的招手，
作别西天的云彩。

那河畔的金柳，
是夕阳中的新娘；
波光里的艳影，
在我的心头荡漾。

软泥上的青荇，
油油的在水底招摇；
在康河的柔波里，
甘心做一条水草！

那榆荫下的一潭，

不是清泉，是天上虹；
揉碎在浮藻间，
沉淀着彩虹似的梦。

寻梦？撑一支长篙，
向青草更青处漫溯；
满载一船星辉，
在星辉斑斓里放歌。

但我不能放歌，
悄悄是别离的笙箫；
夏虫也为我沉默，
沉默是今晚的康桥！

悄悄的我走了，
正如我悄悄的来；
我挥一挥衣袖，
不带走一片云彩。

(徐志摩. 徐志摩诗精编. 武汉：长江文艺出版社，2014)

播读提示

　　《再别康桥》是一首优美的抒情诗，宛如一曲优雅动听的轻音乐。1928 年秋，诗人再次到英国访问，旧地重游，诗兴勃发，缕缕情思都融汇在康桥美丽的景色中。全诗以"轻轻的""走""来""招手""作别云彩"起笔，接着用虚实相间的手法，描绘了一幅幅流动的画面，构成了一处处美妙的意境，细致入微地将诗人对康桥的眷恋、对往昔生活的憧憬、对眼前离愁的无奈，表现得真挚、浓郁、隽永。

《再别康桥》表现出诗人高度的艺术技巧。诗人将具体景物与想象糅合在一起构成诗的鲜明生动的艺术形象，巧妙地把气氛、感情、景象融汇为意境，达到景中有情，情中有景。诗的结构形式严谨整齐，错落有致。全诗七节，每节四行，组成两个平行台阶；一、三行稍短，二、四行稍长，每行六至八字不等，诗人似乎有意把格律诗与自由诗二者的形式糅合起来，使之成为一种新的诗歌形式，富有民族化、现代化的建筑美。诗的语言清新秀丽，节奏轻柔委婉、和谐自然，伴随着情感的起伏跳跃，犹如一曲悦耳徐缓的散板，轻盈婉转，拨动着读者的心弦。

老人与海

(女)那老人再一次扛起他的桨，朝海边走去。

(男)已经八十五天了，一条鱼也没有打到。我好像已经老了，开始背运了。可我的胳膊倒还是有着劲儿的。

(女)他慢慢地升起那张补过的旧帆。那帆看上去就像一面永不失败的旗帜。

(男)太阳升起来了，耀眼的阳光已经把我的眼睛刺痛了一辈子。我感到我有点儿力不从心了，可年轻的时候我曾经是个好的水手啊。

(女)船划得久了，汗珠从脊背上一滴滴流淌下来。老人想——

(男)我可以任船漂流，打一个盹儿或者系个绳扣，把鱼绳拴在脚趾上。

(女)他没有那样做，他相信，那条大鱼就藏在附近的什么地方。不知过了多久，老人发现，那绿色浮杆急速地往水里沉去，他拉了拉鱼绳，感到了沉重的分量。

(男)我钩住的是一条什么样的鱼啊，我还从来没见过鱼有这么大的劲儿呢，它只要一跳，或者往前一窜鱼脊，会要了我的命。

(女)老人全身心地等待着他和那条大鱼的最后搏斗。他想，他这辈子再不会遇到这么大的鱼了，他要最后再赢一次。

(女)太阳落下去了，夜晚来临。那鱼拖着他的小船在海上游了一夜，他没想到等待一场搏斗需要那么长的时间。

(男)我已经感到了你的力量，让我们面对面地斗一斗吧。我和你谁也没有帮手，这很公平，来吧，我早已做好了准备，我不会后悔，死在一条金枪鱼的手里。

(女)夜幕再次降临，老人筋疲力尽。

(男)它不会有那么大，不会的！

(女)它就是那么大，大得出乎老人的意料。

(男)我只有一次机会，这是生死决斗。不是我叉死它，就是它撕碎我。

(女)老人觉得自己快要撑不住了。他用绵软的双手努力握紧他的鱼叉，将鱼叉举过头顶，他把鱼叉举到了不可能再高的高度。

(男)来吧，冲着这儿来吧，让我们做一次临死前的最后的决斗吧！我老了，没什么力气了，我跟你磨了三天，我等了你一辈子了。老兄，我是从来没见过比你更大、更美、更沉着的鱼呢。来吧，让我们看看究竟，谁杀死谁！

(女)那条大鱼挣扎着向老人的小船冲过来。老人拼尽他最后的生命，将鱼叉扎进了大鱼胸鳍后面的鱼腰里。那鳍挺在空中，高过老人的胸膛，老人扎中了大鱼的心脏！那鱼生气勃勃地做了一次最后挣扎，而后，轰隆一声落入水中。啊……老人赢了，他战胜了自己，战胜了那条大鱼。他没有发现一群无所畏惧的鲨鱼正嗅着血迹向这里涌来。

(男)你们这群厚颜无耻的家伙，真会选择时机。但我不怕你们，不怕你们！人，并不是生来就要给你们打败的。你可以消灭他，可就是打不败他，你们打不败他！

(女)成群结队的鲨鱼向船边的大鱼发起猛攻，那撕咬鱼肉的声音，使老人再一次站立起来。他决心捍卫自己的战利品，就像捍卫他的荣誉！

(女)当老人终于回到他出海的那个港口，天空第三次黑暗下来。

(男)人，并不是生来就要给你们打败的。你可以消灭他，可就是打不败他。打不败他……

(女)老人在船上睡着了，他梦见年轻时的非洲，他梦见了狮子。

(中央电视台第一届CCTV电视朗诵大赛一等奖朗诵稿，根据影像资料整理)

((•)) 播读提示

《老人与海》是海明威晚年的完美之作，凭借这部作品，他荣获 1953 年的普利策奖和 1954 年的诺贝尔文学奖，同时该书也被评为影响历史的百部经典之一。故事围绕一位老年古巴渔夫与一条巨大的马林鱼在离岸很远的湾流中搏斗而展开讲述，虽然老人在海上经过三天精疲力竭地搏斗，最终拖到海岸上的是一副巨大的鱼骨架子，但在海明威看来，老人不屈服于命运，无论在多么艰苦卓绝的环境里，都凭着自己的勇气、毅力和智慧进行了奋勇的抗争，他捍卫了"人的灵魂的尊严"，显示了"一个人的能耐可以到达什么程度"，是一个胜利的失败者。这样一个"硬汉子"形象，正是典型的海明威式的小说人物。从他们身上可体现出海明威的人生哲学和道德理想，即不向命运低头、永不服输的斗士精神和积极向上的乐观人生态度。

本文是根据小说《老人与海》改编的朗诵稿，女声负责交代背景和描述事件过程，是叙述语言，男声则多为老人的内心独白或老人的话语。前者是第三人称的，后者是第一人称的。两者情绪上需要天衣无缝的衔接。配合适当的音乐可使播出效果更好。

《王子复仇记》(节选)

(母后寝宫)

哈姆雷特：母亲，有什么事情？

母亲：哈姆雷特，你把你父亲大大得罪了。

哈姆雷特：母亲，你把我父亲大大得罪了。

母亲：好了好了，你的回答真是瞎扯。

哈姆雷特：得了得了，你的问话别有居心！

母亲：怎么了，哈姆雷特？

哈姆雷特：什么又怎么了？

母亲：你忘了是我？

哈姆雷特：我没有忘，没有！你是皇后，你丈夫弟弟的妻子。我真但愿你不是我的母亲。

母亲：好，我去叫会说话的跟你说。

哈姆雷特：来来，你坐下来，你不许动，我要在你面前竖一面镜子，叫你看一看你内心的最深处。

母亲：你干什么？是不是要杀我，——救命！(救命——救命)

哈姆雷特：什么？耗子，死吧，我叫你死，——死吧！

母亲：啊，你干了什么？

哈姆雷特：不，我不知道，那是国王。

母亲：噢，好一桩血腥的行为。

哈姆雷特：血腥的行为？好，母亲，这跟杀死一位国王再嫁给他的兄弟一样狠了。

母亲：杀死国王？

哈姆雷特：对，母亲，正是这句话。

母亲：嗯……嗯……

哈姆雷特：别老拧着你的手，你坐下来，让我拧拧你的心。我一定拧，只要你的心不是石头做成的。

母亲：噢，发生了什么事，你敢这么粗声粗气地对我。

哈姆雷特：啊，你干的好事啊，你玷污了贤慧的美德，把贞操变成伪善，从真诚的爱情的容颜上夺去了玫瑰色的光彩，画上道伤痕，把婚约都变成了毒鬼的誓言。

母亲：发生什么事？

哈姆雷特：请你看看这幅画像，你再看这一幅，这就是他们兄弟俩的画像。这一幅的面貌是多么的丰采啊，一对叱咤风云的眼睛，那体态不正活像一位英勇的神灵刚刚落到摩天山顶，这幅十全十美的仪表仿佛天神特意选出来向全世界公推这样一位完人。这就是你的丈夫。你再看这一个，你现在的丈夫像个烂谷子，就会危害他的同胞。你看看，这绝不是爱情啊，像你这样的岁数，情欲该不是太旺，该驯服了，该理智了。而什么样的理智会让你这么骚的，是什么样的魔鬼迷了你的心？羞耻啊，你不感到羞耻吗？如果年老女人还要思春，那么少女何必再讲贞操呢？

母亲：噢，哈姆雷特，别说了，你使我看清自己的灵魂，看见里面许多黑点，洗都洗不干净。

哈姆雷特：嘿，在床上淋漓的臭汗里过日子，整个糜烂了。守着肮脏的猪圈，无休止地淫乱！

母亲：啊！哈姆雷特，别说了！这些话就像一把尖刀，别说了，好孩子。

哈姆雷特：一个凶犯，一个恶棍，奴才，不及你先夫万分之一的奴才，一个窃国盗位的扒手，从衣服架上偷下了王冠，装进他自己的腰包。

母亲：别说了！

哈姆雷特：一个耍无赖的国王！……

(选自电影《王子复仇记》，根据影像资料整理)

播读提示

本文选自电影《王子复仇记》(哈姆雷特由孙道临配音版本)。开头一句"母亲，有什么事情"初现哈姆雷特内心的矛盾和压抑，从鼻子里哼出轻佻的"亲"字掩不住隐忍的厌弃。在和母亲的一问一答中，戏剧化的重言叠句、节奏的紧锣密鼓，把他的不满怨戾和气氛的剑拔弩张表现得淋漓尽致。误杀躲在帘幕后的大臣后，哈姆雷特受到强烈刺激，大段大段旁若无人的台词表现出暴风骤雨式的悲愤。他的情绪忽而跳脱，忽而癫狂，忽而沉静，忽而暴怒，丧父的悲伤和叛母的耻辱使他陷入大厦将倾般的幻灭；而孙道临的声音也层层高昂，低音坚实，高音透亮，时而委顿低迷，时而拔地而起奔涌不羁，如苏东坡形容自己的为文"万斛泉源，不择地而出"。酣畅背后的痛苦与仇恨，力度背后的犹疑和空虚，焦灼着这个年轻的王子的灵魂。

中央电视台译制版电影《哈姆雷特》由中国传媒大学王明军老师配音，他的声音颗粒饱满、舒展俊逸，神似孙道临。此外，濮存昕在林兆华执导的话剧中饰演过哈姆雷特，剧中人穿着现代人的外衣，在简约得几乎空白的舞美设计中展示莎士比亚戏剧的精神。濮存昕的声音沉厚绵丽，另有一番韵味。演播时可参照、对比这几个版本学习。

复习与思考

1. 语气包含哪两方面的主要内容？

2. 节奏主要有哪几种类型？

3. 语流如何显现节奏感？

4. 正确理解语气和节奏的含义，弄清它们之间的关系。

5. 你有固定腔调吗？应该怎样克服？

第七章

播音技艺的运用

 **导 读**

　　经过播音语言基本功训练与内外部技巧的整合后，就可开始在话筒前进行不同文体的播音创作，即根据不同体裁、不同风格类型的稿件，运用不同的播音技巧与表现手法，拓展创作空间，使播音作品体现出更大的社会价值和审美价值。在这一章，我们将从把握良好的状态、播读不同的文体稿件等方面进行训练，以提高播音实战能力。

第一节　良好状态的把握

　　话筒、镜头前的状态是播者声音、气质、经验、学识、情操、素养等的综合体现。播者从拿到稿件、分析稿件到播出稿件，每个环节都十分重要。在整个过程中，话筒前的状态，应是"箭在弦上"的关键时刻，是播音成败的关键所在。再好的稿件，再精彩的内容，没有好的话筒前状态，播音会功败垂成。反之，良好的话筒前状态，是稿件的"二次创作"，能使播音"锦上添花"。

一、状态松弛

这里所说的"松弛"，是指播者自身心理、形体和用声状态的松弛。达到了"松弛"，才能将整个身心融于创作之中。

"松弛"的提出，是针对某些播者在创作过程中会出现的心理紧张、形体和声音异常而言的。例如有的播者在话筒前极易产生杂念："编辑、记者都在看着，要是读错了多难为情""后边有个专业术语有点儿难，可千万别出错"等。杂念一旦占据主位，就容易分神、播错，所以播者一旦端坐于话筒前，就应全神贯注于稿件："稿件讲述的是什么，怎么样我才能说明白，让受众听得更清楚"。只有专注于稿件内容和受众心理，才能够抑制杂念，使注意力保持稳定、集中。

排除杂念的首要条件是认真备稿。一方面，进行文字备稿，把不清楚的字、不清楚的意思弄明白标注上去。另一方面，做好技术准备，核查顺序、页码，以免颠倒顺序，遗漏页码；对稿件的内容、层次、脉络要清晰明了，目的明确，思想感情紧扣稿件内容进行"二次创作"；即使放下稿件，也能明确地讲出内容梗概，播出时才会胸有成竹、信心十足。

话筒前要做到声清气爽，身体各部分的肌肉尤其是发音器官要适当放松，这样有利于声音气息的运用自如。要做到这一点，可以"调调弦儿"。坐在播音室里面对话筒播上几句，自己调调声音，就好似京胡在演奏前要调调弦儿是一样的道理。稿件起头处播几句，高潮处试几句，以便找准合适的用声范围。

此外，松肩、松胸、松腿、长出一口气等，可以适当帮助缓解僵持、紧张的状态。

总之，应该做到：气托声、声传情，放得开、收得拢，既有控制性又有自如性。

二、心态平和

话筒前常见的不良心理状态主要有以下种种表现：

(1) 心理紧张。有不少刚刚入行的播者，实践经验少，遇到话筒就心理紧张、言辞不畅，或一遇到直播，就有心理压力；还有的播者遇到重要的稿件时，担心自己不能胜任而导致语无伦次。

(2) 情绪懈怠。播者没有休息好，过度疲劳，最容易出现话筒前的情绪低落，四肢无力，思维不畅，无精打采，从而应付了事。

(3) 应激反应衰竭。播者临场经验不足，自我控制能力差或对自己的期望值过高，会出现这种状态。如重大事件直播前，个人情绪过早进入兴奋状态，又没有得到及时缓解，过多消耗了能量，到了话筒前反而精疲力竭了。从生理机制上分析，这种情况的出现是由于大脑皮层兴奋性过高而产生扩散，导致皮层对植物性神经系统和皮层下中枢的调节活动减弱造成的。

(4) 追求技巧，偏离内容。播出前找下重音，对停连做些技巧上的设计很有必要，但如果在话筒前已经张口，还在想"这要停，那要连""这要快，那要慢""这样用声是否正确"……思想感情没能与稿件融会，就偏离了"二次创作，以情带声"的宗旨。相反，播音时思想感情随着内容走，即使打破了固有的设计，也能较好地传情达意。古人云："工欲善其事，必先利其器。"播音技巧的运用须在平时加强修炼，表达时在不刻意追求中根据内容需要灵活运用，才能达到理想的播出效果。

对于以上的不利心态，可以用含蓄的暗示方法——心理诱导法，对播者的心理和行为产生影响，给人脑以兴奋的刺激。暗示的意义在于树立必胜信念，克服一切不利因素，实现积极的自我暗示。稳定自己的情绪才能发挥水平，无论是自我暗示，还是他动暗示进行心理诱导时，一定不要用消极暗示，如"别慌""别紧张"，这些消极的语言可能会引起心理负担的产生；而应使用积极的语言，如"我准备得很好""我的状态很好""我一定会成功"等，这些积极的语言能在一定程度上克服紧张情绪的不良影响。其实，只要不把个人的得失看得太重，不要把直播看得过难，不形成精神压力，心境就会自然放松，状态也会自如从容。

人的情绪十分复杂，既有外部刺激引起的变化，又有内在因素产生的影响。播者想要保持话筒前的最佳状态，就不能让自己的心境处于被动的状态，不能受外界的干扰，必须主动调节情绪。如在重大播音任务或直播前，可以进行"深呼吸"以缓解紧张情绪，即深深地吸气，缓缓地呼气，使深长缓慢的呼吸带动心境逐渐平和起来。

三、姿态大方

话筒前的姿势体态不讲究会影响到播讲状态的自如，如有的播者一边播音一边抖腿；有的播者上身趴在桌子上；有的播者用脚掌打拍子；还有的播者情绪昂扬激动时，上身不时地前弯后仰等。这些不正确的姿态都会影响到声音、气息的自如通畅。

姿态形象是播者人格形象的外在表现。一名播者，不仅要五官端正，还要有社会期求的文明、大方的形象，这不是在播音时刻意"表演"能得到的，作为基本功，应解决在播音之前，习惯成自然。身要坐直，脊椎竖直，两肩自然，不使劲拔胸，也不含胸扣肩；头要端正，不偏不歪，不伸不缩；播音时头可以有微微的动作，但不宜大，过大使人感到画面不稳；如果是半身画面，手臂左右分开一点，在画面中成为梯形。

话筒前的坐姿是坐在椅子的前端三分之一处，双脚分开，上身稍向前倾，两肩放松。正确的站姿是双脚略分开，上身稍向前倾，挺直背部，放松腰部。

电视屏幕前要稍稍注意嘴的动作不要过大，也不能为了美而不敢张嘴，甚至连吐字都不清晰。不能抬头总是笑，可因内容的不同而流露笑意，呈兴奋状态就可以了，即使播者性格开朗外向，在口播新闻中还是以端庄、含蓄、矜持为好。

屏幕前的播音还要找一下镜头前的自我感觉，坐在播音室面对摄像机，要意识到这是面对观众说，视线所及处好似看到了观众期待的目光。技巧娴熟的播者一看到镜头，顿时眼神发亮，有了聚焦点，"看到了"观众，自我感觉良好，赢得交流的主动权，进入最佳的播音状态。

四、语态恰当

语态包含很多方面，如语气、语势、语调、语感等，是解决用什么方式说话的态度问题。对稿件理解处理的深入程度和所表现出来的语态直接影响着听众的"留"与"走"。

有些播者喜欢端架子，平时说话是自然的，到了话筒前就正襟危坐，绷得紧紧的，声音还拔高了，一板一眼；还有的播者醉心于所谓亲切自然的语气，总是柔声细语，甚至用"半个嗓子"说话。这些都不宜提倡。因为抑制自己的创作个性，委屈地去"装"出一种样子不可取；矫揉造作的播音，观众也不会喜欢。

第一，播音时要改变言不由衷、消极被动的播音状态，要加强感情运用，把握语气的分量，注意气息声音的变化，使有声语言充满活力。

第二，细心感受稿件内容，增强语感。一个好的播者，必须具有较强的情感知觉能力。每篇稿件涵盖的情感都是极其丰富和复杂的，而播音就要反映人们的内心境界、思想情感、喜怒哀乐等。只有情感丰富细腻才能细心地体味、揣摩作者在稿件中融入的思想情感，加上自己的人生阅历，带动丰富的想象、联想，展开情感的活动过程，才能播出感人至深的作品。拿到一篇好的稿件，如最新动态、重要消息、重大事件等，作者语言明晰、目的明确，播者就要迅速联想到最期待收听、收看这方面内容的受众的迫切心情，从而引发出强烈的播讲愿望，有一吐为快的念头，这时话筒前的播音状态最为饱满、振奋。

第三，注意力集中，以情带声。注意力的集中与分散有个性差异，但播者在话筒前必须全神贯注到稿件中去，与稿件同呼吸共命运，心里装着听众，依照语言内容起伏，引导受众体会领略。要想稿件所想，急稿件所急，播得引人入胜。在话筒前播音的过程中，情感永远是稿件的第一位，切忌无情之声。只有深入理解稿件的思想感情，变为自己的情感，融入自己的情感，再将这种情感通过自己的声音传达给受众，才会先感动自己，再感动受众。

总之，"台上一分钟，台下十年功"。话筒前的播音状态是非常关键的环节，播者必须专注于稿件，调整自我身心，静心来想内容、想目的、想感受，培养酝酿感情，焕发真情实感，把握好稿件内容及受众心理，把心中感受"说给你听"，才会声情并茂、以情带声、感染受众，使原创稿件"锦上添花"，大放异彩。

第二节　典型文体的播读

播音创作涉及的文体内容和形式多种多样、风格各异。这里，我们只对新闻播音、评论播音、文艺作品演播、电视专题片解说等几种主要体裁作品进行讨论。

一、新闻播音

新闻播音是视听媒体有声语言传播中难度最大、要求最高的一种创作，它既不同于讲道理，也不同于讲故事，而是把最新资讯准确、及时、高效地传递给受众。

(一) 新闻播音的基本要求

稿件是新闻播音创作的依据，因此，要想学会如何播新闻，必须先看懂稿件、理解新闻。即从对新闻稿件由内容到形式的整体认识中寻求新闻播音的基本要求，体会到新闻播音的语言特色。"用事实说话，以新感人"扼要概括了新闻播音的特点，换个角度说，新闻播音的基本要求就是：叙事要清楚，新鲜感要强。

1. 叙事要清楚

要做到叙事清楚，除需要有扎实的语言基本功做保证，还需要注意以下几点：

(1) 广阔的时空坐标上找到这件事的"点"

不论是消息动态，还是人物报道，或者是综合报道、系列报道，都有自身的新鲜之处。在准备稿件时，心中必须明确理解和把握新闻的新鲜点，因为它是稿件的灵魂。只有理解准确了，才会表达贴切。通常从纵横两个方面看到一条新闻的新鲜点。

① 从时间的纵向比较来寻找，即从新闻事物的昨天、前天的情况来考虑。

② 从与此事物相关的其他事物、其他行业系统的横向比较来考虑。

(2) 找清消息的结构

新闻稿件的结构缘起于它的体裁特征，因此熟悉其导语、主体和结尾(有的还有背景材料)的三段式结构，对在较短的时间内迅速准确地把握新闻事实十分重要。语言表达过程中要注意：

① 分析确定导语的重心，避免语势平直驾起。导语"纲举"鲜明，导向清晰，新闻事实便"一目了然"，而后的新闻主体部分方可顺其势"目张"明了。

② 新闻主体部分是事实的展现部分，最忌讳的就是摆单句，摆成一片散沙或一团乱麻。应从宏观入手，先确定重点和划分层次，通过语流曲线的对比变化将重点突出，将层次内部集中，将层次间

的转换显露。尔后，再一步步走向微观落实，如层次内部的相对集中，是通过密切关联的语句关系和每一语句的准确表达来实现的。在这一环节当中，处理好句子，强化句与句间的关联至关重要。

③ 明确背景材料的用途，充分发挥内在语的作用，避免直白肤浅和故弄玄虚，不躁不饰地将背景材料交代透彻，这样才能使新闻内容更加重点突出，使新闻价值所在更加明确。

④ 结尾部分要注意与消息全篇呼应，将语气自然过渡转换，自信平稳地将句尾"蹲住"，给人以结束感，并将新闻内容引向深化。

(3) 分清主次

最能集中表现主题的层次是重点层次，该层次之中还有重点语句，语句之中又有重音，全篇的主次就是这样一层层地显露出来。层次和语句的主次之分，主要靠调整有声语言的疏密和语势来体现，重音和非重音的对比要靠音强、音长、音色的对比变化来体现。新闻播音最常犯的毛病就是处处着力，都是重点便了无重点。

2. 新鲜感要强

(1) 找准新点

新闻播音要用时代的新鲜气息吸引和感染受众。这种新鲜气息来源于播者对新闻事件、新闻稿件的认识和感受，而这些又直接受播者个人的政策水平、新闻敏感程度和知识结构状况的影响。一个新闻事件发生，一篇新闻稿件到手，能迅速准确地捕捉到新鲜点，感受到新意，就需要在同一时期的不同事件的类比或对同一事件的各种报道(横向比较)和同一事件的不同时期的变化对比中(纵向对比)，找到它的特别之处及新鲜点——新意所在。

稿件是多种多样的，新意表现在各个方面，播者寻求新鲜感大体可从以下几方面入手：事件新，政策新，主题新，角度新，思想新，形式新，时间新，受众新等。

（2）感受新意

稿件的新意被播者的主观感受强化并向宣传目的的方向转化，这便形成了一股内驱力，通常把这种力称为播讲愿望。不同体裁的稿件引发的播讲愿望都会呈现出各自的特点，新闻稿件刺激产生的播讲愿望可大体概括为"先睹为快之后产生的欲先吐为快的冲动"，这不仅是新奇感得到满足和得以宣泄的愉悦，更是宣传目的得以实现的愉悦。以上这种有特色的播报愿望在播报过程中应被有声语言的反馈不断加强，再反过来驱动有声语言更加有活力、有新鲜感地顺畅向前。这就是新闻播报的创作心态，它的源头是"新意"，它的归宿是播报语言的新鲜感。

（3）传达新意

为了能最大限度地传达新意，体现新鲜感，在驾驭具体的语言技巧时需要注意以下几点：膈肌活跃，气息带有明显的弹发跳跃感；声音明亮轻松，字音饱满有力度；语势上扬，语气明朗有兴致；节奏简洁、明快、顺畅。

以上是新闻播报的两点基本要求，下面将依此要求形成的新闻播报语言特征及相关技巧概括如下：

语言朴实——概述为主，语气平实，无浓墨重彩。

吐字清晰——语音规范，层次清晰，语意集中。

节奏明快——音色明亮，语势上扬，不拖腔。

语流顺畅——无大起大伏，重音少而精，停少而连多，少吸勤补，换气无声。

新闻播报能力的提高可以分两步进行；首先通过典型例稿分析做单项练习，重点体会某一项或几项技能；然后再做综合练习，体验技巧的综合性运用并探讨整组新闻的内部配合、新闻栏目的特色以及新闻播音的多种样态等。

（二）典型问题及示例分析

1. 导语的处理

新闻的导语是新闻独有的一部分，使用最简要语句概括新闻的精华所在，揭示新闻的主题。所以，播报新闻一定要"开好第一脚"，处理好导语段或导语句。

新闻导语的播音，要根据导语的特点，播得醒目、生动、夺人，有强烈的新鲜感；要力求在导语中播出每一条新闻的特点，还要有引出后面内容的"提示"之感。另外，新闻导语中一般只有一处主要重音需要特别强调，其他地方不能再出现主要重音的干扰。导语中最主要重音是在最主要语句当中的，在它前后的句子都相对次要。播音时要以非常大胆、鲜明的语气来强调主要重音。

例①：

北京市一项重点市政工程——田村山水厂今天竣工，正式向城区供水。这对缓和首都夏天供水不足的矛盾将发挥重要作用。

例②：

据台湾《新生报》报道，一处仿大陆山水风景的游乐园将在明年年初在台湾台中地区建成。

例①导语的重心在中间，重音只需保留"水厂""竣工"(或"供水")，语句开始平起速行，到"水厂正式竣工"或"正式向城区供水"为最高点，而后拉住顺势稍有减弱，平稳结束；例②导语中的"大陆"与"台湾"形成对比性重音。整个语势平稳，前后各有两处小波澜呼应。

2. 主体内部层次及主次的处理

本台消息：房山区中医医院即将赴俄罗斯开设传统中医医疗中心。①今年 9 月 9 号，房山区中医医院与俄罗斯联邦斯维尔德洛夫斯克洲新星有限公司，签订了在扎列奇内镇第 32 医院开设传统中医医疗中心的意向书。②11 月，房山区中医医院院长韩臣子一行五人实地考察了对方的合作诚意、条件及医疗状态。俄方通过当场治病及医疗水平的探底，十分敬佩中医疗法，对合作表示了极大的兴趣和诚意。③俄方医院服务范围 60 万人，距州府 15 公里，地区多发病为哮喘、气管炎、风湿、血栓、肛肠，正是中医对症的长处。中医医疗中心将开设针灸、药浴、火罐、梅花针、正骨、新医疗法等医疗业务，同时进行咨询、教学等项目活动。[1]

上面这则消息中，主体内部分①、②、③三个层次，③层为重点部分。①、②层为承接关系，②、③层为转折关系。②层内部两句分别介绍了中俄双方对对方的满意考察。既要在"俄方通过……"处稍抬起些提示"换方"了，又要和前面中方的考察语气相连构成"两好凑一好"的整体气氛，使其层次内部集中。重点层次③内部第一句既是背景句又是第二句的条件句，所以这两句的关联是很紧密的，语气一定要造就一种"所以就"的必然趋势，顺势而成第二句，使全篇结束。第一句内部有数个并列的内容，一串顿号如处理不好就使这个句子散沙一片了，所以在语气上一定要前有统帅("地区多发病为")，后者归结为("正是中医对症的长处")，这样句意、句形全都集中，向第二句的顺势转换才好进行。

3. 长句子播读处理

据山东日报报道：齐鲁石化公司致力于提高对现有原油的加工深度，去年建成投产的重油加氢装置，可把原来只能做锅炉燃料和沥青石的原油"渣滓"转化为汽油、柴油和液化气，经一年试生产表明，这套装置每年仅提高原油加工深度一项就可增加效益一亿元左右。[2]

新闻中的长句很多。处理好句子是新闻播报的基本功，处理好长句就更显其功力。具体说来，要注意以下几点：首先要用有声语

---

[1] 付程. 实用播音教程第 2 册. 北京：北京广播学院出版社，2002
[2] 付程. 实用播音教程第 3 册. 北京：北京广播学院出版社，2002.

言将其语法关系准确化，将其内在逻辑关系明朗化，将其语句目的鲜明化，使听众或观众一听就懂；其次，播长句，要根据对语句内容的理解划分好停顿的位置，包括稍长的停顿、短暂的停顿和别人不容易察觉的停顿，都做到心中有数、不慌不乱；最后，从心理方面来说，播长句要学会将短句的语气放大，以适应长句的需要。

4. 数字的色彩

据新华社报道：到目前为止，黑龙江省已经有效地控制了非农业建设用地。国家下达这个省每年非农占地不超过 15 万亩，去年全省实际占地降到 6 万亩以下，比国家计划少占 60%。

据有关部门介绍，光是这一项，去年一年可使国家节省征地费用 3600 多万元。[1]

数字的绝对值是对事物本质的量化记录和反映。对于数字首先要读准、读清楚，不可有误。此外，对于消息内有时出现多处数字，播报时注意以下几点：

(1) 数字在新闻中是说明事实的重要方面，要给予充分重视。每一个数字都不能无意义地说出，都要有表示多或者少的判断和态度含在其中。数字的多和少还伴有好坏喜忧的理解。

(2) 新闻稿件中有很多数字，要注意区分主次，对主要的一两个数字给予突出的表现，其余的数字可以顺势表达，不要每个数字都同样使劲。

(3) 有时消息中的数字互相关联，比如超产多少，利润多少，比去年增长百分之多少。播出时要注意它们之间的呼应关系。

综上，上面这则消息的数字较多，可选取最重要、最直观、最便于听众理解、记忆的数字进行着色，同时要注意强调"15 万亩"和"6 万亩"的对比色彩。

---

[1] 高蕴瑛. 教你播新闻. 北京：中国广播电视出版社，2005.

二、评论播音

新闻评论播音是基于新闻评论文本的有声语言表达。因此，必须首先了解新闻评论。

(一) 新闻评论的文本分析

新闻评论和新闻报道一样，也是新闻体裁中重要的一个分类，这就决定了它与文学评论、艺术评论、历史评论、哲学评论等在本质上的区别。和新闻报道不同的是，新闻评论表达人们对新闻事件的判断以及由此引发的关于各类社会问题的思考，是对新闻事实的主观认识；而新闻报道则要求记者对报道对象保持客观中立。两者在形式和内容上也有很大区别。

1. 新闻评论的文体特征

首先，与散文、记叙文等美文不同，新闻评论是一种实用的文体；其次，与私人日记、书信等不同，它是一种讲究表达效率的文体；再次，与对联、古文等人际传播文体不同，它是一种大众传播文体。此外，其实用性、效率性和大众传播性，决定了它是一种讲究时效的文体。时效性有两层含义：一是"时"，要对新闻事实迅速、及时、快捷地做出反应和判断，首先判断新闻事实的"真与伪"，然后判断新闻事实的"对与错"及"是与非"；二是"效"，是指有效率地表达，能给人提供有价值的观点信息，这就要求观点鲜明、逻辑清晰、语言流畅，对读者(听众)具有强烈的冲击力。

2. 新闻评论的思维特征

从思维方向而言，人类思维分为发散型思维和收敛型思维。发散型思维由点及线甚至及面，收敛型思维集中于一点。新闻评论属于收敛型思维，首先，它集中于对象，也就是新闻事件；其次，它集中于论点，也就是对新闻事件的判断。新闻评论切忌漫无边际的发散型思维。

从思维形态而言，人类思维分为逻辑、形象和直觉。现代新闻评论以逻辑推理作为判断新闻事件、有效表达观点的主要手段。新闻评论尽管并不完全排斥联想、比喻等修辞方法，但修辞绝对不能代替推理论证，不能代替"说理"。

3. 新闻评论的语言特征

新闻评论的语言具有抽象性和效率性特征。

新闻评论表达人们对新闻事件的认识和判断，因此，与新闻报道对具体事实、事件、事物的陈述或描述不同，新闻评论的语言具有抽象性特征。此外，新闻评论必须具有表达的效率。在新闻评论的语言中，这种效率性表现为易读性及易被理解性，并且应该具有较好的传播效果。这就决定了新闻评论使用的字词不能拗口、生僻，其句子结构也不应该过于繁复、冗长，而应该短促有力、朗朗上口。

(二) 评论播音的基本要求

把握了新闻评论的文体特征、思维特征和语言特征，有助于评论播音时对新闻评论文本的理解，在播音时就会注意到播音态度、分寸感和节奏感。

1. 评论播音的态度

新闻评论是一种观点表达，是对新闻事件的认识和判断，因此，在新闻评论播音时必须态度明确，播者通过有声语言将新闻评论文本的态度、立场、观点准确鲜明地传达给听众。

首先，态度要肯定。由于新闻评论文本观点鲜明，因此，播音的态度就不可犹豫含糊，而要肯定、果断。

其次，分寸要恰当。由于评论文章所论述的问题千差万别，态度也不可能千篇一律，因此，播者的态度就要注意分寸火候，要忠实于文本原意。

此外，尽管过去常讲晓之以理、动之以情，常说寓情于理，但新闻评论应注意节制情感、情绪性地渲染。新闻评论以理服人，新闻评论播音也应理性表达，不可情感泛滥。

2. 评论播音的节奏

不同的新闻评论文本有不同的播音节奏：时政类评论文本，应分寸得当、质朴庄重、重音准确、语气肯定、张弛有度、节奏稳健；事件类评论文本，应把握文本的内在逻辑，清晰有力，注意节奏变化。

一般而言，如是部署任务、交代工作及方法的重要时政评论文本，节奏应凝重、舒缓；如是庆祝重要会议的召开、闭幕，或者庆祝某项工作取得重大成绩，或者庆祝某项活动圆满完成的评论文本，节奏应明朗、高亢；如是论辩、反驳性的评论文本，要紧凑有力、一气呵成。

3. 评论播音的逻辑与重音

逻辑与重音的关系是相辅相成的。文本的逻辑决定重音的位置，而重音的位置是否准确，又影响到文本逻辑是否得到清晰表达。新闻评论播音对重音的要求主要是重音位置的准确性，一般以语气重读为主，要确切、扎实，不用或少用轻读、夸张等手法，这是由新闻评论文本的抽象性、概括性、收敛性等思维特征所决定的。

总之，新闻评论播音要忠实文本，态度明确，注重逻辑和重音的相辅相成，适当停顿，变化节奏，准确把握新闻评论文本的原意，以达到传播效果。

三、文艺作品演播

文艺作品包括诗歌、散文、小说、寓言等，演播这些文学作品既有共性的要求，也要注意其个性特点。下面先说诗歌。

(一) 诗歌的朗诵

诗歌，是一种运用高度凝练而形象的语言来反映社会生活、抒发感情的一种文学体裁。鲁迅认为，诗歌分为"眼看的"和"嘴唱的"两种，所以不是任何诗都适合朗诵，例如《楚辞》《诗经》只适宜吟咏；现代哲理诗、朦胧诗艰深晦涩，只适合阅读品味。适合朗诵的诗歌内容健康，意境深远，朗朗上口，语言形象生动，富有感染力。诗歌朗诵即用清晰的语言、响亮的声音，动情地把作品表达出来，以传达诗歌的思想内容，引起听众的共鸣。

诗歌朗诵中，朗诵者代替作者直抒胸臆，或激情澎湃，或轻松欢快，或缠绵悲切，与作者息息相通。只有对作者所抒之情有透彻的了解和体验，才可能有内心真挚情感的抒发。下面主要讲讲自由诗体的朗诵技巧。

1. 理解诗意，领会诗情

诗歌，都是有感而发，缘事而发。美国诗人惠特曼说"愤怒出诗人"，意思是，人的感情最浓烈的时候才能写出诗歌，才能成为诗人。因此，诗歌是作者强烈感情的结晶。那么，诗人"感"什么？作为朗诵者，首先要去体会、揣摩和理解，只有理解诗的内容，朗诵时才能表现和发挥，成功再现作者的情感。例如裴多菲的《我愿意是急流》，这首诗表现的是对美好爱情的向往和为爱情奉献一切的赤诚，朗诵时必须突出主人公刚正不阿的性格和对爱情坚贞不渝的追求。每节的前半部分语调高亢，而后半部分语调则要舒缓。

又如余光中的《乡愁四韵》，全诗分为四小段，每一段分别以一种中华传统文化的意象"长江水""海棠红""雪花白""腊梅香"来牵动乡愁，引发联想。第一段由"长江水"联想到"酒"，由"酒"联想到"醉酒的滋味"，再由"醉酒的滋味"联想到"乡愁的滋味"。若没有相应的文化底蕴、诚挚的赤子之心、细腻真实的情感体验，很难表达出此诗中真性情。

2. 深入意境，因境抒情

诗歌朗诵是意境的演绎。意境并不抽象，它是一种通过形象、画面体现出来的富有某种情调的境界和氛围。在朗诵一首诗的时候，必须调动内心感受，让自己沉浸到诗歌的规定情境之中，使自己看到、感觉到诗中的人物、景象，紧紧抓住诗歌微妙的诗意，引发自己蓬勃的诗情，方可进入酣畅的抒发。意境的传达强调意会的体验和传神的感染。没有意境表达的诗歌朗诵是苍白的，情浮意浅，不能打动人心。

以席慕蓉的诗歌《莲的心事》[1]为例：

> 我，是一朵盛开的夏荷，
>
> 多希望，你能看见现在的我。
>
> 风霜还不曾来侵蚀，
>
> 秋雨还未滴落，
>
> 青涩的季节又已离我远去。
>
> 我已亭亭，不忧，亦不惧。
>
> 现在，正是，
>
> 最美丽的时刻，
>
> 重门却已深锁。
>
> 在芬芳的笑靥之后，
>
> 谁人知道我莲的心事。
>
> 无缘的你啊，
>
> 不是来得太早，就是，
>
> 太迟……

这首诗以第一人称写作，诗中主人公以一朵盛开的夏荷自喻，表达了一个处于生命最绚烂时期的女子对爱情的祈盼。诗人、朗诵者、夏荷凝聚为一人，她应洋溢着自信、美丽、舒展的气质，自语或是倾诉，音色清朗、圆润，节奏舒缓、流畅。读到"无缘的你啊"一句时，用气声带出轻轻的叹息，表达淡淡的幽怨，最后渐弱渐慢说出"太迟"徐徐收尾，引人意犹未尽的遐思，并且散发出中国古

---

[1] 席慕蓉. 席慕蓉诗集. 北京：作家出版社，2010.

典韵味的意境美。

3. 把握节奏，诵出韵味

朗诵自由体诗歌，如果不把握节奏，那就只剩下"自由"丢掉"诗"了。一切诗歌的"诗味"，从感情来，从意境来，也从节奏来。古人吟诵诗歌，偃仰啸歌，一咏三叹，以表达诗歌高妙的意境、情趣和音韵的节律。自由诗的朗诵，也要注意诗歌的音韵和节奏。有人说"节奏是诗的生命"，是很有道理的。

把握诗歌的节奏，一是要注意用等音距朗诵对称句和呼应句。例如："卑鄙/有卑鄙者的通行证，高尚/有高尚者的墓志铭。"二是注意"音步"的表达。诗节、诗行、诗句中的词组之间，都蕴含诗歌语言的"步子"，这种"步子"称作"音步"。由于音步长短不一、跨度不等，这样，错落有致的"音步"就给人以节奏的美感。音步可以用"/"表示，斜线的多少表示音步的长短。例如："轻轻的//我走了//，正如//我轻轻的来；//我轻轻的/招手，///作别//西天的/云彩。"

节奏的表达还要注意不要形成固定模式。有人喜欢用自以为感人的固定节奏的"朗诵腔"朗诵诗歌，固定地几个字一个停顿，碰到特定的字词(比如"的")一定要拖腔，形成一种刻板的、单调的节奏，这样的朗诵有点像一架老式的座钟，不紧不慢，拖腔拖调，音义分离，有声无情。诗歌的节奏是运动状态的，是起伏跌宕的，有快有慢，有推进，有突停，有快连，有拖音，只有这样富有对比的、变化着的节奏，才有助于表达细微复杂的诗情。

如戴望舒《雨巷》[1]中的一段：

> 撑着油纸伞，独自
> 彷徨在悠长，悠长
> 又寂寥的雨巷，
> 我希望逢着

---

[1] 戴望舒. 戴望舒精选集. 北京：北京燕山出版社，2015.

一个丁香一样的

结着愁怨的姑娘。

这首诗的意境笼罩着一层迷惘而彷徨的感伤情调，朗诵时整体是舒缓的语速，"悠长""寂寥""丁香""愁怨"几词声音拉长，"撑""彷徨""希望""结着"几词重读，如此将语速放缓，通过轻重长短的变化，在悠扬舒缓的乐感中，诗歌的韵味就呈现出来了。

(二) 散文的朗诵

散文是指篇幅短小、题材多样、形式自由、情文并茂且富有意境的文章体裁，其特点是通过叙述、描写、抒情、议论等各种表现手法，创造出一种自由灵活、形散神凝、生动感人的艺术境界。

散文取材广泛，联想丰富，文字清丽，意境深远。演播一篇散文，既是一种艺术创造，又能从中获取知识和营养。散文演播创作的过程如下。

1. 把握脉络，揭示文眼

好的散文，形散神聚，脉络清晰。拿到一篇散文稿件，首先要理清思路，找到文章的脉络和线索，抓住统领全文的"神"——文眼，为深入理解和播读作品奠定基础。所谓文眼，是指集中表达作者思想感情、反映作品主旨的词句。其中最有神采的一字一词，其意更深远，其味更浓烈，其色更鲜亮，那就是文眼的"眸子"，要十分留意。文眼是作品的"凝光点"，演播时要善于捕捉，一旦发现，就要着力予以加色添彩，得以传神达意。

在《白杨礼赞》中，这样几句就是文眼："我赞美白杨树，就因为它不但象征了北方的农民，尤其象征了今天我们民族解放斗争中所不可缺的朴质、坚强，以及力求上进的精神。"演播时，音量逐渐增大，层层递进，以突出文章的要旨。

演播散文，贵在抓住文眼，托出文眼，唯有此，题旨才有隐现，意境才有虚实，取舍才有详略，散文的演播才能错落有致，回旋跌宕，余味无穷。

2. 调动想象，营造意境

意境是一个不可直视其貌，但可品而得知的比较抽象的概念。通俗点讲就是作者所表达的思想、立意、情感，与文章中所描绘的具体景象达到水乳交融、完美融合，使文章中的情景具有某种象征的意义。例如巴金《灯》中的"灯"、茅盾《白杨礼赞》中的"白杨"、屠格涅夫《门槛》中的"少女"和"门槛"等。

散文演播的意境是播者对稿件总体框架结构中各种感受把握的结果。意境引起人的美感首先就是它的生动形象。"红杏枝头春意闹""细雨鱼儿出，微风燕子斜"是春天的优美景象，"山中一夜雨，树梢百重泉"是雨后清新的形象。意境中的形象集中体现了美的精髓，也就是抓住生活中那些能唤起某种情感的特征。中央电台著名播音员方明老师常说："有境界则自成高格。"他在播音创作中善于描绘形象、融情于景、借景抒情，描绘的画面生动传神，有如身临其境之感，营造出一种意境美；听众驰骋想象的艺术空间被播音作品所激发，引起内心的强烈共鸣，获得审美的满足。

3. 运用技巧，言随情发

老舍说："散文是加过工的语言。"散文写作如此，散文演播也是如此。散文演播有时要有诗的华丽、奔放和淳厚的韵味，有时要表达质朴、亲切、自然。

比如《白杨礼赞》第一句开门见山，落笔点题："白杨树实在是不平凡的，我赞美白杨树！"寥寥数字，我们好像听到作者兴奋激动、虎虎生气的声音；最后一句"我要高声赞美白杨树！"是强调，更是作者的心声，是针对"让那些看不起民众、贱视民众、顽固的、倒退的人们去赞美那贵族化的楠木(那也是直挺秀颀的)，去鄙视这极常见、极易生长的白杨树吧"而说的，一般是将重音落在"我"上，以表现作者爱憎分明的感情，但是"我"的韵母"o"气流不易送出去，声音不够响亮，如果调整一下，将重音放在"高声赞美"上，拉长音韵，前后稍作顿歇，力求突出，仍然可以体现作者所要表达的思想感情。

白居易说："感人至深者，莫出乎情。"散文演播打动听众，语言技巧固然重要，但更重要的是情，不仅要"以情带声"，更要"以声传情"，达到"声情并茂"。只有声与情臻于和谐时，散文演播才能取得完美的艺术效果。

(三) 小说的演播

小说是通过人物、情节和环境的具体描绘来反映社会生活的文学体裁。人物、情节和环境是小说的三要素，其中，人物是小说的核心，情节由人物性格发展而推进，环境是人物活动展开的场所。

小说演播产生于当代，但翻阅典籍、追溯历史会发现，它其实来自于中国古代民间，现在留存的"话本"就是历代民间艺人"说书"的珍贵记录。据《古今小说·序言》说，它"始于周季，盛于唐，浸淫于宋"，经历代递继，扬弃发展，形成了现在的"大书艺术"和"评话艺术"。我国著名评书演员袁阔成、刘兰芳继承了说书艺术，是家喻户晓的评书演播明星，可以说，他们保留了小说演播的"原生态"形式。现在，评书艺术已经被小说演播的名家所借鉴、所发展。

小说演播难度很高，因为它既需要有较高的叙述能力，又需要有丰富的人物语言造型本领，使人听来既清楚又生动。实际上，小说之所以能带给听者与播者双重享受，要归功于它的特征——细致入微的人物刻画、曲折离奇的故事情节、具体生动的环境描写，这些给演播者带来挑战和二次创作的空间。

1. 从情感入手，抓住基调，确定播者身份

欧·亨利的短篇小说被人们誉为"美国生活的幽默百科全书"，他的作品常常通过合乎情理的艺术夸张，以出乎意料的故事结局，收到"含泪的笑"的艺术效果。比如《警察与赞美诗》，小说的主人公苏比是一个无家可归的流浪汉，严冬将至，他最大的奢望是被警察逮捕送到布莱克威尔岛上的监狱里去，他六次为非作歹，但警察都没有理会他。正当苏比被教堂的赞美诗的音乐声感化，而决定弃旧图新、重新做人的时候，却莫名其妙地被警察逮捕了。"含泪的笑"是小说的感情基调，幽默讽刺是欧·亨利小说的最大特点。因此，播读者的身份可以确定为一个理性的旁观者，播读旁白可适度采用调侃的语气，人物语言有对白和独白两种，苏比与警察之间的对白宜采用讽刺幽默的语调，苏比的内心活动采用舒缓的语调，用声可以虚一些。

播读《警察与赞美诗》时，由于中西文化及信仰的差异，最大的理解难点是"赞美诗"对流浪汉苏比的感召，要深入理解作品主题，以发现问题、提出问题的形式来激发思维，进行播音艺术的再创造。"警察"代表的是国家机器，带有强制性；而"赞美诗"感化、塑造人的灵魂，具有感召性。把看似矛盾的二者放在一起，在矛盾中设疑，在设疑中体现出小说的艺术风格——"含泪的笑"，深刻表达对社会制度的抨击。

2. 从情节入手，掌握主旨，选择播读方式

开端、发展、高潮、结局构成了小说情节的四部分，演播小说要把握主旨，从情节入手选择恰当的表达方式。莫泊桑的小说《项链》从借项链、丢项链、赔项链到发现项链是假的，构成了一个离奇故事的完整情节，中间一波三折、跌宕起伏，揉搓着听众的心灵，却在情节推进到高潮处戛然而止。播出时要把握节奏和听众心理，注意情节的起承转合与时空转换。

此外，小说情节叙述中，节奏、语调的变化要有总体的设计，并有合理的快慢对比和明暗变化，这样才能吸引听众的注意力。譬如，表现回忆的语气应是虚拟、暗淡的，节奏舒缓一些，把大家的思绪带入遥远的年代；当叙述显现实景时，语气应该是实在、明快的，语言节奏也随之由慢转快。节选内容播读要通览全篇，充分认识节选部分和全篇的关系。每一种小说的播读方法要有所区别，播读方式也要有所选择。如鲁迅小说《祝福》[1]中祥林嫂第一次和最后一次出现在鲁镇反差强烈，要在停顿上留意：

头上扎着白头绳，/乌裙，蓝夹袄，月白背心，//年纪大约二十六七，//脸色青黄，但两颊却还是红的。

她一手提着竹篮，/内中一个破碗，/空的；//一手拄着一支比她更长的竹竿，/下端开了裂：//她分明已经纯乎是一个乞丐了。

3. 从语言入手，刻画人物，丰富语言造型

小说通过叙述语言交代环境，推进情节发展，揭示人物内心世界；通过人物语言表现鲜明个性的角色形象。因此，小说演播必须要播好人物语言。

一部小说中的若干个人物形象要区分开来，须从作品中直接或间接地捕捉信息。直接是指作品中对某个形象的直接描写，包括外貌与气质、主客观经历等；间接是指通过从作品中了解的情况，结合现实生活与演播者自身经历，找到某个参照物，先让作品中的虚拟人物在播者脑海中真实起来、活起来。

人物内心变化通过叙述语言表现，与内心独白有所不同，是站在旁观者的角度对人物表现进行剖析，要生动传神，给人如见其人的感受。

人物语言要从性格、主题、情节三个角度分析把握，要伴随着人物的成长而变化，以生活为依据，为不同情境下的人物声音进行造型。譬如外向者声高气朗，内向者谨言慎行；老年人声音混浊、低沉、沙哑，年轻人声音清亮、爽朗、活泼。播读时要根据主题和语境选择表达方式。

---

[1] 鲁迅. 时代经典：彷徨（插图典藏本）. 北京：中国画报出版社，2015.

(四) 寓言的演播

寓言故事是文学体裁的一种，通常是把深刻的道理寄寓简单的故事中，借此喻彼，借小喻大，借古喻今。寓言故事结构简单，篇幅简短。每一则寓言故事都是一则人生的哲理。寓言的主人公可以是人，可以是动物，也可以是植物等。

寓言作品风格多样、体裁各异、内容丰富，它特殊的艺术魅力丰富了人们的精神生活；它伴随笑声，带给人们无穷的深思和回味。

寓言作品的演播，可以从以下几个方面着手。

1. 体味作品的寓意

从字面讲，"寓意于言中"谓之"寓言"。它短小、通俗、生动，却将深刻的思想饱含于简单朴实的言谈笑语之中；它运用夸张、比喻、影射或象征等手法，巧妙地编成小故事，使人受到教益。比如我们常把目光短浅、狂妄自大的人比作井底之蛙；把专横残暴的人比作豺狼；把奸诈狡猾的家伙比作狐狸等。但是，不要以为文字简单易懂，就盲目轻率地对待它，只有深入作品，分清哪些是要揭露或鞭挞的，哪些是应批评或规劝的，哪些是要赞美或同情的，演播的全过程都贯穿着播者具体鲜明的态度，才能把这类短小精悍的作品演播好。

2. 展开想象的翅膀

演播文学作品，包括演播寓言，是把别人写的变成我要说的。这个"变"就是演播创作的全过程，也是一个想象的过程。演播者要对作品有真切的感受和丰富的联想，感受和联想二者互为补充、不断丰富，才能从对作品的感受，想象寓言故事的时间、环境、背景；想象人物的行为、心理、感情、声音乃至神态。这些新鲜的、变化着的视觉形象，是驾驭想象的翅膀而捕捉到的，它促使我们逐渐进入创作状态，产生创作冲动，为演播好一篇作品奠定坚实的基础。

比如演播寓言《猴子吃西瓜》[1]，就需要深入的感受和丰富的想象。

猴王找到个大西瓜，可是怎么吃呢？这个猴王是从来也没有吃过西瓜。忽然他想出了一条妙计，于是，把所有的猴都召集来了，对大家说："今天，我找到了一个大西瓜。至于这西瓜的吃法嘛，我是全知道的。不过，我要考验一下你们的智慧，看看谁能说出西瓜的吃法。如果说对了，我可以多赏他一份，如果说错了，我可要惩罚他！"

《猴子吃西瓜》

小毛猴一听，搔了搔腮说："我知道，吃西瓜是吃瓤！"

"不对！我不同意小毛猴意见！"一个短尾巴猴说："我清清楚楚记得我和爸爸到我姑妈家的时候，吃过甜瓜，吃甜瓜是吃皮。我想西瓜是瓜，甜瓜也是瓜，当然应该吃皮啦！"大家一听，有道理，可到底谁对呢，于是都不由地把目光集中到一个老猴的身上……

老猴一看，觉得出头露面的机会来了，就打扫一下嗓子说道："这吃西瓜嘛，当然……当然是吃皮喽。我从小就爱吃西瓜，而且……而且一直都是吃皮的。我想，我之所以老而不死，就是由于吃西瓜皮的原因！"

有些猴早等不及了，一听老猴这么说，就跟着嚷起来："对！吃西瓜吃皮！……吃西瓜吃皮！"猴王一看，认为已经找到了正确答案，就向前跨进一步开言道："对！大伙说得都对，吃西瓜是吃皮！哼，就小毛猴崽子一个人说吃西瓜吃瓤，那就让他一个人吃瓤，咱们大家都吃西瓜皮！"于是西瓜一刀两半，小毛猴吃瓤。大家伙是共分西瓜皮。

有个猴吃了两口，就捅了捅旁边的说："哎，我说这可不是滋

---

[1] 中央人民广播电台少儿节目播出，转引自：罗莉. 文艺作品演播. 北京：中国传媒大学出版社，2003.

味啊！"

"咳——老弟，我常吃西瓜，西瓜嘛，就这味……"

寓言《猴子吃西瓜》形象生动地讽刺了教条主义和人云亦云的坏作风。演播这篇寓言，首先要展开丰富的想象，尽量把这些猴子"人格化""个性化"，其中有外强中干又官气十足的猴王；有思想简单、照搬教条的短尾巴猴；有可爱又率真的小毛猴；有酸溜溜、带点学究气的老猴……当这群猴子人云亦云、异口同声地大喊"吃西瓜吃皮"的时候，可以处理成开大会的场面，有的猴儿在远处喊，有的猴儿在近处喊，有的嗓门低，有的嗓门高，最后有节拍地齐"唱"："吃西瓜—吃皮！吃西瓜—吃皮！"最后一个"吃西瓜吃皮"的"皮"处理成声音拖长，渐轻渐弱，以渲染这群猴子贪婪无知、胡闹起哄的神态和愚昧的气氛。

3. 极度夸张与真实统一

寓言作品具有夸张、渲染的艺术特性。作者在作品中大多描绘十分典型而又夸张的、脸谱化的形象，比如极其残暴的豺狼和特别温驯的小羊；极其狡猾的狐狸和特别愚蠢的乌鸦等，这些"极其"和"特别"，都是运用夸张的手法使其性格和行为表现得异常醒目、突出。虽然这些夸张远远超过了生活的真实，却又令人信服。

夸张的艺术内容，需要夸张的艺术形式来体现。因此，演播寓言故事时要大胆地运用夸张、渲染的手法，有声有色、活灵活现、创造性地体现作品的精髓、情趣和魅力。

但是，这种夸张不单纯是外部形式的夸张，更不是嬉戏方式的语言游戏，演播者必须具备高度真实的信念感。只有这样，才能产生真实的感染力。这时，作者的想象力和内部技巧须统一起来，艺术形象便呼之欲出。因此，演播寓言作品不能为了夸张而夸张，大喊大叫，矫揉造作，这些都不是真正的艺术夸张，而是要做到：有夸张而不失真实，有风趣而不失含蓄，从而创造出既生动又可信的语言形象。

4. 运用声音塑造形象

演播寓言是语言艺术，是听觉艺术，也是声音的艺术，而声音是最基本、最重要的创作手段。各种声音色彩的运用形成不同的语调，通过音调、音色、音量的变化，可以为不同人物和角色的语言做化妆造型，使其更富于性格化、形象化。

比如《谦虚过度》中所涉及的形象比较多，狐狸是被嘲讽的对象，根据其狡猾的自然特征，可以把它设计成语调华丽的女高音，说话粘字、甩腔，还可以再加些鼻音；水牛是被肯定的形象，又是长辈，加之实干的特点，可以给它设计成憨厚的男低音；小老鼠辈分小，又长得小巧，可给它设计成尖音细嗓并咬字小巧、灵活、靠前，与它小小的自然外形相匹配；小白兔和小山羊虽然都各有一句话，但也要有所区分，我们可以根据小山羊的叫声、特点和它在作品中的表现，将它设计成温柔的小高音，语速较慢；而小白兔，可根据它灵活的体态特点，设计成伶俐的小高音，并且语速较快，说话跳字。

总之，有了这一番精心、准确的设计与造型，演播寓言故事时才会更加形象、生动。

四、电视专题片解说

电视专题片节目内容广泛，名家介绍、人物专访、文化生活、体育节目等都属专题之列。专题片不同于电视新闻或电视娱乐、教学节目，要求制作精细、画面讲究，编辑在自己理解的基础上独具匠心，解说、音乐、音响、画面交相辉映。这对解说者提出了更高的要求：不仅要理解稿件、声情并茂，还要有深厚的生活积淀和文化修养，把自己的思维纳入稿件作者的思维轨道中。要想达到这种声画合一的艺术感染力，须对专题片的解说艺术做一番探究。

(一) 专题片解说的准备

电视专题片解说的准备包括广义和狭义两个方面。广义的准备指日常学习和积累，包括对国家的政治经济政策、社会发展规划的了解以及其他各方面知识的学习。狭义的准备就是对具体的每部电视片解说词的分析准备。拿到专题片解说词，要遵循备稿的六个步骤进行准备。在此基础上，还要注意以下几点：

(1) 尽量事先看过将要录音的片子，在看片的基础上，了解全篇编排的线索，明确编导的中心意图，这对驾驭不很连贯的解说词很重要。

(2) 若有背景音乐，就应了解音乐的种类、风格和节奏特点，根据电视画面的特点和音乐的情况来感受电视片，准备播音。

(3) 若有机会参加片子的构思、拍摄、编辑和写作过程，则需更为充分的准备工作。

(二) 专题片解说的特点

1. 处于"侧面"的位置

电视由画面、语言、音乐音响以及字幕几种主要符号表现既定内容。一般来说，画面和以语言为主的声音是缺一不可的。在这个认识的基础上，专题片的解说应该处于"侧面"的位置，即好像在展览会上解说员站在陈列的展品与参观者之间，面向参观者讲解。解说词一方面要与画面对位，另一方面要将画面没有表达的内容说出来，互相补足，而不是去和画面争夺观众的注意力。所以，播音时不能太往前抢，不能干扰观众接受画面信息。

2. 具有主观色彩

电视专题片、纪录片是对大量事实系统的、有分析的报道，因此在选择事实、编排组合以及对发展线索的安排上，都十分明显地表露出作者的意图和看法。解说词写作时的抒情、比喻、议论等都是编导者的思想感情的抒发，主观态度和个性特征都比较强烈。解说的主观色彩指：电视专题片、纪录片播音要把编导的立场观点和种种感受以及深刻浓烈的情感色彩表现出来，要以编导的思维方式来理解片子，以播者自己的个性讲述。

(三) 专题片解说的技巧

1. 根据画面来确定重音

解说词要补充画面未能表达出来的时间、地点和其他背景信息，还要就画面中的形象加以发挥、抒情或者议论，因此播音时要特别小心地注意语句中的重音位置。

通常画面上已经明确表现出来的内容，解说词应该尽量避免做重音处理，不再吸引观众的注意力去接受重复的信息。当然，解说词的语句要完整，有些画面表现出来的内容不能不说，在说的时候要适当削弱其强度，而把那些补充画面和引申发挥的词语给予适当强调。

2. 处理好与同期声的关系

遇有同期声，要分析同期声在节目中的地位和作用，相应调整解说词的表达。有的同期声是回答关键问题的，说明某个概念的定义，说明某个命题，作为片中的权威表态等；有的同期声是作为片中的某个观点的例证出现的，仅是说明某种现象。弄清了同期声在片中的作用和地位，解说词才好与之配合。

对中心观点的同期声，解说词要起烘托作用，在其前后适当收敛。前面渐扬，是引导语气；后面稍低起调，是顺接语气，使同期声的内容得到相应突出。对反衬的不同观点或相反的观点，以及说明某种现象的例证式的同期声，解说要有统领的语气。这样，方能使解说词与同期声真正组成电视片的完整语言链条，共同完成对画面的解说。

3. 把握好作品风格、文稿风格、解说风格

电视专题片配音创作中，要把握好三个风格：作品风格、文稿写作风格、解说风格。作品风格指一部专题片作品的主题思想、拍摄风格和配乐风格，它决定着解说基调的选择，是解说准备工作的重要一环。文稿写作风格集中体现作者的创作特点和创作倾向。优秀的专题片解说词撰稿人在写作上往往有自己的风格，它可以体现在该作者的一系列作品当中，也可以体现在他的某一作品中。了解撰稿人的写作风格对于专题片解说的成功也有很大的帮助。解说风格是解说者在有声语言创作中所体现出来的创作个性和表达特色，它是解说者在长期的创作实践中逐渐积累、逐渐形成的。通常，解说风格受制于作品风格，文稿风格也会对其有一定影响，三者有机结合才可以创作出好的作品。

(四) 专题片解说的表达样式

1. 议论型

议论型的解说样式往往出现在以政治、经济、军事等为题材的政论片中，整体听来严肃、庄重、大气，声音上以实声为主，力度较强，吐字圆润集中，节奏多凝重或高亢。观众在观看这类节目时，对语言的注意大于对图像的注意。离开解说词，画面就显得杂乱无章。在为这类节目配音时，不应压制声音和感情，不要怕喧宾夺主。有的议论型专题片因为特殊的风格又需要相对平实、舒缓、客观的配音，需要在具体实践中灵活把握。

2. 讲解型

讲解型的配音样式多出现在风光、风土人情专题或介绍科技、卫生、文体等领域知识的科教纪录片中。解说词中描写的语句较多，同时解说承担讲解说明的任务，画面与声音互补。用声适当，语言质朴，节奏平缓，情感充沛且真挚，特别要注意与朗诵的区别，避免声音凌驾于画面之上，喧宾夺主。有时还要注意切合画面和音乐细致地描绘，真挚地抒情，形成浑然一体的意境美和整体和谐的诗意美。

3. 陈述型

很多人物专题、文化专题节目的解说采用这种形式。这种解说吐字、用声自如，语言平实、含蓄，状态松弛，节奏舒缓，感情真挚且质朴。电视专题片因为有画面的同步，要求在配音时根据不同的情景，控制语速，控制情感，既不能像讲故事，也不能像播新闻。历史性的专题片，要求有历史的厚重，但不是简单地回忆过去，更多是借鉴过去的精神，基调在回顾的部分不能太高，要稳，有回忆感。在人物类专题片中，配音者既是叙述者，又是节目中人物的代言人，一方面要把握好自己解说的角度，进入人物视野来说话；另一方面还要将叙述者的内心，化为主人公的心态，以他人的口吻述说，表现他的内心感情，使人听起来亲切、自然。

综上，专题片解说作为把文字变为有声语言的二度创作，是电视专题片整体的凝聚纽带。"配音语言"要求有说头，有想头，有品头。为不同内容、类型、风格的电视专题片配音，在韵味、情调、吐字用声、表达方法上都有不同的表达样式，具有极大的灵活性和创作个性。

第三节　单元实训及提示

实训一：新闻播音

（一）

(开场语)各位观众，晚上好！今天是 11 月 13 日，星期日，农历 10 月 14 日，欢迎收看《新闻联播》节目。(提要略)下面请看详细内容。

【字幕: 数字经济 中国经济转型升级新引擎】

(导语)康辉: 进入新常态的中国经济, 需要新动力, 推动互联网经济与实体经济的融合发展, 已经成为了国家战略。习近平总书记提出: "以信息化培育新动能, 用新动能推动新发展, 做大做强数字经济。" 近年来, 大数据技术、智能制造作为中国经济提质增效、转型升级的新引擎, 正在加速转动。

(正文) 34 岁的潘师傅是一名个体货车司机, 两天前, 他刚刚把一批小家电从广州拉到了贵阳, 现在又赶着要送 30 吨矿粉去广州, 只用一天时间, 就拿到了回程的订单。"司机找货难, 货主找车难", 这是货运行业的老大难, 有数据统计, 我国 85%以上大型货车为个体户, 长期以来平均空载率达到 40%。

两年前, 潘师傅在手机上注册了"货车帮", 找货的难题迎刃而解。这个小小的应用软件, 每天发布的货源信息近 500 万条, 每天减少车辆空驶近千万公里, 2015 年全年, 总计节省燃油 500 亿元, 减少碳排放 2700 万吨。

小软件需要大数据才能有大作为, "货车帮"依托的正是贵州省的大数据资源。2014 年以来, 贵州在大数据领域全力引导, 将企业数据融入更广阔的行业数据、跨界数据、公共数据, 形成数据集群, 挖掘和发挥出更具价值的大数据资源。

西南省份贵州见证了大数据的蓬勃发展, 与此同时, 东北老工业基地的老字号沈阳机床, 也踏上了"智能制造"的快车道。在沈阳机床集团总部的样板车间里, 30 多台 i5 智能机床通过互联网与服务器连接。这套车间智能管理系统, 正在令制造业的生产计划管理发生质的飞跃。在一个 100 人规模的加工企业里, "车间智能管理系统"模块的设置可以取代其中 20 多人才能完成的工作, 如今作业计划、生产调度、设备管理, 都能够通过数据采集、分析与应用来完成, 平均压缩管理成本、提高生产效率近 30%。

2016 年，我国先后出台《国家信息化发展战略纲要》《中国制造 2025》《促进大数据发展行动纲要》等一系列文件，为数字经济的发展提供了政策、技术等各方面的保障。在今年 9 月召开的 G20 杭州峰会上，中国首次主持起草了《二十国集团数字经济发展与合作倡议》并通过，数字经济成为与会各国关于创新增长方式、注入经济新动力的共识

【字幕：人民日报文章：让互联网更好造福国家和人民——党的十八大以来习近平总书记关于互联网系列重要讲话精神综述】

(导语)夏丹：明天出版的《人民日报》将刊发《让互联网更好造福国家和人民——党的十八大以来习近平总书记关于互联网系列重要讲话精神综述》。

(正文)文章指出，党的十八大以来，习近平总书记准确把握时代大势，积极回应实践要求，站在战略高度和长远角度，就互联网发展尤其是网络强国战略发表了一系列具有重大现实意义和深远历史意义的重要讲话。这一系列重要讲话精神，成为以习近平同志为核心的党中央治国理政新理念、新思想、新战略的重要组成部分，为深入推进网络强国战略指明了前进方向，为国际互联网治理提供了重要遵循。

【字幕：叶挺独立团：红色基因铸牢铁血军魂】

(导语)康辉：今天的时代先锋向您介绍陆军第 54 集团军某红军师叶挺独立团，这支部队诞生于 1925 年，因英勇善战被誉为"铁军"。这支几乎浓缩了人民解放军战史的英雄部队，用红色基因铸牢军魂，把部队锻造成了具有"铁一般信仰、铁一般信念、铁一般纪律、铁一般担当"的雄师劲旅。

(正文)日前，叶挺独立团参加了代号为"中部砺剑—2016·确山"的实兵演练，这是我军新的战区指挥体制运行下的首次检验性对抗演练。晚上 8 点，演练在突降的大雨中开始，从紧急出动、摩托化

机动到战斗实施，"真、难、实、严"的战场环境考验着官兵们的精神意志和战斗技能，经过72小时连续奋战，铁军官兵克服重重困难，圆满完成任务。

叶挺独立团曾参加标志人民军队诞生的南昌起义，还创造了突破乌江、飞夺泸定桥、奇袭腊子口、血战刘老庄等一个个战争传奇。81年前，这个团红二连22名勇士冒着枪林弹雨拼死夺下泸定桥，为红军开辟了前进的通路。一直到现在，红二连每年都要评选出"新时期22勇士"，激励官兵事事当先锋，处处打头阵。

大学毕业生士兵刘志豪，刚到红二连面对高强度严格训练，出现了怕苦怕累的思想，一度后悔自己当兵的选择。

思想转过弯的刘志豪，训练成绩突飞猛进，在一次演习中，他驾驶战车连续突破对手5道封锁线，为战友开辟两条前进通道。他还在训练中勇夺射击、俯卧撑、手榴弹投掷三项第一，被评为今年的"新时期22勇士"。如今在叶挺独立团，一面面血染的战旗把爱党、信党、跟党走的坚定信念，深深烙在每一名官兵的心灵深处，成为他们锻造"有灵魂，有本事，有血性，有品德"新一代革命军人的不竭动力。

【字幕：余旭：无悔青春 融入祖国蓝天】

(导语)康辉：11月12日，空军歼-10女飞行员余旭，在飞行训练中不幸牺牲。余旭是我国首批歼击机女飞行员之一，曾经参加过新中国成立60周年阅兵式等重大活动。在八一飞行表演队里，她被誉为"金孔雀"，如今，这只"金孔雀"已经永远融入了祖国的蓝天。

(正文)这是今年珠海航展上八一飞行表演队的创新动作，6架飞机快速拉升，到达一定高度后扇面型向下俯冲，将6条彩色烟带撒向蓝天。余旭驾驶的二号机，就出现在整个编队最中心的位置。这是余旭生前最后一次作为八一飞行表演队的队员进行公开表演。

2005 年，经中央军委批准，空军首次招收歼击机女飞行学员。2009 年 4 月，16 名歼击机女飞行员以全优成绩完成学业，正式编入作战部队。当时，余旭就是其中一员。就在这一年，余旭和她的姐妹飞行员们，驾驶着战鹰出现在国庆 60 周年大庆的空中分列式中，以整齐的编队飞越天安门广场。

2012 年 7 月 29 日，余旭独立驾驶歼十战机轰然起飞，翩然落地，这是中国空军第一批歼击机女飞行员，驾驶我国自主研发的歼-10 战机，首次完成单飞。

凭着坚韧的努力和过硬的飞行技术，余旭成为驾驭国产战机歼-10 的佼佼者。2014 年，余旭骄傲地成为了空军八一飞行表演队的一员，这支成立于 1962 年的表演队是中国空军战术水平和形象的最高代表。成为这支队伍的一员，是每个空军飞行员的梦想，同时更意味着余旭开始要把高难度、高风险的空中特技飞行当作自己的日常工作。2014 年，她和 3 名表演队女飞行员首次在珠海航展公开亮相，惊艳全场。

2015 年 3 月 17 日，她更是驾驶歼-10 战机，飞出国门，在马来西亚兰卡威海天展的上空翩翩起舞，向世界展现了中国军人和中国女性的风采。

因为能歌善舞，余旭被人们亲切地称为"金孔雀"，但为了能够在自己钟爱的蓝天上驾驶战鹰完成完美的空中之舞，余旭几乎放弃了所有自己的业余时间，全心投入到了飞行之中，即使面临着飞行中的风险。她曾这样说过：不管每次训练多么辛苦，我好像从来没有真正退缩过。女军人、女飞行员是我在自己生命乐章中留下的一笔，我期待能在飞行之路上能多添几笔，把每一笔都当作书签，收藏在我生命的每一页中。

【字幕：铭于心见于行 从严治党落实落细】

(导语)夏丹：连日来，中央宣讲团深入基层宣讲十八届六中全会精神。各地干部群众表示，将联系实际，把思想和行动统一到全会精神和中央要求上来，把中央的要求和决策落实落细。

(正文)在西藏，中央宣讲团成员、中央军委纪委专职委员朱国标向各族干部群众、部队官兵的宣讲中提到，《关于新形势下党内政治生活的若干准则》和《中国共产党党内监督条例》是两柄制度利器。

在天津，中央宣讲团成员、财政部原部长楼继伟回顾了中国共产党走过的光辉历程，重点宣讲了在新形势下全面落实党内监督责任、突出抓好领导干部等方面的内容。在云南，中央宣讲团成员、全国人大常委会副秘书长沈春耀对从严治党、加强和规范党内政治生活、党内监督等方面进行了阐述。在福建，中央宣讲团成员、国务院法制办副主任袁曙宏结合古今中外的案例，阐述了一个国家、一个政党、一个领导核心的至关重要性，传递了全面从严治党的铿锵声音。

目前，中央宣讲团在各地的宣讲任务已圆满结束，对于帮助广大干部群众深刻理解把握六中全会精神，自觉在思想上、政治上、行动上同以习近平同志为核心的党中央保持高度一致，发挥了重要作用。各地结合实际，正在抓紧组织开展面向基层的对象化、分众化、互动化宣讲。

【字幕：赣南脐橙：搭上互联网 变身"摇钱树"】

(导语)康辉：又到橙黄橘绿时，眼下正是赣南脐橙集中采摘的季节，有了互联网的助力，赣南百姓的当家树变成了摇钱树。今年，又将有一大批群众走上脱贫致富路。

(正文)刚刚过去的双"十一"，江西省信丰县脐橙销售的电商们忙得是不可开交。国家实行精准扶贫政策以来，加大对电商人才的培训力度。过去一年，信丰县就培训了9000多名电商操作人员，这些参与培训的人员几乎覆盖到信丰县的每个村庄。

线上的火爆销售，也带动了线下市场繁荣，这两天，同属赣州市的宁都县会同乡谢家坊村的果农温秋生也是忙得不亦乐乎。来他家果园预订赣南脐橙的经销商络绎不绝，价格是一路攀升。温秋生是村里典型的贫困户，家有病妻和两个读大学的孩子。2012年在政府的帮扶下种了10亩地的脐橙，照现在的行情，他家的脐橙能卖到8万块，离摘掉穷帽子又近了一步。

据统计，2015年赣州市的赣南脐橙种植面积达到157万亩，脐橙产业集群实现总产值105亿元，解决了100万农村劳动力就业。除了种植以外，一大批技术不成熟但有劳动能力的贫困户还通过务工、土地租金、土地入股、合作经营等多种方式参与到了脐橙产业扶贫中。

2013年起，赣州市创新举办了赣南脐橙网络博览会，在国内主流权威网站和知名商务网站进行了广泛宣传展示。现在，通过线上、线下两个渠道，赣南脐橙不但走进了国内所有大中城市市场，而且远销港、澳、东南亚、中东以及俄罗斯等20多个国家和地区。目前，已经有30多万贫困群众通过脐橙产业实现脱贫。

【字幕：香港数万市民集会支持释法】

(导语)夏丹：今天下午，香港各界举行"反港独、撑释法"活动，坚决支持全国人大常委会对"香港基本法"第一百零四条的解释，数万民众参与其中。

(正文)活动定于下午4点正式开始，包括民建联、工联会及乡议局等香港多个政党、组织的代表以及市民，约四五万人参加集会。人们高举标语，支持全国人大常委会迅速果断释法，敦促特区政府全面和切实执行人大释法的内容，并要求拒绝拥护基本法的议员自行辞职。

【国内联播快讯】

【字幕：2016中国国际旅游交易会闭幕】

2016中国国际旅游交易会今天在上海闭幕，参展国家及地区达到 106 个，科技元素、诚信出游等成为本届展会亮点。创办于 1998 年的中国国际旅游交易会，已成为亚洲地区规模最大的综合性国际旅游展会。

【字幕：首届全国民族地区投资贸易洽谈会举行】

今天，首届全国民族地区投资贸易洽谈会在北京举行，400 多家国内外企业与 70 多个民族地区政府团组进行经贸洽谈，现场签约额达 100 多亿元。

【字幕：中国海警舰船首次访问越南】

中国海警 46305 舰应邀对越南海防市进行为期 3 天的友好访问，这是中国海警舰船首次正式出访南海周边国家。期间，中越海警就深化海上执法、务实合作等议题进行了深入交流。

【字幕：远程新型炮火联合打击演练举行】

东部战区陆军第一集团军某远程火箭炮旅近日长途机动至西北大漠，进行新型模块化火箭炮和远程火箭炮联合火力打击演练，指挥控制信息化、火炮操作自动化，使火力打击更加精确高效。

【字幕：新疆暴雪持续 塔城强风吹雪致车辆滞留】

从 10 号开始，新疆多地持续遭遇强降雪。昨天，塔城和阿勒泰部分地区甚至遭遇了大暴雪。在塔城玛依塔斯风区，连接塔城和克拉玛依的省道 201，昨天上午遭遇 10 级强风吹雪，造成上百辆车被困。当地相关部门立即转移被困人员。省道 201 于今天中午抢通。风吹雪还造成克塔高速全线封闭，目前仍有约三十辆车滞留，救援人员正在抢险。中央气象台预计，未来三天，我国新疆北部和东北地区的降雪仍将频繁。

【字幕：第二届中央电视台阿拉伯语大赛落幕】

第二届中央电视台阿拉伯语大赛今天落幕。大赛共设置北京、上海、广州、埃及开罗四个赛区，全球近 300 名选手参赛，来自北京的翟子涛摘得桂冠。决赛实况将于近期在我台阿语频道、埃及国家电视台同步播出。

【字幕：新一期第二季《挑战不可能》今晚播出】

今晚八点，《挑战不可能》第二季第三期继续在我台综合频道播出。本期节目中，将有工程师、特种兵、心理咨询师等选手进行驾驶挖掘机通过平衡桥、特种兵高空百米速降、"听音识人"等挑战。

【字幕：韩国检方或 15 号左右调查朴槿惠】

(导语)康辉：来看国际方面的消息，据韩国媒体今天报道，检方今天透露消息，针对总统亲信干政事件，检方可能会在 15 或 16 号展开对总统朴槿惠的调查。如果这次调查实施，这将是韩国宪政史上在任总统首次接受检方调查。

韩联社报道说，韩国检方有关人士今天透露，检方认为最迟需要于 15 号或 16 号调查朴槿惠，并已将相关内容转达给青瓦台方面，检方正在等青瓦台的回应。这名人士说，针对总统的调查以面对面问询为原则。关于调查地点，检方也需要与青瓦台进行协调。

根据韩国宪法，在任总统享有刑事豁免权，但检方认为，要查明青瓦台文件外泄、总统逼迫大企业为两个基金会捐款等多项指控，调查朴槿惠在所难免。而为确认朴槿惠是否介入 Mir 财团和 K 体育财团两个基金会的成立过程，检方从 12 号开始传唤 2015 年 7 月与总统朴槿惠单独面谈的多名大企业高层人员，其中包括现代汽车集团会长郑梦九、韩华集团会长金升渊等，了解面谈的目的和具体内容。

2015 年 7 月 24 号，朴槿惠邀请 17 名大企业集团高层人员到青瓦台共进午餐并座谈，朴槿惠当时表示"希望大企业成立基金会支持韩流扩散"。随后，朴槿惠又另外与三星、现代、LG、乐天等 7 名大企业高层人员进行了单独面谈。有猜测认为，这次面谈可能与 Mir 财团和 K 体育财团有关。

Mir 财团和 K 体育财团是韩国多家大企业共出资 800 亿韩元，约合人民币 4.7 亿元成立的基金会，而总统亲信干政风波的主角崔顺实被指控涉嫌从中牟利。

【字幕：美国当选总统特朗普谈上任后新政】

(导语)夏丹：美国当选总统特朗普近日在接受《华尔街日报》采访时说，他上任后将施行的新政包括修改奥巴马医改法案，放松对金融机构的监管以及加强边境管控。其中关于美国民众关注的医改法案，特朗普在竞选中曾多次表示如当选将废除这部法案，不过在当选之后他改口称，在与现任总统奥巴马会晤后，他决定修改而不是完全废除医改法案，其中保留的条款包括禁止医保公司拒绝为病人提供保险，以及允许父母延长把子女纳入自己医保中的年限等。特朗普还表示，上任后将通过发展基础设施建设创造就业机会，还将改进美国此前签署的国际贸易协定。

另据报道，12号纽约、洛杉矶、芝加哥、波特兰等多个城市反对大选结果的抗议活动仍在持续，其中在波特兰有抗议者与警方发生了冲突，有十多名抗议者被逮捕。此外在一些抗议活动中也有特朗普的支持者，他们戴着印有特朗普竞选口号的帽子，表达对特朗普当选总统的支持。

【国际联播快讯】

【字幕：巴俾路支省爆炸及踩踏致52人死亡】

巴基斯坦西南部俾路支省的一座神庙12号发生自杀式爆炸以及踩踏事件，目前已造成至少52人死亡、上百人受伤。当时许多人正在现场参加宗教活动，爆炸发生后，由于慌乱又发生了踩踏，造成严重人员伤亡。由于爆炸发生在夜间，且神庙位于山顶，给救援造成很大困难。极端组织已宣称对袭击事件负责。

【字幕：叙政府军在阿勒颇取得重大进展】

12号，叙利亚政府军完全收复了位于阿勒颇市西郊的阿萨德区和曼尼亚镇，打死数十名反政府武装人员，并摧毁其大量武器装备。有消息称，两周来反政府武装在"突围行动"中打下的地盘已全部被政府军夺回。

10 月 28 号，多支反政府武装从阿勒颇市以西地区向叙政府军控制区发动大规模攻势，试图打破叙政府军对阿勒颇市东部武装分子的围困。

【字幕：哥政府与"哥武"达成新和平协议】

哥伦比亚政府与该国最大反政府武装"哥伦比亚革命武装力量"12 号在古巴首都哈瓦那签署新的和平协议，其中一项重要变化是要求"哥武"对其资产进行全面整理，用来对受害者进行赔偿。

"哥武"与政府军的冲突已经持续了半个多世纪。今年 8 月，双方在哈瓦那达成最终全面和平协议。但在 10 月举行的全民公决中，和平协议遭到否决。反对者认为，这版和平协议对"哥武"人员过于宽容。

【字幕：欧洲多国现高致病性禽流感疫情】

欧洲多国近日出现 H5N8 型禽流感疫情，12 号，德国石勒苏益格－荷尔斯泰因州的一家农场确认一例 H5N8 型禽流感病例后，农场里的三万只鸡被扑杀，农场周边三平方公里地区被封锁。此外，瑞士、奥地利、匈牙利等国也出现了疫情。

H5N8 型禽流感病毒属于高致病性病毒，但好在目前还没有人类感染这种病毒的风险。

【字幕：新西兰发生里氏 7.4 级地震】

(导语)夏丹：据美国地质勘探局刚刚发布的消息，北京时间今天 19 点 02 分，新西兰克莱斯特彻奇东北偏北 91 公里处发生了里氏 7.4 级地震。地震是否造成了人员伤亡或财产损失，目前还不清楚。

(中央电视台《新闻联播》，2016-11-13. http://www.cctv.com)

（二）

【7 点开篇词】

【字幕：全国中小学生安全教育日 关爱孩子交通安全】

　　享受充满资讯的早晨，欢迎收看第一时间。大家早上好，我是欧阳夏丹，今天是 3 月 28 号，星期一。我先给大家看几张照片：这是一个靠着篮球行走的残疾女孩，(画面上)她叫钱红艳。5 年前，4 岁的钱红艳在过马路时，被一辆违章行驶的大货车撞倒，医生只好把她的身体从骨盆以下完全截肢。为了让她活动，家人把半个篮球套在她的身下，她就凭着半个篮球和一对特制的木把活动。几年来，她已经用坏了 6 个篮球。(画面下)今年 1 月，钱红艳被接到北京进行治疗，专家会给她装假肢。而这只是众多悲剧故事当中的一个，据统计，在去年一年，中国因为交通事故而造成中小学生死亡的就有4422 人，受伤 20 917 人。交通事故已经成为造成中小学生伤亡的主要原因之一。今天是第十个全国中小学生安全教育日，在此我们希望每个司机朋友都能小心驾驶，不要违章，让每个孩子都能高高兴兴上学，平平安安回家。另外我们还要提醒各位司机朋友，今天是周一，路会很堵，请您在开车的时候不要急躁，遇到行人，尤其是孩子的时候慢一点、让一让。好，先来看一看今天节目的主要内容：

　　(提要略)

　　【字幕：湛江海事局对"粤海铁 1 号"事故展开调查】

　　(导语)昨天上午，我国第一艘火车轮渡"粤海铁 1 号"，在从海南开往广东的途中因雾中航行，在雷州半岛北港搁浅。在安全地脱浅靠港之后，目前，广东湛江海事局已经对这次事故展开了调查，并禁止"粤海铁 1 号"在没有检验适航之前离港。

　　(正文)昨天上午 9 点 20 分，"粤海铁 1 号"火车渡轮在从海南开往广东途中搁浅，船上装载旅客 241 人、汽车 43 辆、船员 26 人，经湛江海事、搜救部门全力救助，昨天中午 12 点 30 分，船上 241名旅客已全部转移到海事救助船安全上岸。而"粤海铁 1 号"火车渡轮，也在南海救助局和湛江海事局救助船的拖带协助下成功脱浅，于下午 3 点顺利靠泊雷州半岛北港码头。"粤海铁 1 号"火车轮渡安全脱浅后，湛江海事局成立了"粤海铁1号"火车轮渡事故调查组，立即对事故原因展开调查。同时，湛江海事局徐闻海事处加强了对火车轮渡和琼州海峡船舶的安全管理，要求粤海铁路股份有限公司对事故船舶申请船检部门进行检验，禁止"粤海铁1号"在未检验适航之前离港。同时对"粤海铁1号"轮进行了安全检查。

(口播)在当天下午湛江海事局召开的紧急会议上，湛江海事局的负责人除了强调要加强船舶在雾航情况下的安全管理之外，还强调公司一定要合理地安排船员休息，防止疲劳驾驶。

【字幕：涉嫌挪用侵占7亿资金 健力宝原总裁张海被拘】

(导语)健力宝集团原总裁张海因为涉嫌挪用侵占企业资金，日前在广东佛山市被拘留。

(正文)去年9月，健力宝集团董事会开始对公司财务进行审计调查。当月底，一份由健力宝集团聘请的北京某会计师事务所提交的审计报告随同一份律师意见函，以集团的名义正式递交给公安部门，举报张海等人存在"以做假账、虚增库存、虚增销售等方式挪用、抽走、转移、侵吞健力宝资金"问题，这些资金数目不低于7亿元。1974年出生的张海，是河南开封人。1995年，21岁的张海神秘发家，因善于在资本市场"翻打腾挪"被称为"资本玩家"。2000年，开始扬名国内资本市场。2002年年初，他以浙国投名义"闪电收购"健力宝，执掌国内最大的饮料厂家，出任董事长兼总裁，年仅28岁。2002年12月30日，健力宝集团投入1个亿，接手"深圳足球俱乐部"。但在主政时期，健力宝日渐衰颓。2004年8月，张海被股东联手逐出。2004年12月27日：深圳健力宝俱乐部在深圳召开新闻发布会，声明健力宝俱乐部与张海已经没有任何关系，不允许张海以俱乐部名义进行任何欺骗活动。今年2月起，有关张海被"刑事边控"并被经济立案调查的消息就不断传出。

【字幕：健力宝集团原总裁张海，1974年出生于河南开封。2000

年起，扬名国内资本市场。2002 年年初，收购健力宝，出任董事长兼。总裁 2004 年 8 月，被股东联手逐出】

(口播)据了解，健力宝原投资管理部的总经理曹庭武、原投资管理部的投资总监郭建函也被拘留了。据《南方日报》报道，张海、曹庭武和郭建函是在 3 月 23 号夜里和另外三个人吃夜宵时被捕的，当时警方留下张海、曹庭武和郭建函三人，让其他三人自行离去。

【字幕："五一"临近 景点门票纷纷酝酿涨价】

(导语)再来看一条有关旅游的消息。"五·一"黄金周马上就要到了，不少风景旅游区都在酝酿着提高门票的价格，黄山市物价局日前在安徽屯溪举行黄山门票价格听证会，岳麓山景区也将在下个月召开听证会。

(正文)黄山门票价格听证会的代表由 18 名经营者、消费者、专家学者组成，会议还邀请了旁听者和其他代表列席。黄山市价格认证中心经评审后建议黄山风景区旺季价格增幅为 69%左右，淡季票价增幅为 52%左右，平均价格在 190 元左右。大多数听证代表支持门票上调，但增幅应该不超过 50%。听证会当天没有就价格调整做出最后结论。黄山市物价局官员表示将尽快公布审核结果。此外，4 月 15 日湖南岳麓山景区也将召开门票价格听证会。岳麓山景区负责人表示，涨价的原因主要是景区维护、新景点建设资金有缺口。而此前，故宫博物院、九寨沟、张家界、神农架等也将此作为调整门票价格的理由。部分专家认为，提高门票收入并非增加收入的唯一途径，以杭州西湖为例，门票全免虽然减少了几千万收入，但同时却带来了住宿、餐饮、娱乐等相关行业数以亿计的进账。

(口播)在门票涨价之前举行听证会，听一听各方的意见，是好事。不过在我的印象当中，各地举行的种种类似听证会，得出的结论都是同意涨价，也难怪有人说，这听证会似乎已经成了涨价会。

【字幕：南京新式"婚检"不检身体检性格】

(导语)最近在江苏南京，一家心理咨询中心推出了一种特色婚检，不是检查身体，而是检查性格，为的是帮助人们更好地了解自己和自己未来的配偶。

(正文)这对恋人正在接受性格检测，两人分别填写了一份特别的问卷，对人生态度、经济观念等40多个问题做出了回答。心理咨询中心的周医生根据答题判断出，女方性格活跃，而男方性格稍显内向，并针对他们的性格特点提出了自己的建议。(同期)南京都市心理咨询中心主任医师周正猷："女方有轻度的恋父情结，你在适当的时候要表现得像哥哥一样，甚至像父亲一样，要学会去呵护她。"

周医生介绍说，从心理学角度来看，婚姻是否美满幸福，很大程度上取决于夫妻双方是否有健康的心理状况，两者的性格是否般配。(同期)南京市某心理咨询中心主任医师周正猷："就是强调科学择偶吧，选择一个合适的恋人，以便今后组织一个更好的家庭，提高婚姻质量。"对于这种性格婚检，人们看法不一。(同期)南京市民："在婚前两个人都不太了解，如果通过这个测试让对方加深一些了解的话，结婚以后就会少很多矛盾。"(同期)南京市民："如果你自己本身对这些东西有比较理性的认识，调节能力也比较强，自己就能把它(婚姻问题)妥善地解决了。如果你真的没有这方面的处理问题的能力，那我觉得这(做性格婚检)还是有必要的。"

(口播)夫妻离婚，我们最常听见的理由就是"性格不合"，现在好了，在婚前就测一测性格合不合，当然专家的意见未必就是"一锤定音"，但提前有个数，有利于夫妻双方及时磨合，朝更好的方向努力。

据新华社最新消息，山西朔州"3.19"矿难事故的抢险救护队员又发现了两名遇难矿工，一名是在发生爆炸的细水煤矿，另一名是在爆炸波及的邻矿康家窑矿井下发现的。至此，现场抢险工作已经结束，此次矿难最终造成72名矿工遇难。另据悉，遇难矿工中已经有30家总共领到了605万元的经济赔偿，其他家属的经济赔偿将于近两天内结束。

【字幕：反对派要求总统下台 白俄罗斯局势发生动荡】

(导语)来看国际方面。吉尔吉斯斯坦的局势还没有稳定，白俄罗斯的国内局势也开始发生动荡。白俄罗斯当地时间 25 号，在首都明斯克，大约 300 名反对派人士在总统办公室对面的十月广场举行示威，要求总统卢卡申科下台。

(正文)在十月广场上，示威者高呼口号。他们表示，自从 1994 年卢卡申科当选总统后，并没有履行他所承诺的根除腐败等承诺。此外，他们还认为去年 10 月举行的全民公决存在舞弊行为。当天，有大批军警赶来维持秩序，部分示威者还向军警投掷石块，一些人在混乱中受伤。警方发言人说，有 30 多人被捕。因为涉嫌聚众滋事，破坏公共秩序，警方将对他们展开刑事调查。如果罪名成立，参与抗议的主要人员可能会被处以 3 年监禁。不过，被认为组织此次抗议活动的反对派领导人克利莫夫当天并没有被警方拘捕。2004 年 10 月，白俄罗斯曾举行全民公决，公决结果显示，大部分选民赞成现任总统卢卡申科第三次竞选总统，并同意取消宪法中有关总统任期限制的规定。

【字幕：巴以用足球与音乐呼唤友谊】

(导语)巴勒斯坦和以色列的历史矛盾和民族矛盾盘根错节，由来已久。但与此同时，爱好和平的人们也一直在进行着不懈的努力。如今，以巴双方正在尝试，借助足球和音乐的帮助，化对抗为合作，化仇恨为友谊。

(正文)天真无邪的孩子是最好的和平使者，这支由巴勒斯坦和以色列儿童组成的足球队就是一个最好的例证。披上心爱的球衣，孩子们之间弥漫着快乐和友谊的氛围。阳光灿烂般的笑容会让你忘却他们民族间的隔阂。这项计划由是以色列副总理、工贸部长佩雷斯发起的，在他的号召下，现在，已经有几百名以色列和巴勒斯坦儿童通过足球建立起了深厚的友谊。而在 27 号，以色列军方电台和巴勒斯坦之声电台同时播放了一首名为"我心深处"的爱情歌曲。这首歌的特别之处在于，它是由一名巴勒斯坦歌手和一名以色列歌手分别用阿拉伯语和希伯来语来演唱的，表达了两国民众在经历长年流血冲突之后，对未来和平的呼唤。让我们用心来倾听一下巴以民众渴望和平的心声。

(歌声与足球编后)

(口播)我记得在以色列有一家国际大笑俱乐部，专门教人如何大笑来缓解压力。主办者说，他希望大笑能有助于缓解巴以矛盾。笑声、音乐、足球，希望这些人类共同的美好语言，能够成为化解冲突和仇恨的良方。

【字幕：哥伦比亚毒贩贩毒用上了潜艇】

(导语)毒品走私一直是哥伦比亚的顽症之一，历届哥伦比亚政府都想尽办法试图剪除这个毒瘤。但在和政府的周旋当中，贩毒分子的手段也越来越狡猾，设备越来越先进。他们最近又出了一个新招，竟然要用潜水艇来走私毒品。

(正文)日前，在哥伦比亚西部近太平洋海岸上演了一出好莱坞大片式的缉毒战，哥伦比亚国家安全局出动直升机和缉毒艇对这片海域进行了全方位的搜索。哥伦比亚情报部门接获线报，哥伦比亚国内最大的贩毒团伙"北考卡山谷集团"可能正在建造潜水艇用来走私毒品。当缉毒人员搜查到该国东部海岸一个乡村的仓库时，他们简直不敢相信自己的眼睛。摆在他们面前的是三段还没有连在一起的潜水艇舱体。而在缉毒人员到达时，车间内已经空无一人，房间中的物品杂乱无章，警方估计工人和技术人数刚刚逃跑。警方人员透露，这艘潜艇科技含量相当高，舱体用玻璃钢制造，装备大功率发动机，一次可以运载 10 吨、价值约两亿美元毒品。

(口播)好好的潜水艇，让毒品贩子给糟践了。不过好在是魔高一尺，道高一丈，毒品贩子的高科技，还是没能逃过缉毒警方的眼睛。

【字幕：牛津战胜剑桥 校际赛艇大赛夺冠】

(导语)牛津和剑桥是英国的两所著名学府。长久以来，两所学校之间有一个传统竞赛项目，那就是一年一度的赛艇比赛。到今年，这项比赛已经进入了第 151 个年头。27 号，第 151 届校际赛艇比赛在伦敦泰晤士河上拉开帷幕。

(正文)画面上离我们最近的是剑桥大学队，在起步时，剑桥有些迟缓，牛津首先处于领先优势，虽然剑桥的选手及时调整了状态，紧随其后，力图赶超，但是两队间的距离还是逐渐拉大，牛津占据了绝对领先的位置，最终以率先冲过终点线，赢得了本次比赛。(停两秒)比赛结束后，牛津大学的队员们举起了象征胜利的金杯欢呼庆祝。不过，在过去 150 届比赛中，剑桥大学依然保持着 78 比 72 的胜绩。

(口播)在今年两校的参赛队伍当中，有 10 名队员是参加过奥林匹克运动会的队员，队员的组成也像是一个国际军团。牛津有 4 名队员来自北美地区，而剑桥大学的队员当中有 4 人来自德国，一人来自澳大利亚，还有一个来自美国。

【字幕：广东纸扎祭品花样翻新】

(导语)把视线转向国内。清明节快到了，不少人都会买一些祭祀用品，去年我们报道过有人卖纸扎的小蜜和保安，到了今年，这些祭品又更新换代了。

(正文)几经周折记者才找到广州天河区东圃市场外围的这几间小店铺。见到有客到，店主立刻出来招呼。(同期)店主："你是买来给先辈的？""是的。""这里有一些，还有漂亮的正在做，一会拿整套给你看看。"

一会儿，店主搬来一个箱子，除了大屋、汽车以外，连护照、存折信用卡都一应俱全。记者随后到了另外一家，这家的清单更是夸张，连支票、房产证、消毒碗柜都有。(同期)店主："炒锅和铲子都有齐的了。"

此外，很多祭品店还有一条龙服务。(同期)店主："全套，送到目的地，398元。"

(口播)我的一个同事开玩笑说，即使真的有阴间，照现在人们烧纸钱这个烧法，那个世界早就通货膨胀了。也许，这是眼下祭品不断更新换代的原因吧。这是玩笑话，其实，给死者烧的东西反映的正是活人的价值观，从中，我们是不是能悟出点什么。

【字幕：虎妞我终于站起来啦！】

(导语)在安徽蚌埠市张公山动物园里，生活着一对幸福的虎爸虎妈，他们可是儿孙满堂。最近，这对老伴儿老年得子，又生了一对龙凤胎，可惜，这小虎妞生下来就有些残疾。

(正文)虎妈妈今年15岁了，按照老虎家族的寿命来算，她已是高龄产妇。虎妈妈已经生了9胎28只小老虎，不过这一次它生下来的小老虎因为缺钙，膝关节外翻，走起路来十分困难。(同期)饲养员："整个腿的关节活动不了，拖着往前走。"

(影视片段)《大腕》傅彪哭丧(黑隐黑起、音乐) 我们人类早就集体补过钙了，就差一步，就差一步啊，没来得及给你们动物界也补补钙啊。

(正文)为了让小虎妞有站起来的机会，动物园里的饲养员们没少费心，不仅天天打针、吃药，就连饭里都不忘加点高钙片。光是食疗还不够，每天还要进行三个小时的按摩。别以为按摩是件舒服的事，对小虎妞来说那就是活受罪。(实况：小老虎叫)

(同期)饲养员："手法要特别注意，按摩的手法很重要，轻了，达不到效果，重了，会对它造成伤害。"

(同期)虎妞："我也知道动物园里的阿姨是为我好，可是按摩实在是太疼了，弄得我脾气都变坏了。"饲养员："疼了，它回头就咬，我们身上哪里都有伤。"

(口播)看来，只要为了它好，这老虎屁股也摸得。

【字幕：美国理疗帮助宠物恢复健康】

(导语)虎妞享受的还只是按摩和补钙，而在大洋彼岸的美国，宠物们在手术后可以做理疗了。一家医院里，小狗切斯就在接受理疗服务。我们来看看。

(正文)切斯生活在美国，前一段时间，它的后腿韧带断裂了，在手术过后，切斯的活动受到了一定的影响，稍微运动多一点就开始感到疼痛，它在平时的生活中开始更多地用到另外三条腿，这样不但走路歪歪扭扭的，时间长了可能还会影响到今后的身体发育。它的主人把它送到位于美国北卡罗来纳州的这家医院，接受术后理疗恢复训练。在这里，医生们使用了专门的仪器对切斯四条腿在行走时产生的压力进行分析，找到进行理疗恢复的最佳方案。医生们认为，切斯在手术后，走路过多地依靠另外三条腿，是因为心里还是害怕再次受伤，因此他们给切斯设计了平衡板和球类运动的训练，帮助它学习重新信赖自己的这条受过伤的腿。在医生的帮助下，切斯逐渐通过理疗找回了自信，它又可以在院子里尽情地奔跑嬉戏了，看着自己的爱犬恢复了往日的活力，切斯的小主人心里也乐开了花。

【字幕：第24届香港电影金像奖揭晓 章子怡封后】

(导语)昨天晚上，万众瞩目的第24届香港电影金像奖颁奖典礼在红磡体育场举行。《功夫》不负众望，勇夺最佳影片；《2046》则顺利拿下最佳男女主角两项主要的个人大奖。其中梁朝伟是第五次当选影帝，创下香港影坛神话，而来自内地的章子怡则顺利封后，获得了香港金像奖的肯定。

(正文)在颁奖典礼举行之前，很多影迷就聚集在红地毯两边等候自己心中的偶像。我们现在可以看到梁朝伟和刘嘉玲手牵着手，大方地摆开姿势让记者照相，国际影后张曼玉和人气越来越高的章子怡都激起了现场的一片尖叫。此外，港台地区的很多其他明星也悉数到场，而国际大导演李安的出席更是让本届金像奖显得星光熠熠。本届金像奖的最佳女主角奖颁给了在成为国际巨星的路上越跑越快的章子怡，她在《2046》中演绎的凄苦的风尘女子为爱情而不甘放弃最后一丝矜持的无奈、无助，还是令无数观众泪下，令无数评论家侧目，自然也不能不使评委们为之拱手献上一票。(同期)章子怡："我太感动了，我从没想过能得奖。这次能得到香港金像奖的肯定对我是一个肯定。"

　　而最佳男主角多少爆了一个冷门。在成龙的表演不痛不痒、方中信又是第一次提名的情况下，梁朝伟最终被第五次推上了前台。(同期)梁朝伟："就好像第一次一样，我太兴奋了。我不记得在台上说了什么，头脑一片空白，我很高兴，这太难了。"

　　有分析认为，虽然这次男女主角奖的归属不能让所有人满意，但是梁朝伟和章子怡的获奖都可以说是实至名归。对梁朝伟的选择可以说是制造了香港的演技神话；而选择章子怡，则可以看出金像奖评委们的长远目光，毕竟今年的新片《艺伎回忆录》势必会让章子怡在明年的奥斯卡上更为活跃，那时也许就能看出金像奖的先见之明了。

　　【字幕：第24届香港金像奖其他奖项各有所属】

　　(导语)在本届金像奖上，除了最佳男女主角奖之外，最佳影片和最佳导演等奖项也各有所属，特别是最佳导演和最佳编剧，还被评委们打包送给了同一个人，多少出乎外界的意料。

　　(正文)要说去年在华语世界最火爆、最卖座、最引起关注的影片，周星驰的《功夫》肯定会榜上有名。在如今香港惨淡的电影市场中，《功夫》在票房上的骄人战绩傲视群雄，给电影人带来了些许的希望。影片中有悲有喜，有爱有恨，有炫目的武打，有深厚的友谊，还有平实的爱情，圆了小人物一个寻梦的神话，这正是香港电影的气质、风格所在，更是电影的魅力。同时，这部《功夫》还成就了最佳男配角元华，他在片中增之一分则浓、减之一分则淡的表演，给后辈小生们好好上了一堂表演课。不过要说本届金像奖最大的赢家，肯定得说是尔冬升了，金像奖评委这次大发善举，把导演和编剧的桂冠打包送给了他。尔冬升的《旺角黑夜》一片处处暗藏的机锋智慧取胜。继《新不了情》11年后再次问鼎金像，尔冬升再次扬眉吐气，颇有几分今年奥斯卡奖上克林特•伊斯特伍德梅开二度的味道，可喜可贺。

(口播)在其他奖项方面，《2046》获得了最佳摄影、最佳美术指导和最佳服装造型设计大奖，而《功夫》则获得了最佳剪接、最佳音响效果、最佳视觉效果和最佳动作设计奖。

【字幕：《地球故事》再掀真人秀热潮】

(导语)2001 年我们二套的《地球故事》栏目曾经率先在全国播出《幸存者》系列一、二，并引发了一场电视界的真人秀热潮。3月 28 日晚，中央电视台第二套节目经济频道《地球故事》栏目将推出《幸存者》系列三，竞争将又一次开始，并更加激烈。全新形态的真人秀节目将使观众大饱眼福。

(正文)在这一档全新的真人秀节目中，16 名素不相识的美国人将在东非肯尼亚灼热的草原上展开冒险活动，在 39 天的时间里，他们与世隔绝，展开了一生中最大的冒险。这里只有一条规则：适者生存，强者为王。点火把，喝生牛血，做地面遇难救援标志。弱者将毫不留情地被淘汰出局，最终，只有一个幸运儿能赢取一百万美元大奖。

(中央电视台《第一时间》，2005-3-28. http://www.cctv.com)

(三)

国事家事天下事，事事关心，欢迎您第一时间听马斌读报。

昨天我给您讨论了狼牙山五壮士的新英雄、老英雄的问题，实际上，这几天还有一件事也引起了不少讨论。那就是小巨人姚明入选全国劳模候选人的事情。《竞报》报道说，姚明入选有两大理由，一是能代表中国形象，有突出成绩；另一个是他的身上体现了爱国主义精神，祖国有需要就能立刻回国。但反对者也有不少，社会学家周孝正先生就认为，姚明毫无疑问是行业的佼佼者，但当选劳模实在是有点牵强。因为劳模应当来自于平凡人中有杰出贡献的人，是大家可以学习的榜样，而姚明作为明星运动员，除了自身努力外，还有先天条件，实在不是普通人能学了的，因此实在没必要把这样的体育明星强扯到劳动人民的行列中来。

《山西晚报》的评论更是直接认为《姚明候选劳模暴露城市追星心理》。它的文章说，抛开明星的个人收入不谈，体育界、社会公共领域和政府已经给了姚明足够多的物质与精神回馈，可以说，作为公众人物，姚明已经得到足够多的荣誉；而劳模的评选本身是一个不那么商业化、更看重精神品格的荣誉奖项，它的评选结果应该能给普通人以更大的激励，把姚明这种明星硬扯进来，给他一个锦上添花的荣誉，这种以国家荣誉来迁就明星的做法，不但起不到对所有劳动者的激励作用，反倒会产生观念的误导。

而上海的《都市快报》则认为《姚明入围全国劳模彰显与时俱进》。它的文章说，在我们的传统理念里，劳模似乎就应该是掏粪工人时传祥那样的平凡英雄，但随着时代的变迁，劳模的精神和风采也应与时俱进。像姚明就是一个时代的宠儿，他靠着自己的出色技术走出国门，在激烈的竞争环境中赢得了信任和尊严，而且随时在国家需要时为了国家荣誉而战。这样的人就成为时代价值的一个缩影，所以姚明当然有理由，更有价值成为时代的劳模，成为大家学习的榜样。

最近以来，苏丹红事件可以说是炒得沸沸扬扬，一时之间很多人是谈"红"色变。不过本周的《三联生活周刊》就给这个事件降了一下温，它的两篇文章的题目分别是《苏丹红风波，半支烟形成的社会事件》和《莫须有的苏丹红恐慌》。文章认为，工商部门的检测表明每瓶问题苏丹红产品只相当于抽半支烟的危害，比起类似痢疾杆菌每年夺去 87 万人的寿命等问题来说，苏丹红的危害性实在微不足道，它对人体造成的危害甚至还不如手机和霓虹灯造成的危害大，可它却造成如此大的恐慌，也许这件事所反映出来的人们对食品安全的高度敏感和脆弱心理防线，才是最严重的问题！

我们来看《工人日报》的一幅漫画。清明节快要到了，这两天不少公墓都到了扫墓高峰，扫墓的人用花篮、花圈等祭物来寄托对故人的相思。可偏偏有些人就打起这些祭物的歪脑筋：等扫墓的人刚离开，他们就呼地一跃而上，将花篮、花圈抱回家，然后加工以后再转卖。漫画配的评论把这些人称为"采花贼"，说来这些采花贼也够可恨的，本来人家扫墓祭奠亲人是件挺庄重的事，让他们这么一搅和，就变味了。这商业脑筋动到死者的头上，他们就不怕招人骂吗！

愚人节快到了，不少人又琢磨着愚人的点子。《华西都市报》报道说，成都的一个网站论坛上就出现了一个帖子，主题居然是专门征集愚人节如何整老师的，跟帖还很火爆，出啥损招的都有，这些馊主意我也不给大家说了。但网上的跟贴也有很多反对意见，有一位唐先生就回忆起自己在小时候整老师的经历，那个时候他们班的学生很调皮，有一年新学期来个女老师，他们就在进门的地方安了小机关，把新老师给绊倒了。当时大家是哄堂大笑啊，可那位女老师却没生气，她很大方地爬起来，然后笑着对大家说："摔倒了，并不可怕，只要能从原地爬起来，继续走自己的路，就是获得成功的法宝。"这件事让唐先生他们班的学生都对这位老师充满了敬意，学习也都进步了不少。我想，其实，孩子们在网上发点子想整老师可能也就是过把嘴瘾，并不是真想付诸行动，这也说明孩子们对老师敬畏情绪的一种发泄，如果所有的老师都能像那位女老师一样，也许以后，网上整老师的帖子就会消失了！

小殷是南京一家公司的员工。《南京晨报》报道说，小殷在公司里一切都很顺利，同事关系融洽，领导也赏识。谁知道，就在这个时候，小殷的个人感情却出了问题：谈了四年的男朋友，因为经常吵架而分手了。感情的挫折让小殷很受伤，连上班也精神恍惚。一位同事看她这样子，就悄悄地对她说："知道你为什么失恋吗，是咱们公司风水不好，你看，咱们的总监，原来夫妻感情多好啊，可自从进了公司，年前和老婆离婚了。还有咱们副总，她和老公关系也不好，这个公司上下都知道。"听到这些，小殷恍然大悟，仔细考虑了一下，既然在这单位就会失恋，我干脆辞职吧，所以文章标题说"女员工嫌公司风水不好辞职"。唉，小殷同志啊，你这是迷的哪门子信啊！

来看国际方面的消息。

路灯是城市照明的重要工具，可苏格兰现在却面对着一个路灯损坏的大难题。《泰晤士报》报道说，现在苏格兰有超过八万五千个路灯需要紧急维修。那么是什么导致这么多路灯的损坏呢？那可是金属的啊！原来，导致路灯损坏的罪魁祸首居然是宠物狗狗，由于那些小狗喜欢在路灯旁随地小便，时间一长，小便里过多的酸性物质就会导致路灯腐蚀，有的损坏还很严重，甚至还发生了毁坏的路灯砸伤行人的事件。这些小狗不知道，他们这随地大小便，自己倒是方便了，可造成的损失大了。每个路灯造价在一千欧元左右，这八万五千个路灯，就需要八千五百万欧元啊，简直是天文数字。

其实，受狗狗随地大小便困扰的城市可不仅仅是苏格兰，德国的德累斯顿市也在为这事心烦。《卫报》报道说，德累斯顿市有一万二千只狗狗，居民平时出来遛狗的时候，狗狗经常在街上随处方便，带来很大的清洁问题。尽管被发现可以罚款，但因为随机性太强，想查出是哪只狗犯的事，实在太困难了。于是，为了根治这个问题，当地政府决定采取强制性措施，让每一只登记在册的狗狗，留下自己的 DNA 记录。这样，如果再发现了罪证，只要通过 DNA 一监测，就可以查到是哪一只狗，这狗主人就得面临重罚。尽管这个方案花费不小，可为了一流的市容，德累斯顿市也下了决心了，这个方案要成功的话，苏格兰倒是可以借鉴一下啊！

现在很多孩子都没有一个好的饮食习惯，往往零食吃得多，垃圾食品吃得多。《苏格兰人报》报道说，造成这个现象的原因很可能是因为家长没有掌握好孩子饮食习惯形成的规律。现在的研究人员发现，在孩子小时候，特别是在一岁时，家长给他吃什么东西对他以后的饮食习惯特别关键。比如说，在开始的时候，你经常给他吃饼干，那么他长大以后，遇到跟饼干形状类似和口味差不多的东西时，他就自动把这些东西归到饼干一类，也喜欢吃。对于那些你没给他吃过的，到他长大以后，一般也不愿去尝试。家长们知道了这个规律，对于矫正孩子的饮食习惯可是大有好处。如果从小就多给孩子吃蔬菜、水果，少吃些不健康的东西，那孩子大了自然也会养成一个良好的饮食习惯，所以饮食习惯，从娃娃抓起！

照片上的女性叫作克里斯蒂·艾莉，她是美国八十年代家喻户晓的一个影星，曾经得过很多大奖。后来，她变得越来越胖，照片上就是她变胖前后的对比。变胖以后，艾莉的演艺生涯也陷入了困境。《卫报》的消息说，艾莉现在下决心减肥，还重出江湖拍了系列喜剧《肥妈明星》。这部片子就是从她的真实经历中获取灵感，讲述好莱坞的一个发胖明星如何为事业和爱情奋斗的故事。影片很受欢迎，可克里斯蒂·艾莉并不满足，她最近又准备代替莱温斯基成为一家减肥产品的代言人，出席一系列的商业活动，除了赚取代言费之外，艾莉还计划写一本书来指导人们怎么减肥，这本书的稿费也高达一百万，所以对别人来说，减肥可能是很痛苦的，但对艾莉来说，减肥的同时还有大把钞票可赚，真是幸福的减肥啊。

其实减肥啊、整容啊也不仅仅是明星和年轻人的专利，现在英国越来越多爷爷奶奶们也开始热衷于整容了。《独立报》的消息说，这些爷爷奶奶们整容的原因很多，比如现在生活好了，很多人的年龄和相貌不成正比，经常可以看见六七十岁的人长得像四十岁的，那些显老的人心理自然不平衡，凭什么一样的年龄，你就显得年轻？我要去整容！还有一些老夫少妻的，跟妻子走在一块儿很不协调，特别是去学校接孩子的时候，发现自己比其他家长都显老，老被认为是孩子的爷爷，一气之下，干脆去做个"拉皮儿"，咱也要年轻十岁才行。所以现在时代变了，老年人的晚年生活不再是夕阳红，而是人生的一个新的阶段。老年人也隆隆鼻，去去眼袋儿，背起背包去旅行，甚至 70 岁去跳伞什么的也不稀罕。这真是把青春进行到底啊，这样的老年生活，够精彩！

来看一条国内报纸的消息。

《辽沈晚报》报道说，前几天，沈阳的李先生和朋友吃饭，喝了几杯啤酒之后，他就开车回家。可还没开多远，后面有一辆车"砰"的一声撞上来了，李先生想：糟了，追尾了。要搁在平时，这肯定是后车的责任，可现在，李先生不是喝了酒了吗！按照交规，他要负全责。所以李先生就想和后面的司机私了，可那位司机还挺认真，非要打 122 找交警来处理。拦了两次没拦住，李先生慌了，这交警一来，我不就麻烦了，就是闹到保险公司也不给赔偿啊。理亏的李先生只好主动给条件，我赔给您钱，您看这样成了吧！后面的车主一听这话，也就不再装了，一开口，六百块！李先生现在明白了，感情自己是上了人家的套了，可只好白白吃个哑巴亏。其实，这种碰瓷的招数不新鲜，可沈阳的这些职业撞车者也够狡猾的，他们每天守候在酒店附近，专门盯着那些酒后驾车的司机，然后制造追尾事故借机敲诈。说到底，谁叫司机先喝了酒了，所以说，千万别酒后驾车，司机一杯酒，亲人两行泪啊！

今天的马斌读报就是这些内容。感谢收看，再见。

(中央电视台《第一时间》. 2005-3-29. http://www.cctv.com)

((·)) 播读提示

伴随信息化社会和网络媒体的不断发展，新闻播音表达方式呈现出"多样化"的特点。以上三组新闻节目稿件采用了不同的播报样态，《新闻联播》作为最具权威性、新闻信息容量最大、收视观众最多、影响最广的节目，具有"官方色彩"，播音庄重、稳健、大度；而央视 2 套《第一时间》的早间新闻中，主持人除了要播报新闻，还承担图片新闻、视频新闻、热点新闻的口播、串场、点评等职责，播音更注重体现语句目的的准确、鲜明，"播""说"结合，轻松自然，节目从内容到形式都更加平和、生活化，有如一阵清新的空气扑面而来。练习时注意把握不同语境、不同类型节目的播报要求与特点，内容连贯、完整，表达方式灵活多样，保持语言的流畅性。

实训二：评论播音

该用报道说话时你们却用公开信

曹 林

一位女记者因男友情变而跳楼自杀，让人惋惜和痛心，让人唏嘘不已。朋友圈有人感慨女记者太脆弱，为"渣男"自杀太不值了！有人则愤怒地指向其男友，认为"渣男"要为女记者的死负责。一篇名为《200 余媒体人致安徽广播电视台台长公开信》的文章广为流传，信中认为段姓女记者跳楼殉情，与其未婚夫潘某"突然、决绝的背叛和巨大刺激、打击"直接相关，并且联合200多位媒体圈同仁签名，强烈建议安徽电视台台长开除潘某和"小三"，语言非常激烈。

这封公开信在网上引发很大争议，有人认为恋爱应该是自由的，不能不允许另一方分手，只能怪女方太极端，这封公开信的道德绑架和舆论审判色彩太强烈。我也反感这样的公开信，但反对理由不是"道德绑架和舆论审判"——不能不让人说话吧，现在有一种滥用"道德绑架"指控的倾向，总不能说别人从道德层面表达一下愤慨就形成"绑架"了。道德还是当下社会一种重要的价值判断，不能从过去的"泛道德化"这个极端走向"道德虚无化"的另一个极端。恋爱确实是自由的，但自由不是绝对的，不能排斥道德的约束。即使分手了，但女记者确实因此而自杀，另一方也要承担良心上、道义上的责任。

一个生命因另一方情变而逝去，不是一句"恋爱自由、分手自由"就可以轻松地背过身去，这种将道德虚无化的逻辑太冷艳、冷漠甚至冷血了。还是可以从道德层面审视一下的。

我反感的是他们表达的方式，200多位记者，竟然不是用自己擅长的专业方式为自己的同行和朋友讨一个说法，而是以公开信的舆论施压方式。能理解这200多位同行的道德义愤，但我想，真的想给那位女记者讨个说法的话，应该发挥自身的专业优势，用报道的方式告诉公众真相，以还原真相让相关责任人付出应有的代价。

关于女记者的自杀，虽然网上有很多信息，但事实其实并不是太清楚。女记者自杀前留下了遗书，是一种说法。被指控的男方是另一种说法，还有其他知情者的说法。到底是两人谈婚论嫁快结婚了，婚房已经布置好了，然后男方突然另交新欢；还是虽然两人相爱过，但已经分手，女方受不了分手的打击才自杀？这个事实对事情的定性是非常重要的，评论不能跑在事实的前面，如果事实是前者，那男方确实应被千夫所指；如果是后者，可能就是另外一番判断了。

在事实不清的情况下，200多位媒体人应该去调查，通过调查告诉公众真相，而不是抱团发公开信。从公开信的措辞来看，是道德指控而非事实判断。并没有提供多少确凿的事实，而是根据某一方的说法指控段姓女记者跳楼殉情与其未婚夫潘某"突然、决绝的背叛和巨大刺激、打击"直接相关，违背了媒体人的伦理规范。女记者跳楼自杀了，与男方肯定是相关的，但到底如何相关，男方须承担何种责任，需要具体事实的支撑。

一般人也许可以发这样的公开信去施压，毕竟他们没有其他方式，没有话语权也没有调查能力，只有一腔义愤——但媒体人应该有专业的表达，如果不用"媒体人"的身份，随便怎么说，可既然用了"200多位媒体人"这种职业身份，就应该采取与这种职业身份相匹配的专业、正当方式，用报道说话，而不是比谁的人数多、谁的声音高。还原事实，告诉公众真相是什么，用真相去"施压"。采访了各方，报道了事实，一切自有公论。200多位媒体人中可能不少是跳楼女记者的友人，友人更应明白，越用力越无力，事实才是敦促"给个说法"最有力的表达。

作为专业的媒体人，也应该克制对所谓"坏人"的道德审判冲动，你应该提供"客观报道"，让受众去判断好坏，用报道去说明是非，而不是未调查先判断。是的，职业之外还有常情常性——如果你只想表达一个友人的愤慨，那就别用"媒体人"的职业身份了。

(晶报. 2016-12-06)

((•)) 播读提示

评论所指不是女记者因"渣男"变心而自杀的事件，而是针对悲剧发生后200多媒体人发公开信一事。此事引发公众热烈讨论，有支持的，也有反对的。作者也反对这封公开信，但反对的理由与别的反对者不同，那些反对者认为公开信是"道德绑架"，作者却认为"道德绑架"一词被滥用，一起涉及道德层面的事件不可能回避道德。作者对这封公开信提出批评，不是因为它的道德因素，而是公开信中的职业身份——媒体人。既然署上了媒体人的大名，就得展现出媒体人的职业素养，用事实说话，用真相说话，这远比道德评价更有力量。这篇评论胜在评论角度的选择上。

谁都有可能成为"三棱镜"

李鸿文

"三棱镜群体"是英国社会学家齐格曼·鲍曼在《现代性与大屠杀》一书中的发明。19世纪波兰被瓜分以前，波兰犹太人基本都是贵族和乡绅的奴仆。他们承担着各种不受欢迎的职责，为土地的真正主人扮演"中间人"角色。这样他们就处于两难境地，在贵族和乡绅看来，他们和下等人没什么两样，野蛮、肮脏、无知和贪婪；而在农民和市民看来，他们又是直接剥削者，属于统治阶层。他们就像三棱镜一样被折射出完全不同的形象，成了两种互相敌对和矛盾的仇恨目标，双方都将他们看成是另一方的成员。

当下中国的医护人员不幸也成了这样的"三棱镜群体"。医改不彻底导致的体制惯性，将他们当成改革的包袱和目标；患者又将他们视为医疗体制的既得利益者。他们两边不讨好，两面受气，同时又替两边背黑锅。于是，他们就成了一个被互相投影的三棱镜，矛盾双方将相互的敌意转移并聚焦到他们身上，使他们成为暴力、仇恨的牺牲品。

去年10月浙江温岭发生袭医惨剧后，国家卫计委也联合公安部发布《关于加强医院安全防范系统建设指导意见》，要求加强医院安保和监控。可今年一开春，从深圳到黑龙江，从浙江到南京到安徽，全国各地又频频传出各种版本的袭医案。

早在温岭杀医案时就有舆论指出，中国新医改行至今天，"看病难、看病贵"的情况并没有如愿缓解，公立医院的医改迟迟没有真正拉开帷幕。畸形的"以药养医"制度让医生、患者走向对立，使得医生为体制背黑锅，为体制缺陷承担了其不应该也无法承担的责任。

这一点，从近来袭医案当事人的身份就可看出。他们中有学生，有社会人员，有江苏省检察院的宣传处长，有安徽颍上县政法委副书记石某的妻子与侄子。学生、社会人员袭医，是因为他们将医生当作"强势"的一方，是医疗体制的前沿性代表；而省检察院宣传处长及县政法委副书记的家属也袭医，只是基于"权贵"立场，认为医护人员没有按照他们的要求提供特权式的医疗服务。

在矛盾的夹缝中生存的"三棱镜群体"，不单是医护人员。但凡社会矛盾比较集中、尖锐，舆论指向比较突出的领域或行当，都会存在这样的一个不尴不尬的"三棱镜群体"。

比如城管。随便以"城管"为关键词在搜索引擎上搜索，就会弹出"打人""行凶""暴力"的后缀。网友更有"借我三千城管"的戏谑，似乎它已成为一支无敌天下的"威武之师"。当一个群体的形象或身份被公共舆论单一化后，这种单一化的形象和身份，很快就能找到与它匹配的对立面。

当然，城管肯定觉得特别委屈，一方面不时通过网络、媒体大吐苦水，另一方面通过柔性执法、微笑执法、换位思考执法等努力改变形象。不能说这些努力完全没有成效，但在基本职能没有改变之前，城管的公共形象很难有大的改观。中国社科院社会发展战略研究院去年底发布《中国社会发展年度报告(2013)》就显示，城管部门是最不受公众信任的国家机关。

"不信任"并不等于"不需要"。城管也要受到"上级"的制约，只不过这个"上级"平时隐身，即便在城管与小贩产生冲突时，它也只是充当旁观者、和事佬，有时甚至受正义感驱使站在小贩一边。可是，当街道被小贩占据而拥挤难行时，当路边烧烤摊乌烟瘴气时，当小区环境不可逆转地变得脏乱差时，当城市环境不堪入目时，"上级"就立刻出现表达不满了。这个时隐时现的"上级"可能是组织、领导，可能是公共治理的体制、机制，也有可能就是普通市民，亦是抽象的"公众"中的一部分具体的人群。城管在不同人群组成的"公众"中，在"上级"与小贩之间的夹缝中，不可避免地沦为"三棱镜群体"。

谁都不会甘心命运的沉沦。为从"三棱镜群体"中解脱出来，一些城市将城管业务外包，或者聘用社会人员临时执法，这些外包人员和临时工不仅要承担城管的工作，还要在媒体曝光后为城管当挡箭牌，他们是城管的替身，是"三棱镜群体"中的"三棱镜"。

以此类推，一些公务机关、事业单位中聘用的临时工、借调人员等，也在扮演"三棱镜群体"的角色。只要搜索近来发生的各种引起公众非议的公共事件，就会发现他们忙碌的身影，他们无处不在，疲于奔命，还要承受舆论的明枪暗箭。

"三棱镜群体"真实地或者被想象地出现在社会中，他们是社会阶层单一化的产物。因为单一，所以对立，所以难以调和，所以都将各种负面的形象标签贴在各自的对应物上。这些或隐或现、或潜或显、或大或小、或真或假的"三棱镜群体"，既是社会怨气的出口，又成为滋生新怨气的接口；既是社会改革的难题，也是社会改革的目标。如果不能在政府、市场与社会中明晰地划清边界、各安其位，如果社会不能培育出成熟的公民文化，我们每个人都有可能像医生、城管、临时工、公务员、地产商一样，沦为别人眼中的"三棱镜群体"。

(中国青年报.2014-04-16)

((•)) **播读提示**

这篇文章从英国社会学家齐格曼·鲍曼《现代性与大屠杀》一书中对"三棱镜群体"的描述中获得灵感，结合医患关系、城管与小贩关系以及各种临聘人员等，认为"三棱镜群体"真实地或者被想象地出现在社会中，是社会阶层单一化的产物。这个群体既是社会怨气的出口，又成为滋生新怨气的接口；既是社会改革的难题，也是社会改革的目标。最后强调要厘清政府、市场与社会的明晰边界，培育成熟的公民文化。

爱国与公民责任

冯雪梅

当爱国行为以激烈的形式出现的时候，"爱国还是误国"的争论也随之而来。

作为一名热血青年，表达自己的爱国情感，实践个人的爱国行动，就其出发点而言，无论如何都没有错。但是，作为国家的一分子，一个理性的公民，爱国的表达和行动，就应该是理性、负责任的，是建立在国家和民族利益基础之上的。从这个角度来看，目前有一些青年的爱国举动，更多的是个人情绪的激烈表达，而不是公民意识、公民责任的体现。

中国，从来都不乏热血青年，也不乏为国献身者。为了国家富强、民族独立，中国人曾经尝试过各种各样的救国强国之路。从洋为中用、师夷长技以制夷，到艺术救国、科学救国、文学救国，千种尝试，万般努力，最后却未能使中国走上富强之路。

究其原因，一是受当时条件所限，在政府软弱无能、政权四分五裂的情况下，个人的爱国表达往往单薄无力；二是个人的爱国行动，没有在明确的民族利益的前提下形成合力。脱离了现实的国情基础，没有统一的目标，单凭个人热情和自发行动，实现不了国家富强、民族振兴。

所以，今天我们讨论爱国，必须要对历史和现实有清醒的认识，了解我们所处的客观现实环境，在服从国家利益、战略目标的前提下，冷静理智地决定自己的行动。

爱国，是一个人热爱国家的朴素情感，更是公民对国家应尽的责任。这种责任包含两方面内容：对外，维护国家主权独立，争取民族尊严与平等地位；对内，建设经济发达、政治民主、文化繁荣、社会和谐的现代化国家。这两点，相辅相成，相依并存。缺少国家独立、主权完整，实现国富民强，是不可企及的梦想；没有强大国力的支撑，国家的尊严平等也无从谈起。

这一点，我们曾有切肤之痛。中国是第一次世界大战的战胜国，然而在巴黎和会上，却成为列强宰割的对象；推翻封建统治的中国人，憧憬建立民主国家之时，上海滩的公园门口，赫然挂着"华人与狗不得入内"的牌子。无数事实都在证明，经济发展了，国家富裕了，才有真正意义上的独立平等，才有大国外交，才能在国际事务中有更多发言权。

经过改革开放 20 多年的发展，我国已经实现了 GDP 的翻两番，目前正处在第三个翻番阶段。这一令世界惊叹的奇迹，一方面来自中国人民的奋发努力，另一方面也得益于国内外相对稳定的社会环境。利用这一有利环境，中国的国内生产总值从仅为日本的十分之一，增长到日本的三分之一。不难预测，这种发展势头再保持一段时间，中国经济实力与发达国家的距离还将缩小。

目前，我们正处在一个难得的战略机遇期。这个特殊时期既是机遇，又是挑战。如果和平稳定的环境遭到破坏，中国的发展就会停滞，甚至倒退；如果社会环境继续保持稳定，我们就可能利用这一机遇，实现中国的现代化战略目标。国内外大环境越稳定，稳定的时间越长，就对我们的国家越有利。作为公民，我们有责任维护安定局面，维护一个有利于中国和平发展的大环境。这是我们一切爱国行动的前提。

当然，由于不同的利益诉求，任何时候都可能发生冲突，产生摩擦。这就需要我们在大局观指导下，保持冷静，保持理性，妥善解决冲突和摩擦。

作为个人，我们有表达爱国情绪的权力；作为公民，我们的爱国行动，就必须以大局为重，理性而富有建设性。我们可以反对日本右翼的倒行逆施，也有权表达自己对中日关系的看法和意见。但抗议不是"动手动脚"，表达也不是简单的"发泄不满"。超越法律界限的爱国，只能是图一时之快，逞一时之勇，很可能走向我们爱国初衷的反面。

爱国，不仅是情感表达，更是切实行动。公民责任也不是一个抽象概念，它有具体的内涵。如果说，国家的危难时刻，爱国是拼死抗争，和平年代，爱国是专心建设，那么，当前的爱国，就是维护安定和平的环境，珍惜稍纵即逝的战略机遇期，并在其间尽一己之力，切切实实为实现强国之梦而努力。

(中国青年报. 2005-04-28)

播读提示

《中国青年报》这篇十几年前以"本报评论员"发表的署名文章，至今也一点都不过时。文章针对当时以"爱国"之名行打砸抢之实的所谓的"爱国行为"，分析公民责任的重要性，分析如何做一个真正的爱国者。评论有理有据，有历史纵深感，有国际视野，苦口婆心地劝告"爱国者"们要维护安定和平的环境，珍惜稍纵即逝的战略机遇期，并在其间尽一己之力，切切实实为实现强国之梦而努力。

"网瘾传说"的中国版畸形

陈昕瑜

1995年的某一天，居住在纽约的精神病学家伊万·戈德堡突然产生了开个玩笑的念头。看完被誉为现代精神疾病"圣经"的《精神疾病诊断与统计手册》第四版后，他决定模仿手册找点乐子。他杜撰了一种疾病。

以上文字，是曼努埃尔·安赫尔-门德斯日前发表在西班牙《国家报》的专栏文章《网瘾的传说》的开头。接下来的故事，就直奔网瘾这个主题了。伊万·戈德堡把这种疾病命名为"网络成瘾症"，虚构了其主要症状并理所当然地把这些内容放在了自己的网页上。据他描述，患有这种疾病的人往往处于一种焦虑状态，会连续上网数小时，还会不由自主地活动手指去打字。他甚至还成立了一个匿名的网络成瘾者小组。

据曼努埃尔·安赫尔-门德斯揣测，戈德堡在发布此消息前还哈哈大笑一番。但他没想到，自己点燃了一根无法熄灭的导火索。他先是收到数十位认为自己遇到这种麻烦的人发来的信息，为此他的同事展开了激烈辩论。同年，心理学家金伯利·杨专门成立了一个网络成瘾康复中心。这件事还引起了媒体的关注，雪球越滚越大，大到了无法控制的地步。

尽管国际精神病研究界的权威断然否定存在这种疾病，但有关网瘾的争论还在继续，并在遥远的中国生根、发芽、扭曲成长、畸形变异。随便点开任何一个网络搜索引擎，就能搜索到有关网瘾的海量新闻。如果再把"网瘾"和"悲剧"放在一起搜索，更会出现诸如"名校学子拒戒网瘾割腕自杀""网瘾少年跳楼自尽""网瘾青年杀害亲人"耸人听闻的情节，血迹斑斑，声泪俱下。媒体起哄，一些专家学者更不甘寂寞，在公开场合言之凿凿地描述、传播并夸大网瘾的危害性。这还没完，有关行业还狗拿耗子出台了一个网瘾认定标准，让国际同行笑掉大牙，也挑战公众认知常识。

在专家、行业协会、医疗机构及媒体的造势下，各类戒网瘾的训练营及网瘾治疗机构遍地开花。中国版的网瘾传说，最后确实演变为悲剧。在广西南宁，少年邓森山在起航拯救训练营被活活殴打致死；而邓森山惨死的悲剧所引起的警觉，只是停留在训练营是否规范，以及惩戒教育是否有效之类的浅层反思，而没有指向网瘾是否是一个科学术语及戒网瘾有何法律依据，更没有从根本上否定网瘾判断标准。这背后，存在一个庞大的利益链条，由其操纵、控制并以加害无辜少年的方式从中得益。

中国版的网瘾传说，与张悟本的绿豆传说有异曲同工之"妙"，都有一个看似正当的目的，都有专家、学者、文化人及媒体参与，都表现出心济天下、正义凛然，都能赢得公众的好感甚至迷信，都是科学、文化及权力与商业利益相互渗透并杂交出的怪胎。这也是网瘾传说走进中国后不可更改的宿命。

而与中国版网瘾传说及张悟本的绿豆传说不同，国际版的原创者既没有从中受益，还一直为当初的恶作剧懊悔不已。戈德堡一直试图澄清这一冒失的说法，他在1997年对《纽约人》周刊表示："如果我们把成瘾的概念扩展到人们过度实施的所有行为，那么我们就得包括读书、锻炼、聊天……"国际精神病研究学界更为谨慎，最新版的《精神病诊断与统计手册》再次把网络成瘾排除在行为失调之外，理由是没有任何科学依据。

我也注意到近来也有中国的知识分子提出质疑，如梁文道就在媒体上直言："网瘾的真正问题出在主流社会对网络的偏见，更准确地说，这是上一代人的偏见。"但这类声音终究不是主流，人们对网瘾的认知和判断，依然凭借似是而非的传说和若隐若现的直觉。而这个畸形怪胎，也依然有一定市场。

(中国青年报.2010-06-08)

播读提示

大多数时评文章，前面有个新闻由头，"据某报报道"等，但这篇评论却以一个故事作由头。这个"网瘾传说"的故事，始于"网瘾"这个词的发明者的一个玩笑、一个乐子，或者可以说是恶作剧。作者当然不是为讲故事而讲故事，而是夹叙夹议，最后落脚点是"中国版的畸形"：从媒体到公众认知，到"戒网瘾"导致的一系列悲剧，指其是"科学、文化及权力与商业利益相互渗透并杂交出的怪胎"。评论见报后，在医学界、教育界产生巨大反响，很快被各专业性媒体转载，直到今天都还有人引用评论的观点。可以说，只要"网瘾"这个词没有从中国出版物中退出，这篇评论就仍然还有存在的价值。

新"失学少年"期待新"希望工程"
——《新闻1+1》(2014 年 7 月 2 日播出)

【评论员　白岩松】

您好观众朋友，欢迎收看正在直播的《新闻1+1》。

有的时候做新闻感觉它非常非常的脆弱，不管多大的事，当它发生的时候大家都在关注，但是没隔几天新的新闻出现了，那个极受关注的新闻慢慢就被大家忘掉了。比如说一个月前很多的媒体都在关注北京奶西村暴力少年的那样的一段视频，当时非常非常的轰动。但是没几天过后，新的新闻就出现了。还记着那段新闻吗？还记得那段视频吗？而现在那个村子又怎么样了？咱们先看一下那个视频。

【同期】

记者：现在学校还让说这个事吗？

奶西村小学生：不让了，要提的话学生就被开除。

打人者小东的母亲：这个村我们肯定不待了，你想我们外地人能到哪，肯定去跟这差不多的地方。

视频拍摄者常某的母亲：先回老家，这真是大人想不到这种事情，根本想不到。

【评论员 白岩松】

其实不管多受关注的轰动性的新闻，它都有后续的章节，往往在关注后续的章节里才能感觉出更多更多的问题。比如说当时在一个月前发生的这样的暴力的事件，当时打人的那三个孩子现在还依然在被羁押着，拍视频的那个，据他们家说还去自首了；而被打的孩子据说要离开这个学校了，而很多家庭要搬迁了。来，我们走进这个村子再看一看。

【解说】

距离奶西村少年暴力事件已经过去了一个多月，当记者再次走访涉事的几个家庭，他们的家人要么拒绝采访，要么就是大门紧闭。打人者郭某的家自事发之后家人始终没有露面，当我们希望从邻居那里得到更多信息时，却得到了这样的答案。

【同期】

打人者郭某邻居：你到时候给我房租，你犯什么事，我知道吗？他儿子跟人家打架我也不知道。

【解说】

此外被打者小东也不想再面对媒体，自从事发之后记者蜂拥来到小东家，如今的他面对镜头仍然有些羞涩，而对于未来，小东的妈妈表示，想让他回河南的老家。

【同期】

被打者小东(化名)母亲：要是说(打人者)被放出来，这个村我们肯定是不待了，你想我们外地人能到哪，肯定就是跟这差不多的地方。

【解说】

一次暴力事件背后是五个困境中的家庭。"我是一个 14 岁孩子的母亲，也是一个失败的母亲"，这是此次暴力事件中拍摄视频者小常的母亲写给公众的道歉信。她家与被打者小东的家距离不过百米，但是亲自道歉，常母却没有勇气。

【同期】

拍摄视频者常某母亲：过两天再说吧，等孩子出来给道个歉。

【解说】

初三的他刚辍学一个月，小常留给母亲的印象是爱唱歌，听家长话，这件事带给他们的是震惊。

【同期】

拍摄视频者常某母亲：这都是大人真是想不到有这种事情，根本想不到。

记者：您什么时候知道这个事儿？

拍摄视频者常某母亲：他自己发现网上有(打人)视频的时候，他自己去自首，他也没跟大人说。

记者：他还想上吗？

拍摄视频者常某母亲：想上，辍学了十多天就想上学。

【解说】

一家人从山东老家到北京，生活了十多年。搬离北京，这样的结果他们从未想过。

【同期】

记者：那您还想打算在北京接着打工，在这住吗？

拍摄视频者常某母亲：不在这儿了。

记者：打算什么时候搬走？

拍摄视频者常某母亲：夏天过了再说，先回老家。

【解说】

一次暴力事件，一时间来到村里的记者络绎不绝，而对于这样的事件受害者小东的学校里的学生，很多都不知道到底发生了什么，也根本不知道他们是谁，但是当看到记者或者有人提及此事时却讳莫如深。

【同期】

小学生：那天是因为我肚子疼没去上学。

记者：现在学校还让说这个事吗？

小学生：不让，要提的话学生就被开除。

【解说】

距离事件发生已经过去了近一个多月，然而村子里的住户被问及是否知道发生在村里的暴力事件，大多数人只表示不是特别了解。

【同期】

记者：你知道前一阵有一个男孩儿在那边被三个男孩儿打的事吗？

小学生：电视上看到过。

【解说】

而认识了解事件中五个孩子的人，却对他们有着不同的评价。

【同期】

记者：你认识打人者郭某吗？

奶西村村民：认识。

记者：平时跟你玩吗？

奶西村村民：以前跟我玩，现在不跟我玩，太坏，天天惹事就坏。

小学生：其实一个人还认识，被打的。

记者：被打者那时候学习好吗？

小学生：不好，天天抽烟、喝酒。

记者：他打过人吗？

小学生：也打过。

奶西村村委会：说记者来了，什么记者、电视台来不要紧，让宣传科带着来。

记者：什么时候有这个规定的？

奶西村村委会：有半个月吧。

【评论员　白岩松】

村委会你看也防火、防盗、防记者，咱们现在看看事后的情况，被打的这个小东的孩子现在是退学在家，准备搬家了，三个打人的孩子仍然在家中，家里的大门是紧闭的。视频的拍摄者，这个很有意思，准备回老家，但是据他妈说他自首去了，现在还没回来呢。很久了，到底是被羁押了，还是什么，一会咱们再说。小东所在的学校沉默，要求学生对外不谈此事，他所在的社区不接受媒体采访，就刚才我说这个防火、防盗、防记者。我们看看说今天北京市公安局新闻办给我们的回应是，该三名嫌疑人仍在羁押中，相关案件正在进一步审查中。我们为什么去采访公安局的新闻办，是因为原来打人的那三个孩子就在羁押之中，但是在我们采访中拍视频的那个母亲说他已经去自首了，现在还没有回来。那到底他是不是在羁押之中，那北京市公安局只肯定了原来那三名嫌疑人，既没肯定，但是也没否定，拍视频的那个人到底现在还在不在羁押之中，所以这是一个很怪异的现象，或者说是因为他的其他的事情在羁押中，还是他的母亲只是听说他自首了，后来孩子又跑了，现在都没搞清楚。针对这个整个的村子一个月后的状况，我们要连线一下采访这个村子，我们的记者邢舟，邢舟你好。

【直播连线】

邢舟：您好，岩松。

白岩松：原来这个村子能感觉出可能是这些孩子暴力的事件会比较多，现在的暴力事件还多不多？

邢舟：是这样的，我在奶西村采访学生的时候，他们跟我说之前自己或者是同学会有碰到大孩子劫钱的情况，甚至也有一些这些孩子打架斗殴事件发生，一般会在村里隐秘的地方，比如说发生这个暴力事件的荒地，还有在这村子里有一块墓地。但是这个事件发生之后呢，村里已经加强了一个安保，派出所派出了专门的人，每天在村子里进行执勤巡逻，并且这个事发的小学校也有新的规定，每天放学的时候大门都是一个紧闭的状态。学生是要在家长接的时候才能自行从这个校门中走出，如果没有家长接送，会由老师统一将这个学生排成队护送回家。

白岩松：另外在看刚才这个片子中，你采访的时候突然感觉无论是被打孩子的家庭，或者说打人孩子的家庭，包括拍视频的，似乎都透露出了某种不约而同的迹象说，都准备要离开奶西村，你了解的背后他们的想法或者压力都是什么？

邢舟：是这样，我采访被打小东母亲，她的说法是她要考虑到搬离这个村子，因为她现在很担心的事情是，这个事情发生之后，打人的几个孩子一旦被放出来，会不会再进行打击报复；而拍视频孩子的母亲说，这个夏天她就会回老家，因为这个事情曝光之后，他们觉得周边的人都在用一种有色的眼光看着他们，北京他们在这已经生活了十几年，但是这个孩子发生这样的事情，他们全家人都没有想到，可以说北京对于他们来说是一个伤心地，或者说明他们已经没有勇气再在这里住下去了。

白岩松：最后一个，你在采访完了之后，你感觉这件发生在一个多月之前、媒体报道的这个事件，所谓的暴力事件，对这个村子、居住在这里的外来人口，产生了一些什么样的心理影响吗？

邢舟：是这样，我觉得也很诧异，因为这个村子只有两条主路，我问了很多的村民，包括住得很近的居民，他们都说不知道，甚至是在说是在媒体报道了之后，才讲这个暴力事件是发生在自己生活的村子里。另外给我感触最深的一点，就是不管是打人的孩子的家长，还是拍视频孩子的家长，都对自己孩子的关注其实是非常不够的。只是觉得我每天给你留下一些钱，你不生病，我早出晚归工作就可以了。但是这个孩子白天到底在村子里是什么情况，学习怎么样，跟什么样的朋友交往，都知之甚少。直到发生了这个事情之后，他们觉得还很突然，很意外。

白岩松：好，非常感谢邢舟带给我们的解析。其实这样的一种不知道究竟是一种，过去这样的事情经常发生，所以大家习惯了，没把它当成大事，还是的确这些打工者生活太忙了，要为生计去奔波，因此也无暇去关注这样的事情。其实即使这样的不知道，背后也透露着很多的无奈。接下来我们要关注不仅仅要把视线放在被打的，或者说打人的孩子的身上，在这个村子里会有更多的比他们年龄大，或者再小的这些孩子，他们的生存或者说学习的状况又会是什么样呢？我们再去跟着记者的调查看一下。

【解说】

少年暴力事件中，三个打人者和一个视频拍摄者都已经辍学在家，而像他们一样没有完成九年义务教育的孩子，在奶西村还有很多。张某今年已经18岁，奶西村本地人，初一就辍学在家，没有完成义务教育。

【同期】

记者：上到初几不上的？

张某：初一，然后蹲班(辍学)了。

【解说】

丁某今年14岁，从河北老家辍学来到北京，如今在车行学手艺，他同样没有完成义务教育。

【同期】

丁某：上学没意思，不想上了。

【解说】

而没有完成义务教育的还有今年15岁的小娟。

【同期】

记者：小娟，这些衣服得洗多久？

小娟：我也不知道，有时候每天洗都洗不完。

【解说】

和被打者小东同是育慧(音)小学的学生，但是她在三年级结束后便辍学在家，如今收拾屋子，准备午饭，等待两个弟弟放学回家是她一天的生活。

【同期】

小娟：就是把屋子里收拾收拾。

记者：你收拾的这张床是谁睡的？

小娟：我弟。

记者：你有几个弟弟？

小娟：俩。

【解说】

小娟的老家在陕西，在她七岁的时候就同父母来到北京，父亲在建筑工地上干活，有时候三四天才回来一次，母亲在望京的一家商场做保洁员，为了挣更多的钱，很晚才会回家。早上7点钟出门，晚上11点钟才回家，劳累一天的李女士回到家中，除了简单问询一天的生活情况，也很少有时间和精力跟孩子们沟通，而操劳的父母也是为了赚更多的钱给他们把户口办了。

【同期】

小娟妈妈李女士：老是干着活，心里老不安，孩子那么大，马上要上初中了，户口也没有。你说拼死拼活地干，一天一天时间过，孩子一天一天长，要上学呢，心里老着急。

【解说】

在平时，小娟每天的生活除了做家务，照顾弟弟，就是以看电视来打发时间。

【同期】

记者：这几个字认识吗？

小娟：第二个字认识，第一个不认识。

记者：后面这两个字呢？

小娟：想不起来了。

【解说】

而事实上辍学之后的近两年时间，她已经不怎么认识字了，封闭的生活里白天只有一只狗陪伴度过。

【同期】

记者：你想不想再去上学？

小娟：不想。

【解说】

就是在这间屋子里，一本本写满了密密麻麻文字的本子格外显眼。

【同期】

小娟：这是我一直在记，这些都不是我记的。

记者：这是谁记的啊？

小娟：我爸，我知道选号，(但)不知道怎么选。我爸选好了，让我去买。

【解说】

四个本子里面记满了彩票投注号码，而父亲买彩票的目的是给三个孩子上户口。

【同期】

小娟：买老多了，中的几率很小。我看我爸做梦都想中个大奖。

【解说】

一张小小的彩票占据了这个本不富裕家庭的主要开支，小娟很想外出打工，家里人并不同意，除了担心安全问题，还有一个原因是小娟三个姐弟都没有户口。

【同期】

小娟妈妈李女士：攒够了钱再回去，我想都攒不着钱，现在孩子念书收费又大，越读越高了，我们一年一年老了，也挣不着钱了，就这样慢慢来吧。

【解说】

对于小娟来说，八年在首都的生活，却从没感觉到首都离她如此之近，她从没去过天安门、长城；而对于未来，她也没有任何打算。

【评论员　白岩松】

其实义务教育意味着必须的，如果他不能够完成义务教育，从某种角度来说相关又涉及了违法。当这个孩子在说到，你想上学吗？我不想。对我的打击比他失学本身其实还要大。我们来看他们失学的原因，父母打工无人管，没有本地户口，可选择的学校少，大多辍学在家。同时也有个数据显示，非京籍未成年犯罪占到了未成年人犯罪 65.3%，这是相关的调查。90 年的时候当时希望工程出台，拯救希望的是第一批的那样的长期以来存在的失学少年、辍学少年。当时他们失学的主要原因是穷，所以大家给希望工程捐款成了一个非常最牛的一个公益品牌，连邓小平都捐款。但是现在事隔了 20 多年，突然又出现了新的城乡接合部的这样的失学的少年，原因就变得复杂了，其实不再仅仅因为是穷，比如说城乡的差异，然后政策的转轨期，父母出外打工，然后无法完成接续，等等等等。接下来针对这个情况，我们连线北京青少年法律援助与研究中心主任佟丽华，佟主任您好。

【直播连线】

佟丽华：岩松您好。(字幕：北京青少年法律援助与研究中心主任)

白岩松：您怎么看待这个新的失学少年的人群，似乎给人感觉好像更难解决。

佟丽华：现在新的人群面临着城镇化的压力，实际上来说这些孩子随着父母到了城里，从父母的角度来说，客观地说，我认为包括家庭教育，包括学校教育，重视有些家庭还不够，这是第一个。第二个就是尤其在大城市，我们说外来的这些孩子，在入学的时候也确实存在现实的困难。

白岩松：但是你看我们今天的节目的标题叫"新'失学少年'期待新'希望工程'"，在您的心目当中肯定也想过，面对现在存在，现实中虽然很无奈，但是毕竟存在，而且不只在北京，很多城市都存在，您心目中的新希望工程是什么？去帮助这些孩子。

佟丽华：总的来说，我认为实际上来说，就是这类特殊的孩子，一个是在城里，我们说这些城中村的孩子，还有留守儿童的问题，总的来说，发展方向还是两个方向。一个是这些流出地的这些政府，从这些孩子流出地的政府也还是要加大义务教育的这种帮扶的力度，这是一方面，就是流出地来解决。另外就是流入地来解决，也就是城市的政府，也要为那些城市打工的父母，让他们的孩子也能够上得起学。从两个角度都应该更加重视这个问题。

白岩松：但是孩子的成长不等人，如果您说的这两个新希望工程都需要很长的时间，现在正在失学的这批孩子该怎么办呢？

佟丽华：其实这个过程要说做起来并不复杂，总的来说，实际上这些年来就是越来越多的外地，就拿北京为例，越来越多的外地的孩子可以在北京的一些公立学校读书，这是一个我们看到的一个现象。但是从今年来看随着国家对这种像北京这种特大城市发展的关注，就是尤其人口密集的关注，可能今年开始外地孩子在北京上学的难度进一步增加。在这种大的背景下，我们一方面从北京政府的角度来说，怎么能让更多的父母在北京打工的、工作的这些孩子还要上得起学，我觉得这个从城市政府的角度来说，还要担负这个责任。但是从另外一个角度来说，流出地的政府也要担负这个责任。

【评论员　白岩松】

好，非常感谢佟主任带给我们的解析，其实我们的确是非常着急，因为现在的孩子就是失学在家，而且处在义务教育这样的范畴之内，接下来我们继续去关注这个村子，因为问号依然存在。

【同期】

学生：抽出来的，只要打翻了就会给人。

【解说】

这是奶西村孩子们最流行的游戏，放学后奶西村里的路边到处都是这样三两一群、聚在一起玩卡片的孩子。

【同期】

记者：你花多少钱买的？

学生：五毛钱20多张。

记者：这是你全部的，还是？

学生：240张。

【解说】

五毛钱买20多张，最多的孩子赢的有数千张，谁赢得最多会在同学间赢得羡慕。除了这种游戏孩子们没有太多选择，小娟弟弟说他很怀念被拆掉的小公园。

【同期】

学生：在里面玩秋千什么的，跷跷板，还有转的，跑着转的。

记者：那现在呢？

学生：坐上边别人推着，现在没了。

【解说】

孩子们口中的小公园是这个占地面积 3.5 平方公里的村子唯一的公园，而如今也变成了眼前的这座三层小楼。玩卡片在路边游荡，这样的情况随处可见。白天喧嚣的村子里，只剩下上学或辍学的孩子。

【同期】

记者：十块钱怎么分配？每天。

学生：买早点 4 元，中午吃饭 5 元，然后剩下的钱就花了。

【解说】

奶西村本地人口只有 2 千多，而外来人口却有 3 万多人，他们选择居住在这里，一方面附近有大的蔬菜批发市场，打工地方近，生活成本低；另一方面附近很多城中村已经被拆迁，可选择余地也不多。而这个村子的教育环境也并不乐观，可以供外来务工子女选择的小学只有几所，都是民办学校，并不太正规，初中也只有一所，面对越来越严格的入学政策，孩子们下一步的升学问题仍是个难题。而现在的奶西村也面临着棚户区改造，目前居住在这里的外来人口仍然面临着进一步的搬迁。

【同期】

记者：你们都是小学六年级，初中呢？

学生：初中回老家，上不了。

学生：我也想上不了，都上不了六年级，我们学校。

记者：你怎么知道自己上不了初中，要回老家上？

学生：我们老师告诉让我们回原籍办学籍号，那天又说不用办了，有好多家长都已经回老家办了，所以我们都打算回老家上了。

【解说】

回老家对于这些不能继续在北京读初中的孩子来说有些无奈，然而留下来的孩子也难以融入当地的生活，甚至问题少年的比例也在日益增高。

【同期】

治安执勤人员：好几天了，有一小孩有那么高，拿着啤酒喝，喝完之后在那边羊肉串那边烤串，在那儿写字、玩，不高，也就二年级学生吧，外地的，都是外地的，本地的没有。

【评论员　白岩松】

回老家吧就成了留守儿童，媒体又会担心他们成长中亲情的缺失，但是不回老家就可能造成现实中的辍学，这样的人一点都不少。你看北京 2013 年末常住人口 2000 多万，外来常住的人口是 800 多万。我们注意到有这样一个公益行为，北京农民工子弟社区成长向导计划去帮助这些孩子，我们要连线一下它的负责人——中国社会工作教育协会的副会长史柏年。史会长您好，你们这个一个公益计划能帮多少孩子，能解决他们的什么问题？

【直播连线】

史柏年：我们帮助的孩子数量并不是很多，我们五个学校大概一年是 150 个左右的孩子，在大学里面招募志愿者、大学生，然后一对一地给这些家庭的孩子。

白岩松：主要能帮这些孩子什么问题呢？

史柏年：主要还是给他们一个指引、一个引导，让他们树立一个生活的信心，然后是将来有好的一个发展的前景。

白岩松：您的建议？面对那么多的可能到北京反而失学的孩子。

史柏年：我的建议是这样，一个是实际上中央已经有政策，两委组政策，以流入地管理为主，还有就是公办学校吸纳为主。因为流动到这里来，他们已经离开家乡，确实流入地应该解决他们的入学问题，应该负起责任来。不然的话，这些孩子失学确实会产生许多问题。

白岩松：好，非常感谢您带给我们的解析，也感谢你们所做的事情。

【评论员　白岩松】

90 年的时候我们都参与到希望工作当中，觉得用钱能够解决失学少年的失学问题，但是 20 多年后新的失学少年出现了，新的希望工程该是什么？

(中央电视台《新闻 1+1》. 2014-07-02)

((•)) 播读提示

《新闻 1+1》是央视新闻频道一档时事评论直播节目，白岩松的多重身份定位不仅完成了新闻评论节目主持人传递核心新闻价值的任务，也附加了新闻观察员客观的新闻评论、多元的新闻视角，从而扩大了自身及媒体的影响力。白岩松在评论新闻事件时往往是通过个案问题反映共性规律，深入表象提出自己的见解，留有回旋空间，加大话语弹性，给观众留下理性的思考。这则材料既有画面解说、现场采访，又有主持人评论。播出时要注意不同语境中声音的变化；重音准确、论点突出；把握句与句之间、层与层之间的逻辑关系，并运用停连、重音的表达技巧表达出来。

实训三：文艺播音

（一）诗歌

当你老了

叶 芝

《当你老了》

当你老了，头白了，睡意昏沉，
炉火旁打盹，请取下这部诗歌，
慢慢读，回想你过去眼神的柔和，

回想它们昔日浓重的阴影；

多少人爱你青春欢畅的时辰，
爱慕你的美丽，假意或真心，
只有一个人爱你那朝圣者的灵魂，
爱你衰老了的脸上痛苦的皱纹；

垂下头来，在红光闪耀的炉子旁，
凄然地轻轻诉说那爱情的消逝，
在头顶的山上它缓缓踱着步子，
在一群星星中间隐藏着脸庞。

(叶芝. 当你老了. 罗池，译. 昆明：云南人民出版社，2015)

播读提示

威廉·帕特勒·叶芝(1865—1939)，爱尔兰著名诗人、戏剧家和散文家，爱尔兰文艺复兴的领导人之一。叶芝一生都在对诗歌创作进行不断的探索，他的诗歌"汲取浪漫主义和唯美主义的抒情而不流于铺张，融合现代派的新颖和奇幻而不失之晦涩"，对现代诗歌产生了巨大的影响，被著名诗人托马斯·艾略特称为"20世纪英语世界最伟大的诗人"，并于1923年被授予诺贝尔文学奖。

《当你老了》是叶芝1893年写给爱尔兰独立运动领导人、戏剧演员毛特·冈的求爱诗。"那是我二十三岁那年"，叶芝后来在《自传》中深情回忆他与毛特·冈的第一次见面，"我从来都没有想到会在一个活着的女人身上看到这样超凡绝伦的美。这样的美属于名画，属于诗，属于某个过去的时代"。此后，终其一生，叶芝的生命历程就是向毛特·冈马拉松式的求婚过程，而同样深爱着诗人的毛特·冈对叶芝"非同凡俗"的回报便是两个字——拒绝。

　　这场兼容着古典主义和浪漫主义的千古艳遇导致了一桩世俗婚姻的流产和一位诗歌大师的诞生。叶芝给毛特·冈写了大量的求爱诗，在诗中把毛特·冈比作玫瑰、天鹅、女神和海伦。《当你老了》就是其中最著名的一首："只有一个人爱你那朝圣者的灵魂，爱你衰老了的脸上痛苦的皱纹……"诗中的"你"何尝不是诗神、真理、上帝……这一系列形而上的精神形象的化身？叶芝晚年收到毛特·冈的信说，"世界最终会因为她没有嫁给"叶芝"而感谢她"。播读语调舒缓，哀婉动人，执着热烈而略带哀怨感伤。

做一个最好的你

(美)道格拉斯·玛拉赫

《做一个最好的你》

如果你不能成为山顶上的高松，
那就当棵山谷里的小树吧，
但要当棵溪边最好的小树。

如果你不能成为一棵大树，
那就当丛小灌木；
如果你不能成为一丛小灌木，
那就当一片小草地。

如果你不能是一只麝香鹿，
那就当一尾小鲈鱼，
但要当湖里最活泼的小鲈鱼。

我们不能全是船长，必须有人来当水手。
这里有许多事让我们去做，

有大事，有小事，

但最重要的是我们身旁的事。

如果你不能成为大道，

那就当一条小路，

如果你不能成为太阳，

那就当一颗星星。

决定成败的不是你尺寸的大小

而在做一个最好的你。

(赵洪恩. 外国哲理小品. 乌鲁木齐：新疆美术摄影出版社，2010)

播读提示

人生来就是有差异的，如同世界上没有完全相同的两片树叶，人的素质不可能一样，能力有大小，水平有高低，智能优势也各不相同，但每个人如果都能尽自己最大的努力，达到自己所能达到的最好程度，那他就是最好的。做最好的自己既是目标又是过程，既是一种精神又是一种境界，既是一种理想的激情又是一种平和的心态。播读此诗首先划分音步，"如果"后较长停延，"高松"与"小树"，"船长"与"水手"，这些阐述价值观的对比性词语要重读，语调舒缓、平稳、中肯。

回　答

北　岛

卑鄙是卑鄙者的通行证，

高尚是高尚者的墓志铭，

看吧，在那镀金的天空中，

飘满了死者弯曲的倒影。

冰川纪过去了，
为什么到处都是冰凌？
好望角发现了，
为什么死海里千帆相竞？

我来到这个世界上，
只带着纸、绳索和身影，
为了在审判前，
宣读那些被判决的声音。

告诉你吧，世界
我—不—相—信！
纵使你脚下有一千名挑战者，
那就把我算作第一千零一名。

我不相信天是蓝的，
我不相信雷的回声，
我不相信梦是假的，
我不相信死无报应。

如果海洋注定要决堤，
就让所有的苦水都注入我心中，
如果陆地注定要上升，
就让人类重新选择生存的峰顶。

新的转机和闪闪星斗，

正在缀满没有遮拦的天空。

那是五千年的象形文字，

那是未来人们凝视的眼睛。

（北岛. 北岛诗精编. 武汉：长江文艺出版社，2014）

播读提示

北岛，本名赵振开，1949 年出生于北京。1978 年同诗人芒克创办民间诗歌刊物《今天》。1990 年旅居美国，曾任教于加利福尼亚州戴维斯大学。曾获得诺贝尔文学奖提名，被选为美国艺术文学院终身荣誉院长。2008 年，他接受我国香港中文大学的聘请，定居香港。代表作有诗集《北岛诗选》等。

《回答》被誉为"朦胧诗的压卷之作"，是一首政治抒情诗，运用了象征手法反映了整整一代青年觉醒的心声，他的诗刺穿了乌托邦的虚伪，呈现出世界的本来面目。一句"我不相信"的呐喊，震醒了茫茫黑夜酣睡的人们，是与已逝的一个历史时代彻底告别的宣言书。播读时要体现英雄主义的悲壮美，表达出对现实的清醒认识和强烈不满，语调压抑低缓，语势起伏较大，从抑扬顿挫的节奏中展示出诗的音韵美。

面朝大海，春暖花开

海 子

从明天起，做一个幸福的人

喂马，劈柴，周游世界

从明天起，关心粮食和蔬菜

我有一所房子，面朝大海，春暖花开

从明天起，和每一个亲人通信

告诉他们我的幸福

那幸福的闪电告诉我的

我将告诉每一个人

给每一条河每一座山取一个温暖的名字

陌生人，我也为你祝福

愿你有一个灿烂的前程

愿你有情人终成眷属

愿你在尘世获得幸福

(而)我只愿面朝大海，春暖花开

（海子. 海子诗精编. 武汉：长江文艺出版社，2014）

播读提示

海子，原名查海生，生于 1964 年 3 月，1979 年 15 岁时考入北京大学法律系，毕业后分至中国政法大学哲学教研室工作。1989 年 3 月卧轨自杀，年仅 25 岁。作为 20 世纪 80 年代后期新诗潮的代表人物，海子在中国诗坛占有十分独特的地位，诗人西川称他为"中国 70 年代新文学史中一位全力冲击文学与生命极限的诗人"。

海子的诗歌理想是"大诗"，但流传最广的却是抒情短诗。这首《面朝大海，春暖花开》写于 1989 年，诗人在诗中拟想尘世的幸福生活，"喂马""劈柴"以及"我有一所房子"；在诗中表现出博大的爱心，从"河""山"到"陌生人"，"取名字"的想象尤其富有诗意和人情味。但海子是一个沉湎于心灵孤独之旅的诗人，他对真理和永恒的超越性探究，他对生命终极存在的关怀与眷顾，在某种意义上无法与世俗生活共存。因此，这首诗表达的"在尘世获得幸福"

的憧憬，也只存在于诗人一时的想象中，它是一个对生活失去信心的人发出的无奈叹息，是诗人"诀别世俗的哀歌"。

一棵开花的树

席慕蓉

如何让你遇见我

在我最美丽的时刻

为这我已在佛前求了五百年

求它让我们结一段尘缘

佛于是把我化作一棵树

长在你必经的路旁

阳光下慎重地开满了花

朵朵都是我前世的盼望

当你走近　请你细听

那颤抖的叶是我等待的热情

而当你终于无视地走过

在你身后落了一地的

朋友啊　那不是花瓣

是我凋零的心

(席慕蓉. 席慕蓉诗集. 北京：作家出版社，2010)

播读提示

席慕蓉，蒙古族，1943 年生于四川重庆，中国台湾师范大学艺术系及比利时布鲁塞尔皇家艺术学院毕业。她是中国台湾知名画家，更是著名散文家、诗人。这首诗浸润着东方古老哲学，带有宗教色彩，透露出一种人生无常的沧桑韵味。对爱情、人生，写得极美，淡雅剔透，抒情灵动，饱含着对生命的挚爱真情。

　　暗恋，是一种执拗而羞涩、美丽而忧伤的情绪。第一节，于平静中寓热切；第二节，于寂寥中寓祈盼；第三节，于失望中寓忧伤。播出时情感表达应深沉持重，声音对比幅度不要太大，语速缓慢，多停少连，留给听众回味、思考的空间。

感　谢
汪国真

让我怎样感谢你
当我走向你的时候
我原想收获一缕春风
你却给了我整个春天

让我怎样感谢你
当我走向你的时候
我原想捧起一簇浪花
你却给了我整个海洋

让我怎样感谢你
当我走向你的时候
我原想撷取一枚红叶
你却给了我整个枫林

让我怎样感谢你
当我走向你的时候
我原想亲吻一朵雪花
你却给了我银色的世界

(http://cul.qq.com. 2015-4-26)

播读提示

　　汪国真，当代诗人，1982 年毕业于暨南大学中文系。汪国真第一首比较有影响的诗是《我微笑着走向生活》，在湖南杂志《年轻人》1984 年第 10 期发表。汪国真自称其创作得益于四个人——李商隐、李清照、普希金、狄金森，追求李商隐的警策、李清照的清丽、普希金的抒情、狄金森的凝练。第一部诗集《年轻的潮》，在 20 世纪90 年代初掀起一股"汪国真热"，此书连续五次印刷，印数达 15 万册，创有新诗以来发行量之最。

　　这首诗是汪国真为纪念暨南大学百年华诞而写下的一首新诗《感谢》。汪国真说，如果不是当年求学暨大，他的人生也许是另一个轨迹。诗人、书画家与音乐家的多重身份，与当年在暨大受到多元文化熏陶不无关系。暨大百年庆典，久未作诗的汪国真"重出江湖"，以一首《感谢》表达了对母校的深厚情谊。首先诗中"收获""捧起""撷取""亲吻"这四个词语都饱含着作者的深情，表达出"我"对"你"真挚的感谢之情，同时收获春风、捧起浪花、撷取红叶、亲吻雪花，都展示出这四季之景的特点。诗句对仗工整，用词准确，表现出文学大师的深厚功底。一年有四季，"我"写尽了四季，却写不尽"我"深深的感谢，作者将自己饱满的深情蕴涵于四季最美的景色之中，用四节诗中丰满的形象与真挚的语言，表达出真切动人的感谢之情。播读时要把握这首诗四节句式相同、每节只变换七个字的结构特点，将按四季变化的词重读区分，形成一往情深、回环往复的艺术效果。

（二）散文

我就是最大的奇迹

奥格·曼狄诺

　　我是造物主的最大奇迹。

　　自从开天辟地以来，世界上就没有第二个人有我这种精神，有我这种心胸，有我这种眼睛，有我这种耳朵，有我这双手，有我这种头发，有我这种嘴巴。完全像我一样能走、能说、能动、能想的人，以前没有，现在没有，将来也不会有。四海之内皆兄弟也，但是，我却与众不同。我是独一无二的造化。

　　我内心里燃烧着经过无数代传下来的火焰。它的热度，不断地刺激我的精神，要我成为比我现在，以及比我将来更好的我。我要扇起这个不满足之火，我要向世界宣布我的独特性。

　　没有人能够复制我的字体，没有人能够做我凿刻出来的标志，没有人能创造出我的成果，实际上，也没有人能拥有完全像我的推销能力。从今以后，我要将这不同之点大书特书，因为这是使我达到完美之境的一种资产。

　　我不再徒劳无用地模仿别人。相反，我要把我的独特性拿到市场上去展览。我不但要宣扬它，而且还要推销它。我要从现在开始，强调我的不同点，隐藏我的相似点。所以对于我推销的货品，我也要应用此原则。推销员和货物都与众不同，我以这种不同为荣。

　　我是珍奇的人。凡是珍奇的东西都是无价之宝，所以，我的价值也无法估量。我是千万年进化而来的成品，所以，我在精神和身体两方面，都比以前的所有帝王和圣贤强得多。

　　但是，我的技巧、我的精神、我的心胸，以及我的身体都会污浊、腐烂和死亡，我必须将它们善加利用。我有无尽的潜力。我只使用了小部分头脑，我只弯曲了少许筋骨。但是，我能够使我昨天的成就增加一百倍或一百倍以上。我愿意这么做，从今天就开始。

　　我以后将永远不再对昨天的成就感到满意，也不再对我微小的事业任意自我宣扬。我能完成的工作，远比我现有的和将来的更多。为什么创造我的那个奇迹，随着我的出生而结束呢？为什么我不能使那个奇迹延伸到我今天的事业上去呢？

　　我是造物主的最大奇迹。

　　我不是偶然来到尘世的。我来到这里是为了一个目的，那个目的就是想长成一座高山，而非缩成一颗沙粒。从今以后，我要竭尽一切力量去成为一座最高的山，将我的潜力发挥到最大限度。

(小作家选刊：时文素材.2005 年第 7 期)

播读提示

奥格·曼狄诺(1924—1996)是当今世界撰写自我帮助方面的书籍最流行、最有灵感的作家之一。他著有 14 本书，销量超过 3000 万册，被译成 18 种语言。成千上万的来自生活中各行各业的人，都盛赞奥格·曼狄诺改变了自己的生活，从他的书中得到了神奇的力量。他的书充满智慧、灵感和爱心。他的著作包括《世界上最伟大的奇迹》《世界上最伟大的推销员》《世界上最伟大的成功》《羊皮卷》等。《羊皮卷》是从世界上最伟大的文献中摘选并整理出来的，内容几乎涉及有关成功学的方方面面。《羊皮卷》影响了美国人近一个世纪的行为方式及思维模式，上至美国总统，下至美国企业员工及军官士兵，都视它为走向成功的必修课。

《我就是最大的奇迹》更像倡导张扬个性的宣言，里面包含着人的自我意识、生命意识和人格意识。为了强调自我意识，文章写到了"我"的独特性，这是对自我的肯定和标榜，是生命意识的基础。生命意识在文中表现为"我是珍奇的人"，这种珍奇使"我"价值连城。对"自我"和"生命"的清醒认识，又自然而然地形成了强烈的人格意识。清晰的逻辑，充沛的内在张力，正是这篇宣言的魅力所在。表达前文时语气坚决、肯定，充满自信；后文清醒深沉，表现出思想深度和人格魅力。

爱

张爱玲

《爱》

这是真的。

有个村庄的小康之家的女孩子，生得美，有许多人来做媒，但都没有说成。

那年她不过十五六岁吧，是春天的晚上，她立在后门口，手扶着桃树。她记得她穿的是一件月白的衫子。对门住的年轻人同她见过面，可是从来没有打过招呼的，他走了过来，离得不远，站定了，轻轻地说了一声："噢，你也在这里吗？"她没有说什么，他也没有再说什么，站了一会，各自走开了。

就这样就完了。

后来这女子被亲眷拐子卖到他乡外县去作妾，又几次三番地被转卖，经过无数的惊险的风波，老了的时候她还记得从前那一回事，常常说起，在那春天的晚上，在后门口的桃树下，那年轻人。

于千万人之中遇见你所遇见的人，于千万年之中，时间的无涯的荒野里，没有早一步，也没有晚一步，刚巧赶上了，那也没有别的话可说，惟有轻轻地问一声："噢，你也在这里吗？"

(原载于 1944 年 4 月《杂志》，转引自：张爱玲. 张爱玲散文. 杭州：浙江文艺出版社，2000)

((o))
🎙 **播读提示**

张爱玲的这篇散文以一个旁观者的角度叙写，先叙事后议论，升华主题，画龙点睛，寓意深刻。它依附记人、记事，借鉴小说技巧对人物深入刻画，传情达意，情韵悠长，涵蕴无穷，极富感染力。

此外，书信类散文和演讲词也应归属散文大类，根据具体内容分别可以划入叙事类、抒情类、哲理类散文。只是书信类散文诵读时要加强对话性和倾诉性，演讲类散文语势起伏较大，或慷慨激昂或感人肺腑，有声语言动作性强，掷地有声，音量较大，鼓动性强。

匆　匆

朱自清

　　燕子去了，有再来的时候；杨柳枯了，有再青的时候；桃花谢了，有再开的时候。但是，聪明的，你告诉我，我们的日子为什么一去不复返呢？——是有人偷了他们罢：那是谁？又藏在何处呢？是他们自己逃走了罢：现在又到了哪里呢？

　　我不知道他们给了我多少日子；但我的手确乎是渐渐空虚了。在默默算着，八千多日子已经从我手中溜去；像针尖上一滴水滴在大海里，我的日子滴在时间的流里，没有声音，也没有影子。我不禁头涔涔而泪潸潸了。

　　去的尽管去了，来的尽管来着；去来的中间，又怎样地匆匆呢？早上我起来的时候，小屋里射进两三方斜斜的太阳。太阳他有脚啊，轻轻悄悄地挪移了；我也茫茫然跟着旋转。于是——洗手的时候，日子从水盆里过去；吃饭的时候，日子从饭碗里过去；默默时，便从凝然的双眼前过去。我觉察他去得匆匆了，伸出手遮挽时，他又从遮挽着的手边过去，天黑时，我躺在床上，他便伶伶俐俐地从我身上跨过，从我脚边飞去了。等我睁开眼和太阳再见，这算又溜走了一日。我掩着面叹息。但是新来的日子的影儿又开始在叹息里闪过了。

　　在逃去如飞的日子里，在千门万户的世界里的我能做些什么呢？只有徘徊罢了，只有匆匆罢了；在八千多日的匆匆里，除徘徊外，又剩些什么呢？过去的日子如轻烟，被微风吹散了，如薄雾，被初阳蒸融了；我留着些什么痕迹呢？我何曾留着像游丝样的痕迹呢？我赤裸裸来到这世界，转眼间也将赤裸裸的回去罢？但不能平的，为什么偏要白白走这一遭啊？

　　你聪明的，告诉我，我们的日子为什么一去不复返呢？

(朱自清. 朱自清散文经典全集. 北京：北京出版社，2014)

📶 播读提示

朱自清的散文诗《匆匆》写于 1922 年 3 月，时当五四运动落潮之际。作者在彷徨中不甘心沉沦，执着地追求着生活中的意义和价值。全文在淡淡的哀愁中透出心灵不平的低诉，反映出当时知识青年的普遍情绪。

在《匆匆》中，作者先用一系列物象呈现来比衬，且反复咏叹，传递出一种对时光流逝的无限留恋、伤感和深深不安。"燕子去了，有再来的时候；杨柳枯了，有再青的时候；桃花谢了，有再开的时候。"燕子、杨柳和桃花，是青春的使者、活力的象征、美丽的代名词，也是人们一年中的期盼。人们常常为它们的离去而伤感，但它们毕竟是一年一度，依时而来，给人们带来惊喜，带来快乐。但人生不两回，青春不长驻，日子一去不复还。作者化抽象为具象，用极为纤巧婉丽的、诗一般美丽的文辞，描摹出一组如画一样美丽的物象，造成一种意境氛围，形成一种强烈的情绪冲击，使人沉浸其中，陡发伤感，并从中领悟到一种理趣。

与此同时，有关时间的抽象的思考，作者运用描述代替议论，展示出一个个生动形象的画面。其中有的是用巧妙的比喻、新颖的想象，呈现出一种虚化的感觉性画面："过去的日子如轻烟，被微风吹散了，如薄雾，被初阳蒸融了""像针尖上的一滴水滴在大海里"。情境很淡，但意味却很浓，饱含惋惜与惆怅。有的是借助于具体的物象，用拟人化、情趣化的描写，展示一种具体的生活实感画面："太阳他有脚啊，轻轻悄悄地挪移了""洗手的时候，日子从水盆里过去；吃饭的时候，日子从饭碗里过去；默默时，便从凝然的双眼前过去""伸出手遮挽时，他又从遮挽着的手边过去"。作者借太阳这个可感物象，并使之人情化，把无形无影却又"逃去如飞"的时光写得可触可感。

叠字的运用使《匆匆》的语言具有节奏美，阳光是"斜斜"的，它"轻轻悄悄"地挪移，"我""茫茫然"旋转，时间去得"匆匆"，它"伶伶俐俐"跨过，等等。这些叠字的运用，使文章不仅达到视觉的真实性，而且达到听觉的真实性。

全文句式多样，长短兼用，使文章结构错落有致，形成抑扬顿挫、明朗和谐的乐章。最后一句"你聪明的，告诉我，我们的日子为什么一去不复返呢？"既照应前文，又点明题旨，含不尽之意。看来一篇高水平散文，不仅是要"以情取胜"，还要"融情于理"。真挚的情感、深刻的哲理、精巧的结构与清新朴素的语言和谐交融，才能使人百读不厌，回味无穷。《匆匆》这篇散文正是这样情理结合、相得益彰的艺术珍品。

┈┈ 拓展与延伸 ┈┈

《匆匆》是朱自清散文中的精品，在某种程度上可以说是昭示了一个新散文时代的到来。无独有偶，时隔 84 年之后，当代著名作家韩少功先生 2006 年也撰写了一篇与《匆匆》主题极为相近的随感——《时间》。两篇散文表达出同一个主题，即对时光匆匆的感慨，对人类自身价值存在的认知与反思，但在具体艺术表现形式上又各有特点、耐人寻味。尝试把这两篇散文对照赏读。

（三）小说

《人，又少了一个》

人，又少了一个

聂华苓

三年前，也是冬天。一个骨瘦如柴的女人来到我家门前。

她头发蓬乱，脸色苍黄，穿着一件空荡荡的破旧花棉袄，和一条褪色的灰布裤子，手中提着一个白布口袋。她轻轻推开我家虚掩的大门，缩缩瑟瑟地探进头来。我正站在窗口。

"太太，我不是叫花子，我只是要点米，我的孩子饿得直哭！"她没等我回答，就自我介绍下去，"我也是大学毕业的。喏，你看。"她抖着手由内衣口袋中掏出身份证来，"这上面都写着的，这是我以前的照片！"

由于好奇，我接过她的身份证。那是一个富态的中年女子的照片：光亮细碎的发髻，整整齐齐地贴在头上，淡淡的双眉，弯在那一双满足的眼睛上，衣襟上还盘着一个蝴蝶花扣。

我端详着那照片的时候，她就一个人絮絮叨叨地讲了下去："我先生坐了牢，我就一个人带着四个孩子，饱一天，饿一天。我替人洗衣服，付了房钱，喝稀饭都不够！孩子们饿得抱着我哭，我只有厚着脸皮出来讨点米。我只要米，不要钱，我不是叫花子，我是凭一双手吃饭的人！太太！唉！我真不好意思，我开不了口，我走了好几家，都说不出口，又退出来了！我怎么到了这一天！"她撩起衣角来拭眼泪。

我将她的口袋装满一袋米。她抖动着两片龟裂的嘴唇说道："这怎么好意思？您给我这么多！这怎么好意思！谢谢，太太，我不晓得怎么说才好，我——我直想哭！"她淌着泪背着一袋米走了。

三年后的今天，我又看见了那个女人。她正站在巷口一家人家门前，我打那儿经过。她皱缩得更干更小了！佝偻着背，靠在门框上，脸上已经没有三年前那种羞怯的神情了，咧着一嘴黄牙，阴森森地笑着，用一种熟练的讨乞声调高声叫道："太太，做做好事，赏一点吧！太太，做做好事，赏一点吧！"

只听得门内当啷一响，是金属落地的声音，接着是一声吆喝："一角钱拿去！走，走，谁叫你进来的？你这个女人，原来还自己洗洗衣服赚钱，现在连衣服也不洗了，还是讨来的方便！"

那女人笑嘻嘻的："再赏一点吧，太太，一角钱买个烧饼都不够！"

"咦，哪有讨饭的还讨价还价的？走，走，在这里哼哼唧唧的，成什么样子？"

那女人的嘴笑得更开了："再给我一点就走，免得我把您地方站脏了，再多给一点！"

呼地一声，大门被踢上了。那女人回过头来，冷笑了一声，然后漠然望了我一眼，她已经不认得我了！

(聂华苓. 台湾轶事. 北京：北京出版社，1980)

播读提示

这是一篇伦理道德问题小说。近年来，西方文坛开始尝试一种描写人物内心世界的新手法，即通过对人物的言谈话语、肖像神态、行为动作的外部描写来展示人物的内心世界，西方评论家称这种手法为"隐蔽的"心理描写手法(closed psychological depiction)。聂华苓的散文《人，又少了一个》就成功地运用了这种艺术手法。文章写了一位富态、有文化教养的贤妻良母，由于丈夫坐牢只好讨饭维持全家生计的故事。女人所走过的生活道路，大致可以分为三个阶段：一是丈夫被捕前的美满生活时期；二是丈夫被捕后自食其力维持艰难生活的时期；三是完全失去自尊，只靠乞讨度日的卑贱生活时期。她以前之所以生活得美满，是因为有丈夫做"靠山"。"靠山"倒了以后，自尊心也促使她"奋斗"了一阵子。但最终她还是经受不住严酷的生活考验，走向了自甘堕落的道路。这篇小说让人认识到一个生活哲理：一个失去了自尊人格的人，不能算作一个真正的人；而要保住自尊人格，必须自力自强。

作者采用第一人称写法，站在"我"目睹的角度，客观地描述乞讨女人的一言一行，通过人物外部描写刻画了女人前后期两个截然不同的形象和灵魂，揭示了人物的性格悲剧。播出前要细致分析文中"隐蔽的"心理描写手法以及这个女人遭遇不幸的原因，结合上下文准确地挖掘文字深层的寓意，并通过恰当的语气体现出来。

(四) 寓言

猴子和镜子

猴子和熊在路上走着，突然，看到路边有一面镜子，正面朝下地倒在那里。

他们俩谁都没见过镜子，于是把镜子扶起来，靠在树干上。

猴子朝镜子里瞧了一眼……

"哈哈哈哈！"它笑得上气不接下气，"这是哪儿来的丑八怪，哈哈哈……瞧那眼睛，多贼的眼睛，瞧那鼻孔，都翻到天上去了。哈哈哈哈……"猴子笑得喘不过气来，赶紧捂上眼睛。

熊走向镜子，照了一会儿惊奇地说："没有丑八怪啊，只有一位老兄，就是我每次去喝水，在池塘里准碰见的那位。咦，他的鼻孔没有朝天啊。"熊摇摇头走开了。

猴子回到镜子前忍不住大笑起来："哈哈哈哈……这么丑竟然好意思活着！哈哈哈哈……"他擦了擦笑出来的眼泪，回过头去对熊说："要是我长得这么丑，我早就难过得上吊自杀了。"

熊傻眼了，弄不明白这是怎么回事，决定再好好看看。

猴子还在嘲弄地大笑，一边指着镜子说："我的亲戚本家中，确实也有长得这么难看的，算一算，好像有那么五六个吧……"

熊站在猴子身边，一块儿往镜子里看。这一看，就什么都明白了。

捅了捅猴子说："我说，老弟，关心一下你自己吧。"

(付程. 实用播音教程：第 2 册. 北京：北京广播学院出版社，2002)

(((•))) 播读提示

寓言作品都是通过具体人物的行为、动作、心理来刻画人物，从而反映出这个典型人物或事情所蕴含的道理。这则故事情节有趣，人物对话丰富，表现起来略有一些难度。表达时要先理清故事脉络，分析人物和细节，尤其是人物语言，再声音造型把(猴子和熊)两个不同角色区分开。声音造型离不开"对比"这个艺术表现手法，反差越大，形象就越鲜明生动，效果也越强烈。

谦虚过度

水牛爷爷是森林世界公认的谦虚人，很受大家的尊重。小白兔夸它："水牛爷爷的劲最大了！""唉，过奖了，犀牛、野牛劲儿都比我大。"小山羊夸它："水牛爷爷贡献最多了！"它就说："唉，不能这样讲了，奶牛吃下的是草，挤出来的是奶，它的贡献比我多。"

狐狸艾克很羡慕水牛爷爷谦虚的美名。它想："我也来学习一下谦虚吧，这谦虚太好学了。"它想："水牛爷爷的谦虚不就是这两点吗？一是把自己的什么都说小点儿；一是把自己的什么都说少点。嗯，对！就是这样。"

一天，艾克遇到一只小老鼠。小老鼠看到艾克有一条火红蓬松的大尾巴，不禁发出了由衷的赞美："哎呀，艾克大叔，您的尾巴真大呀！"艾克学着水牛爷爷的口气，歪歪嘴说："唉，过奖了，你们老鼠的尾巴比我大多了。""啊，什么？"小老鼠大吃一惊："你长那么长的四条腿，却拖根比我还小的尾巴？"艾克谦虚地说："哎，不能这么讲了，我哪有四条腿，三条了，三条了。"小老鼠以为艾克得了精神病，吓跑了。

艾克的谦虚没有换来美名，倒换来一大堆谣言。大家说："唉，森林世界出了一条妖怪狐狸，只有三条腿，还拖一根比老鼠还小的尾巴……

(中央人民广播电台少儿节目播出，转引自：罗莉. 文艺作品演播. 北京：中国传媒大学出版社，2003)

播读提示

这个寓言故事的主题是说学习要抓住本质而不能只学皮毛，狐狸只注意了老水牛谦恭的样子而并没有注意到它说的内容也是真实的。结果狐狸不分对象地妄自谦虚，闹出笑话来。寓言中涉及的形象较多，可根据作品中形象的本质与外形的特点来进行一番设计，为它们一一造型，运用声区、语调、语速的不同，绘声绘色地把狐狸艾克、水牛爷爷、小老鼠、小白兔、小山羊的形态用言语表情动作描摹出来并加以区分，使受众分辨得开、听得清楚。注意虽预先知道了故事的结果，但演播时不能失笑，语言要随着情节一层一层地剥皮，最后如同相声演员那样把包袱抖开。

实训四：专题片解说

好斗的北极熊

——《动物世界》解说词(节选)

白熊登上了海岸，无所畏惧地漫步在冰原上，开始了一段艰苦的冒险经历。交配后的公熊已经履行了自己做父亲的责任，然而此时，母熊的传奇故事才刚刚开始。

在冬季三个月的漫漫长夜中，她一直躲藏在冰雪之下，当又一个春季的黎明发出召唤时，这些北极珍藏的珍宝，又重现身影。这个故事讲述了这些巨大的北极熊历时两年的生活，我们还将看到两只幼熊，他们必须学会在这个世界上最荒芜的地方生存。

在这座位于挪威北端与北极中点处的岛屿上，出现了一个令人恐惧的身影。在过去的这个冬季里，她一直漫游在冰块之间，以海豹为食，来增加体内的脂肪。另一只北极熊则在一个被厚厚的积雪覆盖着的山坡下度过了这个严冬。在过去的五个月中，母熊一直沉睡着，没有吃任何东西。当她从睡梦中缓缓醒来时，母熊测试了一下洞外的空气，以感知空气中危险的信息。强烈的阳光令她有些目眩。母熊十分费劲地爬出了洞穴，尽管她很饥饿，但她仍将留在这里。很快，我们就会看到令她禁食的原因。

这只小熊，三个月前出生时体重二十磅，现在正好奇地看着家门外这个陌生的世界。和多数北极熊的幼仔一样，他是个双胞胎。在这个家庭的第一次出游中，母亲对两个孩子寸步不离。因为他们降生在一个危机四伏的世界。半数的幼熊在出生后的第一年里就夭折了，其中一些是被捕食的公熊杀死的。所以当小熊们玩耍时，母熊警惕地注视着四方。尽管阳光明媚，空气中却弥漫着一种令人难以信赖的春天的气息，母熊不能掉以轻心。在巨大冰块的碰撞中，冰河出现了裂缝，北冰洋开始融化，现出了一个面目狰狞的群岛。在北极圈里很深的位置上，斯瓦尔巴特群岛是北极熊春季活动的十字路口。由于纬度很高，这里的冬季从不轻易离去。今年岛上风雨交加，预示着一个痛苦的春季。

随着温度的上升，冰雪消融了。寒冷再度降临，又使水降成了冰。整个雪原变成了一个巨大的溜冰场。北极熊一家也同样在与这个春天斗争着。为了重新启动她的适应系统，母熊在经历了这么久的进食后，重新开始活动。小熊们也在一旁走来走去。由于对刚才那场风雨依然心有余悸，小熊都躲在母亲那永远警醒着的庞大的身躯下。

当看到远方一头公熊的身影时，母熊就急忙召唤孩子们回家。不过正像在任何家庭里都能看到的那样，有些孩子并不那么听话。

幸而那头巨大的公熊并没有注意到她们。他正借助他的鼻子，搜寻他的猎物——海豹的踪迹。在他身后不远处，一只北极狐如影随形，期盼着可以获得一份免费的美餐。有时，一只北极狐会跟踪北极熊几英里之远，因为他们主要以北极熊的残羹为食。

斯瓦尔巴特岛周围的水流冰面上，出现了巨大的裂缝。海豹们会通过这些裂缝出来呼吸，那正是北极熊最喜爱的食物。海豹们趴在冰面上，显得格外惹眼。但他们同样十分警觉，不会因北极熊看似随意地接近而疏忽大意。

由于强劲的水流和水下的温泉阻止了裂缝处的水结成冰，海豹才得以安全地在北极熊周围游弋。远在一英里外，母熊就已闻到了海的气息以及那里充足的食物。但在小熊们变得足够强壮，跑得足够快之前，她还不能解除禁食。

对小熊来说，他们花在洞穴中的时间越多，他们对未来无情的北极捕食者生活的准备也就越充分。但当他们依靠母亲的乳汁一天天地强壮起来时，母熊却因为无法捕食而日渐消瘦。很快她便不得不离开这个庇护所，去进行一次狩猎了。"斯瓦尔巴特"的意思是寒冷的海洋，这是八百年前来这里的发现者们所起的名字。但事实上，尽管纬度如此之高，这里并没有想象中那么寒冷。斯瓦尔巴特群岛位于东北方向穿越大西洋的温暖的水流和北冰洋环流的交界处，因而拥有一个相对温暖的气候。这在同纬度地区是很少见的。

当我们的熊妈妈仍在岸上时，另一头尚无孩子的母熊正与公熊在海中嬉戏，他们是十分强健的游泳者，以巨大的前爪划水，以后爪掌舵。北极熊更喜欢冰面和海洋，因为他们是真正地海洋动物。从北极熊一家真正地走出洞穴起，已经过去十天了，母熊再也无法忍受饥饿了。小熊们已经长得更为强壮了，并能在雪地上自如地活动，尽管偶尔还会掉回洞中。他们紧紧地跟着母亲，准备再在家门口散一次步。然而事实上，他们永远都不会再回到这个温暖的家了。

从现在起，只有他们的母亲会站在他们的身旁，陪伴他们面对北冰洋上危险的生活了。(赵忠祥解说)

(中央电视台《动物世界》)

播读提示

《动物世界》播出 400 多集，迷人的解说为之增色不少，它让人领略到大自然的广袤和壮美，唤起对保护野生动物和地球生态环境的关注。赵忠祥对《动物世界》的解说很好地把握了文字表述的内韵，对语势、节奏的体现做出富有特色的处理。他在《我播"动物世界"》一文中说："当我坐在播音室里展开一叠稿件，看到那些珍贵的镜头，会感到一种创作的冲动，那别具一格的拟人化的解说词为我开阔了思路，我喜欢'动物世界'，这不仅是一项工作，同时也是一种享受。"(据 1992 年 11 月 7 日《中国电视报》)正是有了这些饱含着个人体验的诗情的萌动，他的解说处处涌动着"对动物的喜爱和沉湎于其中的纯情的回味"，创造出诗的意境，给人以美的享受。

乱世孤旅
——《玄奘之路》第一集解说词

公元七世纪，一个大唐的僧人踏上了丝绸之路，他要前往遥远的西方，寻求佛法。大漠雪山，他命悬一线；城堡森林，他九死一生。怀着坚定的信念，他终于抵达了心中的圣地。十九年时间，一百一十个国家，五万里行程。在异国土地上，他被奉为先知；在佛陀的故乡，他成为智慧的化身。因为他的缘故，大唐的声誉远播万里，就连他脚上的麻鞋，也被信徒供为圣物。然而，他放弃了一切荣耀，毅然返回故土。

他翻译的佛经，达到了四十七部，一千三百三十五卷，这是一个前无古人、后无来者的成就。他离世的时候，大唐的皇帝悲痛不已，百万人哭送。

几百年之后，历史逐渐变成了传奇，传奇慢慢地变成了神话，一只神通广大的猴子，带着一头猪和一匹马，保护着斯文懦弱的师父去西天取经。经过几百年的艺术加工，这个叫孙悟空的徒弟成为故事的核心，而师父唐僧已经面目全非。在《西游记》成为文学经典的同时，人们渐渐淡忘了唐僧的本名——玄奘。真实的玄奘越走越远，只剩下一个轮廓模糊的背影。《三藏法师传》由玄奘的弟子慧立和彦棕撰写，真实地讲述了玄奘的一生，在一千三百年之后，让我们根据这两本著作，穿越时间的迷雾，从神话回到真实，从唐僧回到玄奘。

公元六百二十七年的秋天，大唐的都城长安，一场罕见的霜灾突然降临，严寒冻死了关中地区所有的庄稼，大面积的饥荒就在眼前。刚刚立国九年的大唐措手不及，只能打开城门，放任灾民逃难，在扶老携幼的百姓中间，行走着一个僧人，这个僧人就是玄奘。那一年，他二十八岁。与寻找食物的难民不同，玄奘离开长安不是逃荒，而是为了实现根植于心中多年的一个梦想，他的目的地在遥远的西方。兵荒马乱，盗匪横行，西去之路危险重重。玄奘明白，他很可能再也无法返回大唐。

公元六百年，隋帝国创建二十年，在都城长安以东的洛阳附近，一个婴儿悄然诞生了。洛州是今天的洛阳，玄奘就出生在距离洛阳三十公里的陈家村。玄奘俗姓陈，大唐《三藏法师传》记载，陈氏家族曾经显赫一时，玄奘的高祖和曾祖做过北魏的太守，是名副其实的封疆大吏，祖父因为品学兼优而出任国子博士，同样是朝廷的高级官员。父亲陈慧，尽管只是隋帝国的一个普通县令，但对儒家经典颇有研究，在这样的名门世家，幼年的玄奘，接受了良好的儒学熏陶。然而，童年的快乐转瞬即逝。玄奘五岁的时候，母亲去世，十岁的时候，辞官隐居的父亲又撒手人寰，显贵一时的陈家遭遇巨大的变故。

关于玄奘的传记都提及玄奘早熟，或许，童年的不幸使年幼的玄奘过早感受到了人生的无常。父亲去世之后，无依无靠的玄奘跟随兄长来到洛阳的一座佛寺，从此踏入佛门。

佛教起源于印度。公元前六世纪，释迦牟尼佛在印度创立了佛教。大约六百多年后，佛教开始向东传入中国。

公元六十七年，两位印度僧人用白马驮着佛经和佛像抵达中国。汉帝国修了一座专门的寺院，供印度高僧翻译佛经。为表彰白马驮经有功，寺院被命名为白马寺。白马寺就在洛阳，它是中国第一所官办寺院，被尊为佛教在中国的祖庭。自佛教东传以来，洛阳一直就是重要的佛教中心。年幼的玄奘因为家庭变故，不得不投靠佛门。但是，这个早熟的孩子发现，洛阳的寺院生活，非常适合自己的天性。公元六百一十二年，隋帝国选拔僧人，这是一次由皇帝亲自发动的宗教活动，考试很严格。只有那些禀赋超凡的人才能被录取，但是，十三岁的玄奘以非同一般的聪慧打动了主考官，最终被破格剃度。

当玄奘成为一名僧人的时候，佛教已传入中国近六百年，寺院林立，僧侣如织，少年玄奘在洛阳浓厚的佛学氛围中逐渐长大。由于良好的儒学根底，仅仅五六年时间，他的才华就传遍了整个洛阳。他不仅对佛教经典有惊人的记忆力，而且见解独到。

公元六百一十八年，隋帝国爆发了大规模的战争，当战火燃烧到洛阳的时候，玄奘来到了都城长安，此时的长安刚刚更换了主人。隋帝国灭亡，大唐初建，战争还没有结束，长安的寺院破败不堪，痴迷于佛法的玄奘选择了南下，从此开始了长达七年的游学生涯。在七年的时间里，玄奘的足迹踏遍了大半个中国。他孜孜不倦地研究各种佛教典籍，访问了几乎所有的高僧大德，师徒彻底读懂佛法。如饥似渴地学习使玄奘声名鹊起，被誉为佛门的——千里之驹。然而，疑惑开始困惑玄奘。佛的本性是什么？凡人最终能否成佛？佛教典籍中没有确切的答案，也没有一个高僧的解释令玄奘信服。对于一个僧人而言，这是一种根源于灵魂深处的迷惘。玄奘明白，他将用一生的时间去解开心中的迷惘，去寻求生命的意义。

公元六百二十五年，玄奘结束了游学生涯，第二次来到大唐都城长安。此时，历尽磨难的长安秩序已经恢复，大唐帝国在李氏家族的统治下开始崛起，各种迹象都表明，一个伟大的时代即将开始。

《三藏法师传》记载，玄奘年幼的时候，母亲曾做过一个奇怪的梦，梦中的玄奘身穿白衣，骑着一匹漂亮的白马向西而去，或许，这是冥冥之中的某种暗示。

一个偶然的机会，玄奘在长安碰到了一个来自异邦的高僧，这次遭遇将改变玄奘的一生。这个叫波颇的僧人来自印度，他正在长安讲经说法，心事重重的玄奘从波颇身上迅速体悟到印度佛学的智慧，感受到佛学发源地的魅力。

在玄奘的年代，来自印度的佛经并不齐全，再加上翻译的曲解，对佛法的误读司空见惯，佛教领域教派众多，相互争执不下，玄奘的内心充满了迷惑，佛法的真谛究竟在哪里。波颇告诉玄奘，印度有一个叫那烂陀的寺院，是研究佛法的最高学府，那烂陀有一个叫戒贤的高僧通晓一切佛法经论，是当世的佛学大师。

印度僧人的出现，像一盏黑夜中的明灯，照亮了玄奘迷惘的心灵，玄奘决定前往印度，在佛教的发源地寻求佛法的真谛。母亲的梦在冥冥中应验了，向西而行，去那个叫那烂陀的地方。玄奘召集了一批志同道合的僧人，联名上书朝廷，请求西行。然而，朝廷拒绝了他们的请求，禁止出境。当时，大唐立国不久，帝国的安全仍然没有彻底解决。

在北方边疆，游牧的突厥人重新崛起，铁骑经常南下，长安随时都有可能陷落。公元六百二十六年，就在玄奘请求西行的那一年，突厥可汗率领十万骑兵抵达长安郊区，帝国陷入恐慌当中，刚刚继位的唐太宗没有任何护卫，单骑会晤突厥可汗，冒着巨大的危险，大唐的皇帝终于劝退了突厥大军，长安暂时又恢复了安宁。但是，大唐和突厥人的较量才刚刚开始，唐太宗在等待决战的时机，为了准备与突厥人的战争，帝国实行禁边政策，严禁大唐的百姓外出，玄奘的西行计划就这样被官方否决，结伴同行的人都退缩了，但是玄奘没有放弃。他一边学习古印度文，一边等待着离开长安的机会。

第二年秋天，机会终于降临，为了应付霜灾造成的饥荒，官方允许长安的百姓外出，对于玄奘，这是离开长安最好的时机。公元六百二十七年，唐太宗李世民统治大唐的第一年，二十八岁的玄奘离开了长安。

古代中国人去印度，有两条路可以选择，一条海路，一条陆路。海路在当时还不发达，大多数人只能走陆路。从长安出发，一路往西，经过西域和中亚才能抵达印度。

公元前二世纪，汉帝国的使节张骞，用了十三年的时间，第一次穿越这条横贯欧亚大陆的通道。由于丝绸是这条通道上最著名的商品，这条通道被后人誉为丝绸之路。

自张骞以来，丝绸之路一直就是东西方之间最重要的联系纽带。在张骞之后八百年，西行的玄奘踏上了丝绸之路。风餐露宿一个月之后，玄奘抵达河西走廊的门户凉州。张骞凿空西域以后，汉帝国在这里开始设置郡县。大唐建国之初，凉州处于突厥和吐蕃的夹击之下，这个边防大城的安全直接影响帝国的稳定。公元六百二十七年，大唐和突厥的战争一触即发，凉州城空气非常紧张，军队戒备森严，没有官方的命令，任何人不得向西而行，忐忑不安的玄奘走进了凉州城。但是，他不知道自己如何才能走出凉州。

　　凉州就是今天甘肃的武威市，自汉代以来，它一直是河西地区的文化中心和商业大都会。这里的佛教气氛非常浓厚，玄奘决定设立道场，一边讲经，一边等待机会。玄奘在长安市已经拥有很高的威望，前来听讲的人除了僧侣还有为数众多的百姓。在丝绸之路上像玄奘这样的高僧，地位备受尊崇，大众视其为精神导师。每次散会之时信徒们都会布施大量的珍宝财物，玄奘留下其中的一部分作为旅费，其余的全部捐献给了凉州的寺院。

　　《三藏法师传》记载，玄奘在凉州停留了一个多月，严峻的考验不期而至，讲经期间，密探向当局告发了玄奘西行的意图，凉州的最高长官勒令玄奘立刻返回长安。西行刚刚开始，似乎就面临着结束。然而执意西行的玄奘，感动了凉州的佛教领袖，在两个僧人的掩护下，玄奘悄悄地离开了凉州城。在一个实行军管的城市，这其实是一场非常冒险的行动。从此，玄奘只能隐姓埋名，昼伏夜行。沿着河西走廊，玄奘来到了赫赫有名的瓜州城。从瓜州往西，就是大唐的边境，边境之外，就是玄奘一无所知的西域，那是他日思夜想的地方。瓜州隶属凉州，是大唐西部边疆最后一个军事重镇。当年的瓜州城仍然屹立在大漠深处，它是中国西北地区保存最完整的一座古城遗址。城池已经废弃了很久，但轮廓依然非常清晰。一条南北向的土墙将全城一分为二，东城据说是将领及其家属的住所，西城则为军营，驻扎着守边的普通士兵。残垣断壁，滚木礌石，一切都很容易使人联想到金戈铁马的边塞岁月。

　　玄奘进入瓜州的时候，这个军事要塞充满了战争的紧张气氛，他再也不能堂而皇之地暴露在官方面前。玄奘找到一家客栈，悄无声息地置下，开始思考如何走出风声鹤唳的瓜州城。距离瓜州古城不远就是丝绸之路古道，自张骞凿空西域以来，中国人就开始不断地向西行走。古道一侧，古长城的遗址默默地暴露在冬天的阳光下；另一侧，则是唐代的烽火台静静地注视着远方。古道上车轮留下的痕迹仍然历历在目，那是沧桑之旅的痕迹见证。古代交通之困难，今天的人们很难想象，行走在艰险的丝绸之路上，随时都有可能付出生命的代价。自公元四世纪以来，这个僧人就开始结队前往印度，这是人类历史上规模最大的宗教活动之一。在玄奘之前最著名的僧人是法显，他是史料记载的第一个到印度的探险者。绝大多数朝圣者，不是没有记载，就是死在了半路上。对于藏身在客栈的玄奘而言，境况似乎比先驱们更为艰难。作为一个违法西行的人，他首先得设法偷渡边境的关卡，这个关卡就是声名显赫的玉门关，它是中原通往西域的咽喉要道。唐代玉门关的确切位置至今仍然不清楚，但是有些学者相信，这座名为破城子的遗址就是大唐的玉门关。

史料记载，玉门关建在险峻偏远之地，一面是百草繁茂的沃土，一面是黄沙漫漫的大漠。在这座黄土废墟上矗立的高台，或是观察哨，或是防卫的城堡。全副武装的边关将士虎视眈眈，随时准备缉拿偷渡出关的人。玄奘为了探路，很可能远远地注视过玉门关，这座戒备森严的关口，即使插翅也难以飞跃。玄奘的心情是何等绝望。

夕阳西下，偌大的瓜州城里，玄奘感到了从未有过的孤独。正在这个时候，一件意想不到的事情发生了。(徐涛解说)

(中央电视台《魅力纪录》.2012-10-09)

播读提示

纪录片《玄奘之路》将史实与剧情做了一个完美的结合，它通过配音者对真人表演的画面的合理剥离，将一段只活在史书中的历史重现在了我们面前。练习前可先品析徐涛的配音特色。从玄奘出生时的隋代，一直到他历经千难万险西行，前后二十几年的时间，画面都是缩写的、一闪而过的，而播者在宏观的内心视像支撑下，用稳重而又不失深情的语调，把观众带到了玄奘的时代，通过对文字的再现、想象，使语言完成了画面无法实现的功能。

时间的味道

——《舌尖上的中国》第四集解说词

时间是食物的挚友，时间也是食物的死敌。为了保存食物，我们虽然已经拥有了多种多样的科技化方式，然而腌腊、风干、糟醉和烟熏等等古老的方法，在保鲜之余，也曾意外地让我们获得了与鲜食截然不同、有时甚至更加醇厚鲜美的味道。时至今日，这些被时间二次制造出来的食物，依然影响着中国人的日常饮食，并且蕴藏着中华民族对于滋味和世道人心的某种特殊的感触。

(黑龙江绥化市)秋日的清晨，古老的呼兰河水流过原野。它发源于小兴安岭，蜿蜒曲折地注入松花江。这条古老的河流，千百年来滋润着松嫩平原东部广袤的土地，养育着这里的居民。

9月，两岸肥沃的黑土孕育出中国最优质的稻米。在金秋的丰收之后，这里很快又被冰雪覆盖，成为一片寸草不生的白色海洋。

在漫长的冬季，当地人习惯存储大白菜以备过冬。如今虽不难在冬季获得新鲜的蔬菜，但是这种风味独特的腌制泡菜，却已经成为一种让本地人难以割舍的，甚至正走向全球化的风味美食。

金顺姬现在生活在北京。对她来说，故乡，就是这种让她魂牵梦萦的泡菜的味道。(金顺姬："今年之前，我差不多有两三年没有回老家了。忽闪忽闪的感觉，就像老家在欢迎你的那种感觉。那时候心情特别好，感觉也特别美。""爸爸妈妈我回来啦！"(朝鲜语))

金顺姬的父母在这里已经共同生活了40余年。如今，母亲会把菜园里的收获，晾晒腌制之后，寄给在大城市里生活的孩子们。(金顺姬："辣椒熟得很好啊，还有黄颜色的呢。")

菜园里的白菜是母亲每年7月头伏时种下的。白菜选用的都是心紧叶嫩的品种，这也是制作辣白菜的上等食材。今天，女儿第一次和妈妈学习做泡菜。切好的白菜，要先用盐水渍出多余的水分。由于年年压泡菜，石头已经变得无比光滑。做泡菜是全村人的头等大事。一大早，各种准备工作就陆续开始。涂抹调料，是做辣白菜最重要的步骤。调料包括辣椒、苹果、白梨、鱼露和虾仁等等，调料的口味各家不同，只有现磨的干辣椒粉必不可少。

朝鲜族，凡喜庆之日必食打糕。将糯米蒸熟，用木槌反复捶打直至黏润。香甜的打糕，配合清新爽口的辣白菜，就成了最完美的组合。

左邻右舍的妇女们早有默契，轮流帮助每一个家庭只做泡菜。小院里弥散着鲜辣的味道。村子里家家户户都有个自家的菜窖。半个月后，经过乳酸静静地发酵，每一棵成熟新鲜的白菜将变成合格的泡菜。(金顺姬："我去西藏还有韩国什么的，很多地方都有这个菜。偶尔看到的时候，我就会觉得特别好。然后，觉得很怀念小时候的那种记忆。")

尝鲜的愿望是永恒的。但时间久了，吃习惯了，这种被腌制出来的滋味，也许就变得比新鲜要诱人。岁月愈久，味道愈浓。

泡菜，将是今天晚餐的主角。朝鲜族泡菜品目繁多，而且即便只是一个品种，也可以呈现出多种不同的味道：凉食的清爽，加热后的鲜香。

而每个主妇都认为，自己的手艺最棒。(金顺姬："她们就是找到一个理由，大家一起来聚，做些事情。然后就晚上会在一起吃饭、跳舞、唱歌。")

当金顺姬的父母在呼兰河畔忙着腌渍各种蔬菜的同时，在四千公里外的南国，每当秋风初起，那里的人们也会被另一种时间的味道所吸引。

(香港)南方的天气和水土都和北方大不相同，因此，南方人储存事物的方法，以及他们所迷恋的滋味也和北方迥然相异。腊味是南方在入冬后传统的必备美食。制造腊味的初衷，是为了能在南方的湿热天气里，更好地储存那些容易腐败变质的新鲜肉类。如今，腊味既能成为家常小菜，也能登大雅之堂。

煲仔饭，是辣味最经典的吃法之一。烹制煲仔饭是一项复杂而辛苦的工作。厨师必须严格掌握火候，才能做出恰到好处的煲仔饭。正宗的煲仔饭，最好是用收获后 3 至 9 个月的半新米，还必须用瓦煲来做盛器，生米煮，猛火烧。煲熟后，再转到炭炉上慢慢烘，让藏在腊味里的肉汁，完全渗入米饭。温暖香糯的煲仔饭，一直是最适合冬天的美味。

阿添和家人一起经营着自家的腊味店。每天早上，他都是店里最忙碌的人。做这份工作，他已经有 10 年的经验。和兴腊味家有着 60 年的历史，如今，阿添和他的父亲、大伯一起，打理照料店里的一切。

南安腊鸭是老一辈香港人几乎都会垂涎的美味，肥润甘香，骨脆肉嫩，是制作荔芋腊鸭煲的上好食材。每到秋冬，阿添家的腊味店简直就是一座"腊味大观园"，而这里最出名的要数店里自制的腊肠。

为了控制品质，老店的工厂一直设在离店铺不太远的香港岛内。在工厂里，制作腊肠依然沿用传统的全手工制作。制腊肠的肠衣要存放一年才能使用。灌成腊肠之后，还要用钉耙刺破肠衣，挤走多余的空气，用水草绳和麻绳将灌肠分小段分扎，只有经验丰富的老工人才能把这道工序做得整齐、美观。从前，腊肠制成后都要放在太阳下晒干，然后储藏。现在因为天气比以往潮湿，腊肠难以自然干透，所以几乎全部都要在工厂里烘焙制作。一周之后，迷人的咸香之味就会弥漫着整个工厂。(阿添："香港有太多种类各个国家的食物，都可以在香港吃得到，但都会觉得有一份情谊在腊味上。工厂的师傅，或者其他的同事都会很繁忙。""夏天是最热的时间，那个时候就更加辛苦，很多年轻人不愿做那么辛苦的工作，花多些心思，认识一下你在做的事情，就一定会从里面获得更大的成功感。我爷爷和大伯以及爸爸，都有花心思在这个行业上，会让我更加有动力继续做下去。")

　　中国的味觉史就这样在腊味中延续着，而在远离香港闹市的内地山区(湖南靖州县)，你可以领略到更加古老、更为原始的味道。湘西位于中国东西结合部，这里山川险峻，交通闭塞。(龙毅："我们苗家的银饰，是传女不传男的。我这一整套银饰，全部都是我妈妈传给我的。")

　　龙毅出生在这个偏僻的山村，从小就渴望走出大山。农历八月，稻田里的禾花开了，又到了苗族人制作腌鱼的传统时节。龙毅的哥哥正在制作腌桶。(龙毅说："做腌鱼，(那它)必须要选禾花鱼以外，还有一个非常重要的环节，(它)就是必须要有一个非常好的桶子。")腌桶的主材料是质地坚硬的杉木，它的制作非常讲究，必须选用竹篾箍紧，以防食盐的腐蚀。(一群小孩喊道："抓鱼啦，我家(开田)捕鱼了。""我家鱼快下来，都是鱼(啦)。")

　　禾花鱼就是农家在稻田里放养的鲤鱼，因鱼喜欢吃飘落在水面上的禾花而得名。(捕鱼场景，带着收获的笑声)(龙毅："那个时候是最舒服的，不管男孩子、女孩子都喜欢。我记得我那时候，很快乐的事就是，我妈妈每年(就是)有这个禾花鱼的时候，我妈妈每年都要做蒸鱼吃，热气腾腾的，一人一条，就拿着这么咬。")

　　制作腌鱼，首先要将糯米炒熟，这是必不可少的调味料之一。(龙毅："新鲜的上好的红辣椒，就是刚从地里摘的。还有生姜，因为生姜它去腥。还有山奈，木姜子是必须要的，木姜子一般都是到山上采的。还有就是盐。")

　　(制作场景)(龙毅："我们苗家叫禾花鱼，然后那个禾花(它)含糖，营养成分也很好，然后鱼就长得很快，而且它的肉质特别鲜美，吃起来很甜。")

　　将鱼层层重叠压紧，再压上重石，一个月以后即可开桶食用。(龙毅："我们都是最喜欢坐摩托车，因为坐摩托车，相对我们以前没有公路的时候来说，那是特别好的享受了。读书的时候虽然读得很苦，但是自己知道很努力，一定要走出去，(就说)我现在苦几年，以后我可能就幸福很久。腌鱼跟腊肉，在我们整个我读书期间后来起了很大很大的作用。我妈妈她们(就是)给我们用那个玻璃瓶子(啊)，炒好大一瓶，全是腌鱼，有时候(就是)腌鱼里面放(那个)黄豆(啊)，或者腊肉里面炒萝卜条(呀)，这样子带着走。")

湘西冬日高寒，每到冬季来临之前，村子里家家户户都要熏制腊肉。(龙毅："非常均匀地切成一块一块的，要把它抹上盐，用苗家自己酿的米酒，把那个盐溶掉。")

湘西木材丰富，熏烤腊肉的燃料以硬木为佳，如茶树和杨梅树。熏烤时，要把腌制好的肉挂在取暖做饭的火塘之上，还不断将松果、茶壳、桔皮等放入火塘，这样熏烤出来的腊肉，就会带着茶果的香味。

储藏腊肉的最佳地点就是谷仓的稻谷堆里，这里既避光又干燥。腊肉食用要先用炭火烧皮，然后用淘米水洗净。将腊肉和萝卜干一起炒，是苗家最常见的食用方法之一。(龙毅："腌鱼的话吃法很多，文火、油煎，必须要火小。")(吃饭场景)对纯朴的苗家人来说，腌鱼、腊肉，不仅仅是一种食物，而且是被保存在岁月之中的生活和记忆。(龙毅："一般是我们要赶课的话，就是早上三四点钟就要起来，我妈妈早上三四点钟就开始送我，送我就送了几个坡以后，那个天，鱼肚白的时候，她就跟我说，她说，满女(小女儿)呀，你自己走吧，现在天快亮了，你就自己走吧。这个天是越走越亮的，我要回家做事去了。然后我就壮着胆子走。")

腌鱼和腊肉曾经陪伴着苗族少女走出一片新的天地，而同样穿行在崇山峻岭中的徽州人对腌鱼却有着自己的心得。

"徽州的臭鳜鱼是徽菜的一个代表菜，现在臭鳜鱼的制作，在选鱼方面是相当讲究的，一定要选用三四月份桃花盛开的季节，这个季节的鳜鱼是最肥，鱼质是最鲜美的时候"。

这里是徽商故里和徽文化的发祥地(安徽黟县)，由于古徽州地少人多，居民们不得不离乡背井，走出深山去闯世界、求生存，而他们在路途之上的食物也不得不经过风干和腌制，以便于保存和携带。比如徽菜里的腊八豆腐，虽然像铁饼那样坚硬，但保质期却可以很长。

食物放久了终究会发酵变臭，不过久而久之，腐败竟然也成为味道的一种，比如臭豆腐，比如更为极致的毛豆腐。嗜臭，于是也成为徽菜的一个独有的特征。"臭鳜鱼腌制好以后，鱼的表面变成(那个)铜绿色，鱼鳃是发红的。你闻起来臭，但吃起来很香。"鳜鱼是中国独有的淡水鱼之一。简朴智慧的徽州人则发明了用腌制和发酵这两种方法来再次制造美味的魔法。"你用筷子把这个鱼肉拨开，它里面的鱼肉是呈蒜瓣状的，一片一片的，很细嫩很鲜美的。"

徽菜的另一道——刀板香，洋溢着一派田园气息。用腌咸肉制作的"刀板香"是一道待客的主菜，也是徽州菜的代表作之一。这才是真正的刀板留香。

在今天的黄山地区，农家后院里依然晾晒着火腿和咸肉。在叶师傅看来，家乡的农家火腿是世上最美味的火腿。当然他也一定知道，在距古徽州不远的浙江金华，有一种更加知名的火腿，肌红脂白，肉色鲜艳，香气浓郁，滋味鲜美而闻名于世。

金华火腿，通常被细分为五个部分。"上方"是肉质最好的部位，江浙传统名菜"蜜汁火方"中的"火方"，指的就是金华火腿的上方。这道菜费工、费料、费时间，咸香的火腿浇上事先烧酥的蜜汁，咸甜交织，回味无穷。"中方"通常可以切丝，与蹄筋、海参搭配，成为传统宴席当中的高档火腿菜。"火瞳""火爪"和"滴油"可以用来炖汤，伴以鲜猪蹄时又称"金银蹄"。用金华火腿吊出来的汤，构成了一切江浙菜乃至传统粤菜的底味。

火腿的传统制作工艺受自然条件影响很大。(浙江金华市)金华四面环山，为火腿的腌制提供了天造之利。因此也有人推论，徽菜里的"刀板香"是金华火腿的雏形。但也有民间传说认为，金华火腿起源于一千年前的宋代，曾经是抗击外族入侵时的一种军粮。

今天的火腿工厂已经引进了现代化的生产设备，与欧洲合作生产具有中式和西式混合风味的火腿新品种。每条猪腿原料都要经过按摩处理，以保证它在后续过程中充分呼吸和发酵。上盐过程中，通过控温和控湿在确保猪腿吸收恰到好处的盐量同时，也降低了盐的含量，以适应今人对健康饮食的要求。长达30个月以上的窖藏发酵之后，在酶的作用下最终制造出最浓郁的异香。火腿菜在传统的基础上也进行了改良。低盐火腿被切成薄片，精细加工，更加符合健康的饮食潮流。可以生食的火腿新品种让传统的食客可以领略到异域风情。

金华火腿正在与金华这座小城一起，在时代中演变、迈进；而在像上海这样的繁华都市，人们更为念念不舍的，似乎还是记忆里的那些老味道。

三阳南货店是上海老辈人个个都晓得的土特产商店，江浙地区的各式干货在这里都能买到。腌腊柜台组的组长侯师傅，1975年就开始在这里工作。对金华火腿做品质鉴别，只需要使用这样一支竹签，把它分别插入火腿的上、中、下三个部位。特级的火腿，三签拔出来，每一签都会散发出一股扑鼻的异香。在某种意义上，像"三阳"这样遍布上海的南货店，其实就是这个移民城市的一座座味觉纪念馆。

霞浦，闽东最古老的县份。漫长的海岸线为这里制造出众多的天然港湾，大海已然成为了种植紫菜的一座水上农场。

林仁灼，16岁开始和父亲学习种植紫菜，如今已经49岁，今天，他要为自家的农田再架设几枝毛竹。从山上砍来的毛竹要经过预先处理：把里面的竹节疏通，以方便把毛竹插入海底。毛竹每根长16米左右，重200余斤。把它架设在海里，不是一件轻松的工作。

与闽东隔海相望的(我国)台湾，对于云林县口湖乡的渔民们来说，决定他们一年生计的关键时刻已经来临。乌鱼子是台湾西南沿岸的特产，取乌鱼卵腌制而成，由于形状像中国的墨，日本人把乌鱼子称为"唐墨"，并把它视为世界三大美食之一。在台湾和日本，乌鱼子一向被视为餐桌上的高档美味。它口感绵密，软糯滋润，只需薄薄一片，就已厚味无穷。

曾有学者推论，人类的历史都是在嗅着盐的味道前行。大澳，偏居中国南海一隅，早年因盛产海盐而闻名。

郑祥兴虾铺是经历四代人的百年老店，一直稳守大澳虾膏虾酱的领导地位。76 岁的郭少芬，大澳本地人，从 20 岁嫁到郑家开始，做虾酱已经有 50 年以上的经验。无论是虾膏还是虾酱，主料和辅料，其实就是再简单不过的银虾和盐。制作方法，也无非就是把虾和盐搅碎后放在竹筛上晒太阳。

老铺一直靠郭少芬和丈夫两个人打理，直到相濡以沫的丈夫在 2011 年去世。都说大澳是观赏日落最理想的地方，这里，指的也许不仅仅是风景。

冬天，金顺姬在北京的家里种下了从呼兰河老家带来的种子，电冰箱里也被来自家乡的各种味道塞得满满当当。"每次回家，我(就)会带一些(回)很多这些东西，基本上平时都不舍得吃。"

女儿也要自己做泡菜了。

这是盐的味道，山的味道，风的味道，阳光的味道，也是时间的味道，人情的味道。这些味道，已经在漫长的时光中和故土、乡亲、念旧、勤俭、坚忍等等情感和信念混合在一起，才下舌尖，又上心间，让我们几乎分不清哪一个是滋味，哪一种是情怀。(李立宏解说)

(中央电视台《魅力记录》. 2012-5-17)

播读提示

《舌尖上的中国》内容丰富，拍摄手法独到，配音解说富有感染力。

　　《舌尖上的中国》说的不光是食物和味道，说的是中国饮食文化的传承与坚守、亲情和故土以及食物文化之外的中国传统文化。以本集《时间的味道》为例，"金华火腿正在与金华这座小城一起，在时代中演变、迈进；而像在上海这样的繁华都市，人们更为念念不舍的，似乎还是记忆里的那些老味道。"这一段解说词在结构上主要起到了承上启下的作用，既是对金华火腿生食新吃异域风味的结语，也是对下一节土特产传统吃法火腿的开篇。但除了在结构上作为承上启下的交代以外，这一段同样展现了现代人的生活节奏，展现了城市的发展状况和人们的心态，体现了中国文化的现状。正是食物与人、食物与文化之间的千丝万缕，使解说词中有了颇多联想和体会，掀起人们内心深处的思考和怀念。

　　此外，《舌尖上的中国》的解说不仅强调声画"对位"，还注重了声画"对味"。李立宏老师在体现作品整体朴实平和、自然清新的配音风格基础上，从内容出发，在声音的强弱对比、语气语调的起伏跌宕和声音色彩的明暗虚实上生发出丰富的变化，造就了配音解说的音韵之美与回环之美。练习前可用心体会、学习。

┈┈┈ 拓展与延伸

　　随着播音主持艺术专业教育的发展，近年来有不少国外相关著作被译成中文，如《美国播音技艺教程(第五版)》《美国播音主持实用教程：媒体演播指南》《体育播音艺术》等。据相关资料显示，美国关于广播电视播音的研究已有60多年的历史。试以目前国内能见到的美国播音研究著作为主，结合官方网站或高校数字图书馆所提供的资料，就美国播音研究的历史源流、研究内容、研究特点等进行梳理和分析，并与国内的相关研究进行初步比较。(参考论文：徐树华发表于《现代传播》2009年第6期的《美国广播电视播音研究索引》)

复习与思考

1. 播者正确的话筒前状态有哪些特征？
2. 结合自己的实践体会，谈谈消息播音有哪些特点和要求。
3. 结合自己的实践体会，谈谈评论播音有哪些特点和要求。
4. 结合自己的实践体会，谈谈文艺播音有哪些特点和要求。
5. 结合自己的实践体会，谈谈专题片解说有哪些特点和要求。

参考文献

[1] 张颂. 中国播音学[M]. 修订版. 北京：北京广播学院出版社，2003.

[2] 付程. 实用播音教程[M]. 北京：中国传媒大学出版社，2002.

[3] 吴郁. 播音学简明教程[M]. 修订版. 北京：北京广播学院出版社，2004.

[4] 张颂. 播音创作基础[M]. 北京：北京广播学院出版社，1990.

[5] 张颂. 朗读学[M]. 北京：北京广播学院出版社，1998.

[6] 高蕴英. 教你播新闻[M]. 北京：中国广播电视出版社，2005.

[7] 祁芃. 播音主持心理学[M]. 北京：北京广播学院出版社，1999.

[8] 张颂. 播音主持艺术论[M]. 北京：中国传媒大学出版社，2009.

[9] 应天常. 播音主持技艺教程[M]. 北京：武汉大学出版社，2014.

[10] 马力. 播音创作原理与实训[M]. 武汉：华中科技大学出版社，2011.

[11] 李秀然. 诵读艺术技巧与训练[M]. 北京：中国传媒大学出版社，2013.

[12] ［美］艾伦·R. 斯蒂芬森，大卫·E. 里斯，玛丽·E. 比德尔. 北京：美国播音主持实用教程：媒体演播指南[M]. 林小榆，陈一鸣，译. 北京：清华大学出版社，2014.